VOYAGE

SORIA
*Maître d'information pour les
Créateurs de notre Univers*

TOME III

Texte reçu par Régine Françoise Fauze

Ariane Éditions

Voyage
Régine Françoise Fauze
© 2002 Ariane Éditions Inc.
1209, av. Bernard O., bureau 110,
Outremont, Qc, Canada H2V 1V7
Téléphone : (514) 276-2949, télécopieur : (514) 276-4121
Site Web : ariane.qc.ca
Courrier électronique : info@ariane.qc.ca

Révision linguistique : Monique Riendeau
Graphisme : Carl Lemyre
Concept illustration : Régine Françoise Fauze

Première impression : mars 2002

ISBN : 2-920987-58-5
Dépôt légal : 1ᵉʳ trimestre 2002
Bibliothèque nationale du Québec
Bibliothèque nationale du Canada
Bibliothèque nationale de Paris

Diffusion
Québec : ADA Diffusion – (514) 929-0296
Site Web : ada-inc.com
France : D.G. Diffusion – 05.61.000.999
Site Web : dgdiffusion.com
Belgique : Rabelais – 22.18.73.65
Suisse : Transat – 23.42.77.40

Imprimé au Canada

Table des matières

Notes de Régine, coauteure, et de Didier ix
Mot de l'auteure xvi
Introduction 1

Un : Mouvement descendant et ascendant 11
Deux : Force et Lois solaires 33
Trois : Le corps communautaire 55
Quatre : Identité solaire et respect 81
Cinq : Le retour des Chartes de Vie 103
Six : Les couloirs du temps 121
Sept : Le Feu, siège et demeure
        de notre Identité solaire 141
Huit : L'état de Créateur 153
Neuf : Les conséquences 167
Dix : Les frontières à bannir 183
Onze : Responsabilité nucléaire 199
Douze : L'importance de l'eau 215
Treize : Prophètes et intervenants 231

Conclusion 251
Annexe 273
Message de Notha, émissaire du Soleil 277

Note de l'éditeur

Chère lectrice, cher lecteur,

Vous vous apprêtez à lire le troisième volume de la série Soria. Il reste plusieurs ouvrages à paraître, mais avec ces trois premiers livres, vous avez maintenant reçu l'enseinement de base de Soria, qui cherche, entre autres, à partager plusieurs concepts d'une science de l'Esprit nous ouvrant à l'universel. Nous sommes bien conscients que certains de ces concepts peuvent aller au-delà de notre compréhension actuelle. Toutefois, Soria affirme qu'il est important pour nous, à ce stade de notre évolution, d'en être informés, et que ceux-ci sont en fait des graines semées qui serviront à découvrir notre véritable Identité solaire.

À partir du quatrième volume, intitulé *L'Être solaire*, des thèmes seront développés plus en profondeur, rendant ainsi l'information davantage accessible et pratique.

Bonne lecture à tous.

Ariane Éditions

Note de la coauteure

Ce troisième rendez-vous se termine ; il a été aussi riche que les précédents. Intérieurement, tout bouge. Comme pour vous, les mots font leur effet, soulevant bien des questions et suscitant des remises en cause. De cette manière, je peux comprendre aussi vos réactions.

Difficile dans le contexte actuel d'oser affirmer : « Je suis le fils ou la fille du Soleil », sans se demander comment les autres vont réagir.

Pourtant, au fil de l'enseignement transmis, il s'agit bien de cela. Tant que nous n'effectuerons pas cette identification, nous rechercherons dans les événements extérieurs une légitimité de nos actes, peu enclins à l'amour fraternel (pour l'instant). Le retour de la réalité de ce foisonnement de vies nous renvoie à nous-mêmes et à notre égoïsme permanent, subtil ou pas.

J'ai conscience d'avoir effectué un cheminement vers ma réconciliation mais également du travail qui reste à faire. Ce dernier me semblant immense, cela m'aide à relativiser et à garder les pieds sur terre.

Notre prétention et notre soif de paraître sont encore trop grandes. Ces constatations pourraient devenir démoralisantes si notre volonté ne nous portait pas vers d'autres horizons.

Difficile aussi de parler de soi. Je désire protéger mon intimité, mais les premiers contacts avec les lecteurs de l'enseignement de Soria appellent des repères. Je suis une femme simple qui traverse sa vie en ayant un but : faire l'unité avec elle-même. J'ai accepté de me mettre au service de la Vie selon son choix. Au moment de l'expression de cette volonté, j'ignorais totalement mon contrat. Après l'émission de ce vœu, je suis rentrée dans un tourbillon de difficultés, de remises en cause et de dépassement de soi.

Je peux vous dire que la vie m'avait tout retiré. Comme mes faiblesses se situaient dans le domaine affectif, je fus servie au-delà de toute raison. J'avais à ce moment-là une vie comme Madame Tout-le-monde, mais, en peu de temps, je me suis retrouvée sans rien, une valise à la main, avec derrière moi l'effondrement de mon existence et devant, un vide absolu. J'ai alors juste cheminé avec le désir d'atteindre mon but. Cette période de dix ans où je me suis donc consacrée à la recherche intérieure m'a amenée à une nouvelle phase décennale durant laquelle j'ai rencontré mon compagnon actuel et où les circonstances m'ont fait descendre au fond de mes peurs afin de les laisser aller. Au bout de ce long tunnel (en 1999) où le chômage et les problèmes financiers furent présents, j'ai entendu cet Être de Lumière que vous connaissez maintenant. Paradoxalement, la vie me reconduisit dans ce village provençal où j'avais tout perdu vingt ans plus tôt et où aujourd'hui je retrouve tout dans une succession de synchronicités épatantes.

C'est ici, où intérieurement j'avais scellé mes nœuds, que j'effectue le plus grand travail de restauration de paix et d'amour. Ma mémoire avait enregistré des empreintes de douleurs liées à ce lieu, duquel je vais maintenant m'éloigner heureuse et réconciliée. Si j'accepte de parler sommairement de tout cela, c'est d'abord pour répondre à votre attente, mais peut-être aussi pour dépasser mes a priori et dans l'espoir que ceci serve de témoignage. Malgré tout, cela restera un exercice inconfortable pour moi.

Aujourd'hui, j'apprends, tout comme vous, l'usage des mots, leur importance sur cette Terre. Je découvre les réalités des autres mondes et je me pose bon nombre de questions, parfois impatiente de découvrir les réponses. Les étapes à franchir comportent des défis à relever, ma curiosité est toujours aussi active, et j'en suis heureuse. Elle m'aide à me dépasser encore et à remettre en cause les certitudes acquises dernièrement. J'apprends qu'une marche sert de tremplin vers de nouvelles aventures. Des choix s'inscrivent sur chaque marche ; les miens furent reliés au chantage affectif familial et au fait de continuer à ne pas recourir à l'agressivité pour m'affirmer, de rester ce que je suis et de poursuivre ma vie en concordance avec mes aspirations. Forte de mes expériences, je peux confirmer que les solutions sont à l'intérieur de soi, qu'elles prennent un visage unique et ne sont valables que pour soi, en résonance avec nos propres faiblesses.

Dans le deuxième tome, Soria traite des mots devenant nos maux. Par expérience, je sais que les mots prononcés ou non perdurent dans le temps et laissent des traces sur notre personnalité et notre futur. Notre erreur consiste peut-être à accepter comme une vérité indéfectible la pensée en évolution d'un être en recherche de lui-même. Ce troisième volume m'a permis de me situer dans l'espace et de poser enfin mes pieds sur cette planète, de rencontrer la paix et de me sentir « pleine » d'une richesse, même si je ne peux la nommer. Le *Je Suis* commence à dévoiler son visage. Je n'ai rien à prouver ; j'ai seulement à être.

Soria nous demande de ne constituer aucun groupe, son enseignement n'étant pas une nouvelle « religion » mais appelant le rayonnement de soi. Vous serez tous entendus sans pour autant avoir recours aux vieux réflexes de construction proposés par un noyau d'entités agissant uniquement dans des limites d'états d'être. Si cela vous est nécessaire, identifiez-moi comme la première à vivre la transformation souhaitée par Soria et son enseignement ! Reconnaissez mes tâtonnements, mes doutes puis mes choix comme des réponses personnelles et actuelles à son travail ici, mais, surtout, trouvez votre cheminement. Il y a autant de chemins que d'individus vivant ici-bas. Ces informations sont avant tout une nourriture pour notre âme et une indication nous amenant à prendre le sentier en correspondance avec ce que nous sommes.

Découvrez dans cet ouvrage la main tendue afin de nous guider le long de la route nous ramenant chez nous. Les trois tomes réunis forment une base solide visant à nous resituer au sein de la Famille universelle et à déterminer l'attitude à adopter maintenant et dans notre futur.

Depuis le début de cette aventure, mon champ de rencontres s'élargit et j'intègre des êtres non humains dans mes amitiés. Cette richesse dépasse mes espoirs ; aussi, je remercie la Vie de ce cadeau.

Dans un autre ordre d'idées, je remercie *Joël Bordes* de l'envoi des textes relatant un voyage au premier niveau du centre de la Terre ayant eu lieu au siècle dernier (extrait du carnet de bord de l'amiral Byrd tenu secret) et *Françoise Boucat*, amie et *maître de Reiki*, de m'avoir permis de tenir ma première conférence en comité réduit, facilitant ainsi mon dépassement de certaines peurs ! N'étant pas une oratrice née, la conquête de cette zone de mon être reste en effet à effectuer.

La réalisation d'un livre dépend d'une chaîne d'intervenants et, dans celle-ci, mon compagnon occupe une place non négligeable. SORIA l'ayant invité à s'exprimer, je lui cède la place.

Je vous souhaite une bonne lecture.

Régine Françoise Fauze

Note de Didier

Merci Soria de m'inviter à placer ici quelques mots et de m'avoir permis de vivre cette expérience qui prend le visage d'une inattendue et extraordinaire odyssée. Sans doute, mon côté aventurier a-t-il répondu à cela par goût de découvertes, une soif de vérité et dans l'espoir intime d'avancer vers moi-même. Ceci pour la face Lumière ; celle de l'Ombre, prenant pour chacun d'entre nous une tonalité qui lui est propre, révéla sous cet éclairage plus précis mes anciens mécanismes réactionnels, quelques doutes et bien des peurs subtiles. Bref, un processus personnel d'éloignement de mon centre d'Amour.

J'ai toujours aimé la figure de l'exercice du funambule, tant celui-ci est révélateur de notre position dans le jeu de notre quotidien ici. Encore faut-il continuer à croire, malgré un contexte agité se voulant accablant, en cette force dégagée du mouvement, des frictions internes et qui sert de propulseur vers les hauteurs (intérieures) tant espérées de notre véritable identité.

Bon gré mal gré, je vois défiler ces étranges sensations intérieures multiples et quelquefois paradoxales. Je me suis souvenu alors de cette phrase de notre ami Kryeon : « Célébrez votre inconfort ! » Et j'ai mieux compris cette alchimie et la réalité de ma transformation personnelle.

Oui, nous sommes tous ce JE SUIS, capable de naviguer en ces eaux troubles, pour peu que nous nous reconnaissions chacun comme maître à bord et gardions la main sur notre gouvernail avec souplesse. Souplesse et tendresse aussi, car l'endroit que l'on quitte et celui où l'on va, la mer avec ses vents et ses écueils, tous ces capitaines que nous sommes et leur bateau même ne sont en tout et pour tout que les reflets irisés de la substance intelligente de la VIE qui est UNE. Ceci mérite possiblement un respect inconditionnel. Quand y serons-nous ? Chacun s'y employant, demain peut-être.

Jardinier par amour, j'avais déjà fait mien ce dicton : *On ne commande à la Vie qu'en lui obéissant*, me rapprochant en cela, au fil de mes observations de la nature, de cette sagesse silencieuse dont l'oubli et le mépris dans notre société occidentale en démontrent avec acuité la force d'unité aimante, justement par l'absence de ce repère sacré. Qui sait si, quelque part en nous, ne vibre pas l'Amérindien, ce gardien du lien filial avec le Tout ?

Aujourd'hui, avec la force lumineuse des enseignements transmis, j'ai le sentiment d'accomplir une synthèse essentielle et je soupçonne cette attente dans bien de nos cœurs d'hommes et de femmes si divers et pourtant UN en fonction de leur aspect divin. Alors, il y a de quoi être réconforté après tout ce travail, mais beaucoup reste à faire. Pourtant, nous Créateurs, avons le pouvoir infini de propulser la Vie ; il nous faut maintenant harmoniser notre vision, nos sentiments, nos intentions et nos buts. Une piste d'envol s'éclaire progressivement et ce beau vaisseau bleu qu'est la Terre pourra enfin glisser sur des eaux épanouissantes. Partageons cet honneur et cette joie au cœur même de notre diversité et manifestons-les.

Tout en gardant nos pieds bien ancrés sur le sol, respirons la poussière du Soleil et des étoiles qui nous entourent. Notre condition humaine est bien le tremplin possible de notre ascension ; c'est ici, sur cette terre, que la Vie demande à couler à travers nous. Nous, la multitude, les

Enfants bien-aimés du Soleil, redevenons les éclats de la force lumineuse.

Vous le voyez, je suis les cours de synthèse assi-dûment... ! Et je rends grâce à mes précédents instructeurs qui, dans d'autres vies, m'ont permis de me faire coupe aujourd'hui afin de recueillir cet enseignement, véritable Eau céleste rétablissante. Salutations à vous et bonne cure.

Didier, *responsable du traitement de textes*

Mot de l'auteure

Voici un moment privilégié pour moi : celui d'être présente devant vous une nouvelle fois.

Je vais partager ici une page plus grande de la Lumière de Vie. Nous allons visiter davantage ce qui a trait au retour de la divinité et, vous le constaterez, quelle que soit la hauteur de notre vue, nous plongerons encore au centre de nous-mêmes, là où tout réside.

N'importe quel endroit d'un Univers, petit ou grand, nous ramène au centre. Notre parcours chaotique ressemble étrangement à un jeu de l'âme, qui nous envoie telle une balle, tantôt d'un côté, tantôt de l'autre des faces désunies de la Lumière, soit vers l'Ombre ou la Lumière. Nous passons d'une illusion à l'autre, nous propulsant avec vigueur dans nos impasses, noires ou lumineuses. Oui, le rejet de l'une ou l'autre de ces deux forces voile l'entrée de la seule porte qui nous conduit au centre de notre Être, le siège de notre divinité. Le seul endroit maître de l'Ombre et de la Lumière, maître du savoir pouvant se résumer à peu de chose, c'est-à-dire déjouer l'illusion de la Vie. Oui, s'asseoir et regarder au-delà de l'événement ramène parfois cette paix tant convoitée. Il n'y aura aucune paix durable sur aucune terre habitée tant que vous ne déciderez pas de vous installer au centre de vous-mêmes et d'enterrer toutes les haches de guerre, qu'elles soient noires ou lumineuses. Vos réflexes d'autodéfense révèlent parfaitement celles-ci. Bien sûr, vous ne les appelez pas ainsi ; vous leur accolez des noms tels que légitimité, bon droit, spoliation, honorabilité, etc.

Pour nous ici, tous ces mots sont vos maux. Il n'y a pas de miracles en vue ni de remèdes extraordinaires. Il n'y a rien d'autre que vous et vos décisions. Oui, bien sûr, il vous faut dire non, surtout dans les heures que vous vivez. L'exercice est difficile. Vous devez réagir, refuser, aller plus loin et pousser la porte qui attend votre retour. Une révolte appelle une révolte et, aujourd'hui, vous êtes attendus dans cette paix qui est l'Essence même de votre Être. Si vous vous asseyez dans votre fauteuil préféré, dans le silence de votre Être, peut-être comprendrez-vous que vous êtes à la veille de la plus grande révolution jamais entrevue. Peut-être découvrirez-vous la force de votre pouvoir, de votre autorité et de la différence.

Aujourd'hui, nous allons partager un exercice de reconnaissance à travers les mots qui, au fil des lignes, constitueront un nouvel ouvrage. Nous voici réunis pour le troisième volume d'un enseignement. J'ai volontairement bousculé vos rigidités dans les deux premiers tomes ; dans celui-ci, nous irons visiter la Force.

Mes mots seront sans doute encore percutants ou volontairement doux. De ce point de vue qui est la mien, j'emploierai l'une ou l'autre de ces facettes pour vous donner l'envie de vous lever et de franchir un pas décisif. Je serai attentive à vos réactions afin d'aider mes frères et sœurs dans leur travail, là où ils sont.

Nous sommes tous unis pour voir s'épanouir le but décidé par vous il y a fort longtemps. Je suis à la place nécessaire, de manière à réactiver votre mémoire ancestrale. Ainsi donc, nul doute que ce livre représentera un voyage vers votre demeure.

Je vogue un peu avec vous, fière de vos réactions.

SORIA

INTRODUCTION

À travers les deux premiers tomes, j'ai utilisé la force dans la construction des phrases, créant des spirales de déstabilisation dans la persuasion de vos bons droits. Il n'y a aucun droit, à part celui de rentrer dans votre royauté. Tout le reste n'est qu'égarement. Oui, je dis bien égarement.

La force est une forme de pouvoir qui met en mouvement votre dignité. Pourtant, sans les attributs de l'Amour, celle-ci ne vaut rien et vous voici en quelques mots renvoyés au centre de vous-mêmes. Alors ? Votre royauté est un lieu et un état d'être. Le début du voyage des étincelles de Vie est un éloignement volontaire de leur Essence divine. Dès la naissance, des traits de caractère se distinguent en elles. Le volontarisme, l'enthousiasme vont mouler des réactions qui les accompagneront dans leur descente jusqu'à l'ombre la plus totale. Depuis leur création, nous pouvons, par leurs choix, préfigurer leur chemin à venir, des attitudes se détachant. La descente est une formation, un lieu d'études, de spécialisation. La volonté, l'amour, le service se teintent de couleurs et de sons. Si, au départ, toutes avaient la même palette à leur disposition, chacune appose très vite sa marque, sa force, ses décisions. Dans cette descente, les voiles se posent les uns après les autres afin de créer une force d'oubli. Chaque préférence conduit l'âme vers des contrées éloignées de sa luminosité première. Puis vient le choix final, celui qui l'amènera à servir dans une spécialisation qu'elle développera dans sa dernière forme : la densité.

Ce voyage est long et demande du temps. Aussi, la

création de l'espace-temps est-elle devenue nécessaire pour affiner les décisions et la volonté de ces étincelles de Vie. La matière, telle que vous la connaissez actuellement, est un moule, une création en vue de permettre à l'idée primordiale de prendre corps et de se développer dans l'opacité totale. Pour l'âme voyageuse commence alors le moment le plus intense de cette vie : permettre à son idée initiale de rejoindre l'idée première du Créateur afin d'unir son rayon lumineux à celui du Créateur. Ce jour-là, le but originel sera atteint. Le voyage du retour pourra s'effectuer. Mais, aujourd'hui, où en êtes-vous ? Quand déciderez-vous d'établir cette jonction ? Tous les enseignements se dirigent vers vous, essayant de vous stimuler en ce sens. Tel enseignant vous conduira dans une zone particulière, tel autre vers une partie différente de vous-mêmes, mais toujours dans un but unique : établir le contact entre vous et le grand Créateur. Oh, il n'y a pas de rupture entre lui et vous, cela n'a jamais existé. Seulement, ce qui EST par la naissance doit être consciemment voulu et établi. Ainsi, votre couronnement n'est-il rien d'autre que votre volonté d'établir consciemment le branchement lumineux de votre Être avec le Grand Constructeur dans la matière la plus opaque.

Depuis longtemps, nous intervenons régulièrement pour vous montrer ce chemin. Toutefois, il y a un point à éclaircir : tout se passe à l'intérieur de vous-mêmes, il n'y a pas de gloire à recevoir ici dans l'opacité. L'opacité ne peut reconnaître la lumière ; ce n'est pas dans sa nature. Par son essence, elle ne peut que rejeter cette forme de vie qui ne correspond pas à son état d'être. Votre Terre sera elle aussi guidée vers son couronnement, mais tout dépendra de vous. Allez-vous effectuer ce pas si important dans la « carrière » de votre âme ?

Le voyage arrive à son point culminant. Toutes les conditions sont maintenant réunies afin de permettre à tous ceux qui le voudront d'entreprendre le retour. L'alignement des planètes du 11 août 1999 vous a ouvert une porte. Comme d'habitude, nous ne vous prendrons pas par la main pour la franchir. Nos doigts pointeront le lieu où elle se trouve, mais votre liberté jouera encore dans votre détermination. Certains d'entre vous désirent par-dessus tout rentrer à la maison et, pourtant, encore un temps, ils iront visiter l'opacité de l'âme. Nous sommes étonnés et respectueux des chemins qui se dessinent. Le voyage est riche d'interventions et d'inter-réactions. Sa partie la plus importante est la descente dans l'opacité matérielle et l'émission du signal rétablissant consciemment le lien de parenté entre vous et le Père Créateur. La remontée est aisée et permet d'affirmer votre volonté de rester dans la Lumière, puis vient une autre étape qui vous amène dans l'éclat de la Lumière de Vie, et il y a une grande différence entre ces deux lumières. La première est l'autre face de l'Ombre ou l'opacité ; la deuxième est l'Essence même de votre naissance.

Quand une âme en a assez de jouer dans l'Ombre, sa première réaction est de chercher la Lumière, mais l'Ombre/Lumière représente la même énergie à ce degré, le même bain d'expériences. L'âme navigue dans l'une ou l'autre de ces polarités ; elle ne change rien et fait semblant d'être. Un jour, cependant, elle doit décider de cesser le jeu et de rentrer à la maison que représente la Lumière de Vie. Aucune maison physique ne vous est allouée nulle part sur l'une ou l'autre des planètes mais nous pouvons, pour un temps plus ou moins long, être résidents d'une planète en particulier. Et toujours en raison d'une résonance magnétique. Nous sommes des enfants divins et les Univers, des demeures réelles parmi d'autres.

J'aimerais vous montrer votre nature première à travers le voyage que je vais me mettre à dessiner petit à petit au moyen des mots de cet ouvrage. Cette fois, je ne vous dirigerai pas vers vos zones d'ombre. Ce voyage en sera un de Lumière, afin que toutes les formes d'aides qui se sont dirigées vers vous commencent leur nettoyage. Ah ! Il est bon ici de vous avertir d'un point : vous ne comprendrez peut-être pas grand-chose aux événements, aux stress et aux maladies qui viendront vous visiter. Nous ne jouons plus sur le physique mais sur les trois autres corps, clés de l'ascension dans votre lumière. Vous constaterez que les événements séquentiels qui traverseront votre vie dureront un grand moment sans raison apparente. Ceci est dû aux alignements planétaires de ces derniers mois, au bombardement des rayons cosmiques dirigés sur votre Terre et aux visites de comètes. En réalité, il n'y a pas une seule raison mais bien un cumul d'interventions extérieures. L'aura de votre Terre est bouleversée depuis l'arrivée d'Êtres hautement évolués ; voilà encore l'annonce de changements rapides à venir dans votre vie. Au fur et à mesure, vos corps s'ajustent donc en fonction du nouvel agencement vibratoire. Vos cellules abandonnent chaque fois un lot de mémoires (que nous pouvons appeler lests). L'allégement ainsi obtenu vous dirige vers un nouvel ordonnancement. Beaucoup d'entre vous sont fatigués ; je reconnais que vos cellules et vos atomes travaillent énormément durant une période aussi intense. N'en cherchez donc pas plus loin l'origine. Regardez juste cette fatigue : que représente-t-elle pour vous ? Un état second où tout effort est difficile, où justement vous êtes dans l'impossibilité d'agir d'après vos vieux schémas ? La fatigue est une défense du corps afin de vous rappeler qu'il est votre vie et que, sans lui, vous ne pourriez rester plus longtemps ici sous cette forme. Elle est un rappel à l'ordre quand le corps a épuisé sa palette d'avertissements, quand il concentre ses énergies pour une seule expression, vous privant des autres. Parfois, il vous oblige à rester assis dans l'espoir que vous allez enfin effectuer la prise de conscience majeure de l'instant présent.

La dépression nerveuse correspond à ce type de régulation. Le corps a son intelligence, ses lois, ses harmonies et ses exigences. Il est votre partenaire tout au long de votre périple. Durant votre voyage, vous n'éprouvez aucune difficulté avec l'expression physique de votre Esprit jusqu'à l'arrivée dans la matière lourde.

À partir de ce moment, en effet, un grand nombre de voiles d'oubli se mettent en place Vous cessez alors d'être conscients de votre origine afin d'épouser la dualité, la séparativité, de faire l'expérience du négatif/positif et de vous balancer sur l'une ou l'autre de ces manifestations. Aujourd'hui, vous voici rendus à l'ultime test, de manière à vous situer dans votre cheminement. Oui, nous pouvons intervenir dans vos étapes, dans vos humeurs ; vous gardez pourtant le contrôle de vos portes intérieures. Vos décisions en définissent l'ouverture ou la fermeture. Nous, nous représentons le ferment, le sel de la Vie favorisant votre envol. Je connais beaucoup d'âmes résidentes d'Urantia Gaïa qui jouent à cache-cache avec leurs plus grandes décisions et, tous ici, nous sourions des stratagèmes, des fuites, des prétextes, des excuses qu'elles déguisent sous une forme quelconque de peur. Alors, sans se rendre compte, elles créent de nouvelles épreuves dans leur avenir d'âmes, de façon à pouvoir franchir le pas. Derrière le visage de vos contraintes et de vos événements de chaque jour, vous jouez avec votre futur et votre retour dans la Lumière de Vie. Vous allez tantôt dans l'Ombre, tantôt dans la Lumière. Votre balance cosmique vous invite sans cesse à équilibrer les deux plateaux. Avez-vous jamais songé à quoi pouvaient ressembler ces derniers ? Oui ! À rien d'autre qu'à l'Ombre et la Lumière telles que vous les concevez dans la matière lourde ! La Lumière de Vie est représentée sur votre balance par la flèche indiquant l'équilibre, et l'aiguille, c'est vous ; vous qui naviguez à chaque instant, instables par rapport à vos choix, hésitants dans vos décisions parfois extrêmes, rigides dans les applications et démontrant votre jeu. La Lumière de Vie voyage alors dans les contrées les plus sombres de la Création afin de rétablir les déséquilibres. Dès l'émission d'un signal, elle se dirige vers ce lieu en vue de répondre à la demande. Elle est infatigable et travaille à rétablir la Source de la Création. Elle s'installe et reprend ses droits initiaux, soit l'origine du but du Créateur. Vous vivez cela en ce moment. Alors, le nettoyage débute, un peu comme une maîtresse de maison qui s'installe dans une nouvelle demeure et entreprend de déloger la poussière dans tous les coins.

L'Essence même de la Lumière de Vie ne regarde nullement les antécédents ; elle prend place, point à la ligne. Le ménage terminé, elle rayonnera de tout son éclat et annoncera à tous sa résidence actuelle.

À ce stade, vous êtes invités à choisir. L'ampleur de cette luminosité amène chaque âme à accepter ou refuser l'alignement, ce que vous appelez un tri ; or, cette lumière EST vous, appelant à *Être*. Voici comment vous vous retrouvez devant une porte et pas n'importe laquelle : celle du retour à l'Essence originelle. Dilemme pour tous ! On s'amuse encore un peu ou on rentre ? Vous seuls vous prononcerez dans votre intimité, toujours face à face avec vous-mêmes. Vous croyez que cela est simple ? À voir vos réactions, je pense que vous prenez grand plaisir dans votre éloignement. Toute âme a accepté de jouer dans le grand théâtre divin il y a fort longtemps. Les joies et les peines rencontrées déterminent la descente plus profonde dans l'expansion de l'obscurité. Plus elle descend, plus elle sait que son appel sera fort et intense. Plus la Lumière pourra s'ancrer avec force dans les coins les plus reculés des Univers.

Le but du Grand Constructeur est double : se reconnaître à travers le périple des étincelles de Vie et rayonner le plus loin possible.

Aujourd'hui, cette Terre, Urantia Gaïa, est la porte des futures étoiles et des futurs Univers. Aussi, le Grand Constructeur établit-il sa royauté afin de permettre à ses plus intrépides Filles d'avoir une base de départ vers les nouveaux mondes. Oh, je parle de Filles ! Ici, de ce côté du voile, les étincelles de Vie dites âmes sont ainsi appelées. Le féminin dans ce sens ne peut être comparé à votre notion du féminin dans le monde duel de la Création. Nous en reparlerons un jour. Dans le voyage de la Lumière de Vie, le Grand Constructeur recourt à plusieurs moyens :

- le rayon direct, celui qui est maintenant en service sur votre Terre,
- le rayon indirect qui descend par ricochet sur d'autres planètes quand une terre n'a pas émis de signal d'appel vers lui,
- des parcelles de Sa présence à l'intérieur de chaque âme,
- et enfin, le noyau atomique de chaque terre qui émet une lumière en proportion de la volonté des âmes résidant sur son sol.

Ces quatre moyens dépendent directement de la volonté des Filles du Grand Constructeur (je précise que dans ce terme, il n'existe pas de différenciation de sexe, car, à l'origine, il n'y en a pas, celui-ci intervenant dans la descente). Ces quatre modes d'expression de la Lumière de Vie sont rattachés à un des quatre éléments que sont l'Air, l'Eau, le Feu et la Terre, et ces quatre éléments sont présents à l'intérieur de chacun.

À l'aube de nouvelles explorations, vous voici placés devant un choix primordial : rester dans la dualité Ombre/Lumière et visiter encore plus profondément l'isolement que celle-ci entraîne, ou reprendre le chemin du retour et retrouver la conscience primordiale. Cela peut signifier que les âmes acceptant le retour ne désirent pas pousser plus loin la reconnaissance d'un état d'être. L'un ou l'autre des visages de votre décision est respectable. Rien de plus. Pourtant, il est nécessaire qu'un certain quota d'âmes opte pour le retour, créant ainsi les racines du rayon de la Lumière de Vie. Tout est intimement lié. L'entrée d'une partie de l'humanité résidente d'Urantia Gaïa dans la conscience initiale de Vie primordiale projettera celle-ci vers une zone particulière de sa propre reconnaissance. Vous permettrez également à votre Terre d'occuper une place non négligeable dans le Conseil des planètes. Toutefois, l'enjeu dans l'instant présent est votre résolution. Nous devons vous donner un enseignement qui sera une base d'envol pour l'état d'être que vous retiendrez : revivre dans votre Essence primordiale ou rester dans la dualité, avec tout ce que cela comporte de difficultés.

Nous, les éducateurs, essayons d'éclairer les zones nébuleuses de votre conscient et de votre inconscient afin de faciliter votre décision par l'intermédiaire des livres ou de votre subconscient. En introduisant une lumière non différenciée dans votre organe de pensée, nous vous offrons un peu d'altitude pour créer une bulle hors de vos schémas actuels. Votre dualité est ramenée à une expression moins vive, laissant la paix s'infiltrer jusqu'à votre centre : le cœur. La paix est un atout majeur, et le moment est venu d'en user et d'en abuser. Votre choix doit devenir un élément d'exploration ou de réintégration dans votre Lumière d'origine. Rien d'autre. Vous devez quitter la zone affective et l'affectivité hyperdéveloppée qui vont vous entraîner loin de celui-ci.

Tout l'environnement planétaire, extra planétaire et intra planétaire s'est réuni. Toutes les entités qui détiennent la charge de maintenir la cohésion des particules s'alignent sur la grille magnétique nouvellement mise en service. Il reste à l'humanité de s'acquitter de ce réajustement vibratoire. Tous, vous êtes sollicités. Personne n'est oublié ou mis de côté.

Comprenez que tous, vous recevez la même invitation. Votre voyage est parvenu à un point culminant.

Oui, tous, vous avez le choix.

UN

MOUVEMENT DESCENDANT ET ASCENDANT

L'origine de la Vie commence avec le désir de l'Être primordial. Il EST et ignore l'étendue de son Être, la profondeur de son état et ses possibilités. Afin de se reconnaître et de prendre de l'expansion, il émet la volonté de créer un lieu qui lui servira de terrain d'expériences. Le fini prend forme dans sa pensée et s'extériorise à partir de sa Lumière, puis vient la naissance de tout ce qui bougera. Il prend alors plaisir à imaginer des formes et des corps ; ceux-ci seront les réceptacles d'une multitude d'étincelles de Vie.

Voilà le départ de votre grande aventure. Dans ces temps lointains, jours de naissance première, vous ressembliez à votre Créateur, vêtus de Lumière et détenant son potentiel. Sans différence entre les uns et les autres, vous étiez infinis. La nature même de votre état vous invitait à prendre conseil auprès de la seule personne qui vous prêtait vie. C'était le début de la grande expérience pour le Créateur.

Il vous expliquait son désir de comprendre ses attributs et vous montrait sa grande Création que l'on nomme aujourd'hui le théâtre de la Vie. L'espace-temps n'était pas encore créé ; il prit jour bien après.

Dans l'Île Centrale, noyau atomique, la vie devenait mouvement. Les étincelles de Vie sentaient monter en elles le même désir que celui de leur Créateur. Les mondes extérieurs prenaient forme à ce stade mais les portes n'étaient pas encore ouvertes. Le paradis, pour ne pas le nommer autrement, c'est ce lieu : le centre de rayonnement de l'Être primordial. Vous êtes nés au cœur de sa Lumière, dans son Essence. Il vous a donné tout ce qu'il possédait. Seul le parcours dans le monde fini vous permettait de *devenir*.

L'expérimentation de vous-mêmes était nécessaire afin de proclamer votre naissance divine. Ainsi, l'exploration dans les mondes finis et votre éloignement de la Source primordiale de Vie sont les deux éléments révélateurs de votre royauté. La pensée du Grand Constructeur a choisi également des étapes pour votre propre proclamation. Dans l'océan infini des mondes créés, le Créateur a ainsi délimité celui-ci par des secteurs bien définis.

Le voyage s'amorce dans l'aisance et de manière à poser doucement le voile de l'oubli. Pas question de perdre brutalement votre rayonnement et votre Identité divine. Vous êtes conduits doucement hors de l'Île Centrale. Des instructeurs se présentent déjà dans le but d'éduquer votre être quant aux possibilités de l'expérience à venir. Vous êtes informés des différents secteurs d'activité et des sphères d'éducation à votre disposition. Le choix se dessine dès les premiers instants de votre séparation entre vous et l'Île Centrale, votre première résidence. Vous la retrouverez une fois le périple accompli.

Les informations recueillies sur les sphères d'éducation traitent des orientations et du plan de votre Créateur. Cette première étude est donc réservée à la reconnaissance de l'idée primordiale qui est à l'origine de la Création. Vous voguerez sur cette idée et la ferez vôtre. C'est une énergie. On peut la visiter de plusieurs façons, soit en rentrant dans sa vie, soit en se posant sur elle, ou bien en la regardant sans la toucher.

Une énergie a une densité qui peut être aussi intense que celle de votre corps physique. On peut donc la pénétrer ou buter contre elle. La Trinité se trouve déjà présente ici. La première séparativité a lieu dans la position prise, afin de reconnaître ces trois manières d'aborder l'idée primordiale.

Selon votre décision, des groupes distincts se forment et entrent dans des sphères d'information différentes. Trois mouvements définis de compréhension sont à votre portée. Vous les visitez tous. Par contre, l'ordre choisi engagera des voies radicalement éloignées les unes des autres. Tout est question d'énergie et d'inter-réactions. Je préfère l'usage d'*inter-réactions* à celui d'*interactions* ; attention aux tendances du jour dans l'expression orale. La mode est un moyen mis en mouvement afin d'amener la population, et surtout la base de l'humanité, à croire que c'est là le bon chemin pour être apprécié et mis en valeur. Que non ! Vous devez garder votre pouvoir et ne pas le céder à d'autres. Pour ce faire, la maîtrise des mots est aussi nécessaire. Attention à l'uniformisation qui vous dirige vers un seul moule toléré d'expression. Je vous engage à oser répéter quand vous abordez un passage essentiel ou que vous voulez créer un nouvel espace.

La création est avant toute chose le maintien prolongé de la pensée et de la volonté. Le Créateur (ou ce que vous appelez Dieu et que nous nommons le Grand Constructeur, le Grand Architecte et parfois le Grand Innommable) est une énergie libre à la disposition de tous les Dieux en voyage, donc de vous. Le cheminement hors de votre conception originelle a un but précis : reconnaître par expérience votre état primordial (votre Essence divine). Dans l'Île Centrale, l'être né du Grand Innommable lui ressemble mais ignore l'étendue de son action. La descente vers la matière lourde lui donnera par expérience la connaissance de lui-même et l'exploration de toutes ses possibilités.

Les premiers pas à l'extérieur de l'Île Centrale représentent cette chute dont vos théologiens parlent et qui est aussi appelée *péché originel*. Pourquoi ? Par ces deux mots *chute* et *péché,* enseignés dans vos manuels religieux (toutes religions confondues), vous êtes entraînés vers des abîmes d'incompréhension. Réfléchissez une minute seulement à ceci : vous êtes tous créés à l'image originelle du Grand Constructeur (Dieu dans vos manuels). Par conséquent, votre naissance est divine, Fils et Filles de Dieu ! *Jusqu'ici, pas de péché !* Vous êtes les copies conformes de votre *géniteur* (même pour le divin ; nous pouvons employer ce mot) et éprouvez la même soif d'expansion et de reconnaissance.

Dans l'Île Centrale de votre origine, vous êtes instruits à propos d'une vaste création finie, de manière à éprouver et à ressentir vos attributs (*jusqu'ici, toujours pas de péché !*) En accord avec la profonde volonté de votre Créateur et *géniteur*, vous acceptez alors d'entreprendre cette grande découverte et, pour cela, vous êtes invités à quitter votre foyer divin avec la bénédiction du Grand Constructeur. Le jour de votre sortie de l'Île Centrale, vous entrez dans le monde divin fini (*et toujours pas de péché !*). Vos théologiens nomment « *la chute* » cette sortie de votre demeure primordiale. Pourquoi ? Je ne vois là aucune chute ; juste une entrée dans un autre monde divin après une sortie d'un monde tout aussi divin. Dans ce passage, où trouvez-vous le péché ou la chute ? Vous entamez la re-connaissance de l'idée de vous-mêmes et de l'idée de Dieu. Vous lui permettez de se découvrir à travers les expériences que vous vivez. Où est le péché ? Vous n'avez jamais péché ni chuté tout au long de votre évolution. Le jour de votre départ de l'Île Centrale, vous avez reçu toutes les bénédictions, les faveurs et les protections divines. Vous êtes attendus dans cette découverte par une foule d'instructeurs et de protecteurs. Il n'y a pas de punition ni de réprimande dans le déroulement de votre aventure.

Les plus téméraires poussent loin leurs explorations. L'amour envers votre Créateur vous pousse toujours vers l'avant, de manière à renvoyer les images l'amenant à se reconnaître. L'Amour est le moteur de la Création, y compris de la vôtre.

Pour l'expérience hors de votre demeure, vous, Dieux de naissance, partirez à la reconnaissance de vous-mêmes. La joie vous accompagnera, le cœur ouvert à toutes les énergies. Celles-ci, vous le savez, seront teintées de tout ce que vous rencontrerez. L'instant aussitôt après votre sortie de votre résidence, l'Île Centrale, vous vous dirigerez vers ces lieux d'échanges et d'instruction. Vous commencerez par identifier les différentes étapes, les aides à venir et les instruments mis à votre disposition : le son, la couleur, les énergies dilatantes ou compressantes, les formes géométriques, les jeux de relation et d'inter-réactions, les lois d'Amour, du non-amour, de la Lumière et de l'Ombre. Nantis de ces outils d'action, vous vous dirigerez ensuite vers l'identification des secteurs d'activité (appelés Univers) : grands Univers et univers locaux, secteurs majeurs et mineurs. Vous étudierez la Fleur de Vie, forme géométrique d'Amour et de Loi. Vous apprendrez.

Le temps, bien qu'inexistant sur ces mondes, ne vous est pas compté. Vous demeurez très près de votre Source de naissance et elle vous nourrit encore très puissamment. Le plan du Grand Constructeur est très perceptible à ce stade dans votre mémoire et vous ne vous en écartez en aucune façon. Ah, je tiens à vous le préciser : jamais, au grand jamais, vous ne vous êtes éloignés de la volonté divine ; par l'expérience et l'éloignement de votre centre, vous reconnaissez et proclamez la valeur de la Source de Vie. Voici l'idée primordiale choisie afin de la sentir et de l'intégrer dans la profondeur de votre Essence. Vous ÊTES divins de naissance ; l'expérience vous couronne Êtres divins.

Mais revenons à la périphérie de l'Île Centrale, où des sphères d'activité sont mises à votre disposition en vue de vous préparer à votre grand voyage.

Un cercle de Vie entoure l'Île Centrale. Le Grand Constructeur, dans son désir de reconnaissance, a créé des Êtres instructeurs, des entités qui ne quitteront jamais ce cercle de Vie. Ils se dévouent entièrement à l'éducation. Dieu les a créés parfaits et gardiens de l'idée primordiale. Ils déposent une vaste connaissance (que vous appelez théorique) dans chaque flamme de Vie divine. Ainsi, vous voici dotés d'un savoir et de germes d'expansion. Votre visite dans le fini est l'élément révélateur de ces graines en germination. Avant de quitter ce cercle éducatif, vous passerez par tous les lieux, ou écoles de formation. Cela représente 151 000 temples d'expressions différenciées et, donc, une infinie combinaison de chemins à explorer et à unifier dans le monde fini. C'est aussi un collège de formateurs important, et toutes les étincelles de Vie se présenteront devant chacun d'entre eux sans exception. Effectivement, l'expression employée individuellement par chaque formateur sous-entend des minigroupes d'inter-réactions combinés entre les 151 000 possibilités ; votre voyage aura toujours une tonalité à visiter, quelles que soient les conditions. Vous êtes parés pour toutes les éventualités. Les flammes de vie reçoivent ainsi des aides précieuses pour leur aventure. Vous êtes également instruits quant à la zone de création où l'Ombre est maintenue en tant que révélatrice de votre Lumière. Oui, le Créateur a besoin de tester la volonté dans des conditions extrêmes. En quittant ce cercle d'études, vous n'ignorez rien de cette forme de vie issue de l'Essence de votre Constructeur ; vous la respectez et l'honorez (vos attitudes se gâtent seulement sous les voiles de l'oubli !).

Dans le deuxième cercle de Vie, vous apprenez l'usage des fonctions divines. Vous découvrez les lois administratives et leurs applications ; vous faites connaissance avec les divers groupes de Fils et Filles divins et étudiez tous les secteurs universels. Dans ces sphères naissent des vocations ! Ainsi, à partir de ce cercle, votre choix d'expression est-il activé. Au contact des Fils et Filles de Dieu, vous étudiez les autres formes de vie et apprenez à reconnaître les influences de ces groupes d'êtres sur vos futures actions. Vous êtes étonnés ? Eh oui, le Créateur a formé un grand nombre de familles avec des qualités spécifiques respectives. Savez-vous que vous êtes le seul groupe d'enfants divins ayant la grande charge de pénétrer toutes les familles et de leur apporter, par vos expériences, les compréhensions favorisant leur cheminement interne ? Vous avez également la joie de vivre sur tous les centres de Vie finis et infinis. Ceci n'est pas le cas des autres familles. Vous êtes nés avec des privilèges qui vous imposent des contraintes. Naître dans la Famille christique amène du contentement et une expérience sans limitation aucune. Les autres familles vivent une expérience de service. Leur évolution se construit doucement dans le regard tourné vers vous. Leurs fonctions ne changent pas ; elles approfondissent leurs sentiments dans leur service. Pour elles, votre famille représente un groupe d'aventuriers responsables du regard du Grand Constructeur. Elles vous considèrent comme autant de paires d'yeux divins, copies conformes des yeux du Créateur et son prolongement direct. Ces familles pensent que vous êtes, individuellement, le parfait sosie du Grand Architecte. Pour eux, tous les germes-pensées du Créateur sont inscrits dans la profondeur de votre structure moléculaire osseuse, soit les murs du Temple divin. Le deuxième cercle vous invite à comprendre la volonté du Grand Constructeur au fil des lois d'expression. Les lois administratives sont en réalité des voies d'expression épanouissantes. Vos lois, elles, sont limitatives et astreignantes. C'est normal puisque l'Ombre y règne encore. Les lois lumineuses, quant à elles, dilatent. Les Lois Divines sont votre identité christique.

Dans ce cercle, l'enseignement vous dit ceci : afin d'offrir à l'Architecte la reconnaissance de son Essence primordiale, votre arrivée dans la création finie et limitative vous impose de déposer vos attributs divins de naissance, d'épouser la lourdeur du lieu d'accueil et de reconnaître le contraire de votre Essence ou de vous en instruire. Vous devez également élever cette Lumière sans conscience le plus haut possible (tout en l'explorant le plus loin possible dans la densité). Votre tâche consistera à répandre et à expérimenter la justesse, l'Amour contenu dans les lois administratives divines. Dans ce cercle, 135 000 temples permettent d'apprendre la diversité des influences des lois administratives. Vous passez par chaque temple, et chaque instructeur laisse l'empreinte d'une multitude de voies. Au cours de votre expédition hors de votre royaume, vous trouvez autant de choix à votre disposition en vue de votre exploration de la reconnaissance de l'attribut divin.

Le troisième cercle d'influence vous instruit sur les notions concernant la vision lumineuse des demeures divines. C'est à partir de ce troisième cercle que vous étudiez en profondeur les deux visages de la Lumière différenciée : l'Ombre et la Lumière. Vous pouvez alors comparer ces deux grandeurs. Eh oui, l'Ombre est grande et divine ! Son rôle essentiel favorise la reconnaissance de vos attributs divins. Les apprentissages dans ce cercle d'influence mettent en lumière toutes les réactions chimiques de la pensée, de la parole et de l'action. Votre choix devient ici pluriel.

Il y a là 934 000 temples à votre disposition et autant d'éducateurs, naturellement.

Dans le quatrième cercle, vous vous penchez sur le sentiment et le regard. Ces études sont plus longues, car vous devez intégrer la compréhension de la Grandeur christique et la nature complexe du sentiment Amour. Il vous faudra visiter 521 000 temples afin de vous instruire plus complètement, et chaque temple est animé par vingt et un instructeurs.

Le cinquième cercle complète vos études par la perception des lois interactives de l'Unité solaire, de sa force et de son attraction. Vous recevez dans les 635 000 temples les enseignements ayant trait aux influences planétaires, à celles des systèmes solaires et des secteurs universels, petits et grands. Vingt et un instructeurs vous attendent dans chacun des temples.

Le sixième cercle est consacré à la personnalité. Ici, il est question des réactions multiples entre tous les thèmes enseignés sur les autres cercles et les choix possibles ainsi offerts en visitant l'Ombre ou la Lumière. Vingt et un instructeurs sont actifs dans les 521 000 temples.

L'instruction du septième cercle porte sur la réalité constructive des effets du son et de la couleur. Ainsi, les vingt et un instructeurs des 675 000 temples termineront la base de leur formation quant aux réalités offertes à tous de s'incarner dans la réalité finie. C'est à la sortie de ce septième cercle que vous épousez les voiles de l'oubli et déposez vos attributs divins ; vous voici alors informés et prêts à pénétrer l'espace-temps.

Au cours de ce long voyage dans les temples d'information, vous avez noué des amitiés et découvert des affinités avec certains secteurs de service. Vous vous engagez et vous placez sous la responsabilité de tel ou tel Maître d'information. Avant d'entamer votre descente, vous prononcez vos vœux et serments de fidélité. Fidélité non pas envers un maître mais bien vis-à-vis d'une énergie qualifiée. Certains serviront de préférence l'énergie d'Amour, l'énergie scientifique, l'énergie médiane (contenant les informations nécessaires à un secteur universel en évolution) ou une autre énergie. Généralement, votre choix de service restera le

même tout le temps de votre visite dans le monde fini de
l'espace-temps. Certes, il prendra bien des visages, mais votre
volonté restera bien ancrée dans sa spirale.

Je vous ai résumé en quelques lignes votre parcours dans
les sept cercles d'information. J'ai abordé ce sujet dans le but
de vous faire comprendre comment vous parvenez dans le
secteur espace-temps chargés d'un savoir immense et d'un
grand potentiel. Vous ne naissez pas innocents. Seule la
charge émotionnelle volontairement mise sur vos épaules
vous fait prononcer de tels mots. Un bébé venant au monde
ici, sur votre Terre, est un être ayant un savoir important et
une expérience des mondes de Lumière. Servir votre Créateur
est votre seule raison d'être, votre but suprême. Vous connaissez ses besoins de reconnaissance et les avez fait vôtres.
La Famille christique a conscience également de servir les
autres familles divines. Quand le voyage dans le fini s'inau-
gure, vous êtes tout à fait prêts à servir votre Créateur ainsi
que les membres des autres familles. Vous êtes volontaires et
audacieux. Vous arrivez dans un secteur intermédiaire et
rencontrez les responsables des grands secteurs universels.
Vous êtes reçus individuellement et on vous assigne à un des
segments dits Super-Univers.

La Famille christique se sépare en sept groupes de
nombre égal et vous vous dirigez vers l'un ou l'autre des
Super-Univers. Vous êtes accueillis et présentés au groupe
des Sages responsables de la cohérence et de la cohésion de
la sagesse dans l'action.

Vous développez votre choix initial de service en vous
plaçant sous la responsabilité de l'un ou l'autre des grands
Maîtres en poste dans le Super-Univers. Vous approfondissez
la connaissance de ces sections administratives et apprenez la
géométrie attachée au développement de la Vie à l'intérieur
de ce périmètre d'action. Vous reconnaissez la Fleur de Vie
et commencez votre service. Vous passez de section en

section et quittez la juridiction du Super-Univers afin de descendre dans les univers plus petits. C'est dans ce parcours que votre corps acquiert des bandes de couleur plus ou moins importantes selon le sentiment d'appartenance développé avec tel ou tel maître d'action. Vous descendez pour aboutir dans un tout petit secteur d'activité nommé Système solaire. Le groupe christique initial vit en nombre égal dans chaque système solaire, toujours relié aux autres. Ici, votre groupe sera divisé en sept afin de créer des forces de mouvements variables. Ceci permet de répondre à la demande des humanités incarnées dans un mouvement ascensionnel.

Il y a deux mouvements parallèles : la création d'une unité christique du cœur du *Soleil Central* et la création d'une unité, appelée humanité, créée à partir du cœur de votre Soleil. Le premier mouvement est descendant, le second est ascendant. Le premier se voile et laisse ses attributs, le second acquiert les attributs par l'expérience et la connaissance du monde christique. Sur chaque planète habitée, les deux mouvements se côtoient. Ainsi, la nature christique inscrite dans les cellules de la première unité d'êtres incite le deuxième groupe à rechercher cet état. La friction entre les deux groupes entraîne chacun dans un mouvement ou une spirale ascensionnelle. Généralement, quand les conditions sont normales, l'humanité ascensionnelle passe rapidement dans le système solaire et poursuit son mouvement en remontant le parcours effectué par l'unité christique afin de rejoindre le cœur du *Soleil Central*.

Le Grand Créateur a ainsi la vision complète de l'idée émise initialement. En effet, la création simultanée d'une unité christique et d'un nombre d'humanités pouvant renvoyer l'image renversée de l'idée rend le Grand Architecte apte à acquérir une vue complète et profonde de sa pensée. Pour chaque bulle christique, il y a environ 3 535 100 humanités créées. Votre pensée peut s'arrêter à juste titre sur l'idée suivante : *une unité christique est la gardienne de la Lumière du cœur du Soleil Central* légitimant l'exploration et la reconnaissance d'une expansion de l'Esprit divin dans une multitude de flammes ou étincelles de Vie.

Le Plan divin englobe toutes les phases de reconnaissance de l'Amour contenu dans l'idée germe du Grand Constructeur. Le plan du Créateur, simple et complexe, a deux visées essentielles :

- poser clairement l'idée semence, construire des lieux de vie propices à son développement et créer des unités de vie montantes et descendantes ;
- créer des ambivalences afin d'amener les unités de vie à se rencontrer, fournir les germes initiaux à l'exploration de l'ambivalence retenue et, pour finir, donner des informations afin d'unir les contraires obtenus.

Le résultat final est ainsi donné par l'éloignement volontaire des humanités et de la bulle christique. La reconnaissance de ces deux points de vue, montant et descendant, est le ferment qui sacralise l'idée semence du Grand Constructeur. Il n'y a pas de supériorité entre l'une ou l'autre de ces deux unités de vie. Elles servent toutes deux la même idée semence et s'appuient l'une sur l'autre en vue de regagner l'espace Vie hors du temps.

La bulle christique vous visite pour sa propre expérience et, vous, humanité, par votre propre expérience, vous vous couronnez Enfants divins et reconnus. Vous devenez Dieu en choisissant mutuellement des formes d'action apparemment opposées et pourtant identiques à la bulle christique. Quant à l'histoire d'Urantia Gaïa, votre planète, dans ce déroulement commun aux deux unités de vie, une expérience unique lui a été proposée afin de servir aux sept Super-Univers. Au sein de votre humanité et de la partie de la bulle christique, des êtres auront la charge de créer des Soleils dans les autres

Super-Univers à venir et, par conséquent, d'engendrer des humanités qui seront en résonance avec une bulle christique possédant des caractéristiques nouvelles[1]. Les germes d'idées à ce propos, appelés semences, remontent en ce moment même par la chaîne solaire jusqu'au *Soleil Central*.

Le Grand Constructeur pourra choisir les expériences les mieux adaptées à son désir de reconnaissance, mais toutes seront explorées et expérimentées ; toutes auront une action concrète sur les futures géométries des Univers immédiats en formation mais aussi de ceux qui, aujourd'hui, sont toujours en gestation dans l'idée du Grand Constructeur. En résumé, sur les 3 521 500[2] humanités créées pour devenir les vis-à-vis de la présente bulle christique en évolution, la vôtre, évoluant sur Urantia Gaïa, devient l'humanité première de son groupe. Tous ses choix auront des répercussions directes sur les autres. Elle devient le *chakra cardio* du corps global humanitaire. Je m'explique davantage : les 3 521 500 humanités créées fonctionnent comme un seul corps, et ce groupe est en mouvement permanent. Par la reconnaissance de votre travail, vous stabilisez le corps humanitaire. Votre démonstration concluante à mettre en vie une nouvelle forme d'Amour vous a positionnés pour devenir l'esprit de ce chakra. Quelque part dans l'immensité du Cosmos, six autres humanités s'orientent de manière à alimenter les autres chakras et à en devenir les responsables.

NDE : Ces notes de bas de page ou entre accolades [ ] sont des précisions de Soria suite aux questions des Éditions Ariane.

1. Dans l'avenir du Grand sidéral, la bulle christique à l'œuvre ici, sur cette planète, servira de référence et contribuera à engendrer des séquences inédites d'actions au sein d'une ou peut-être plusieurs autres bulles christiques qui seront en poste à l'extérieur de votre Univers d'appartenance.

2. Ce chiffre ne remet pas en cause la première donnée correspondant à une autre bulle christique. Il y a en effet des variations dans le nombre des unités de vie en fonction des besoins et de l'idée germe retenue.

Je vous ai précisé, dans le deuxième tome de mon enseignement, que les sept Super-Univers vont apprendre à communiquer entre eux. Dès lors, vous pourrez alors retrouver
vos autres humanités sœurs et partager vos expériences
communes. Oui, le voile se lève sur l'ignorance quant à vos
autres sœurs. Bientôt, vous communiquerez entre vous. Ainsi,
ce jour-là, vous entamerez le long parcours à travers toutes
les divisions des Univers, vous sortirez du monde physique et
fini (Super-Univers) et entrerez dans les cercles de Vie des
mondes de l'Esprit du Grand Créateur. La bulle christique
vous accompagnera et retrouvera son royaume d'origine ;
quant à vous, vous pénétrerez le royaume qui vous est
destiné. Ensemble, vous rencontrerez l'énergie du Grand
Constructeur et certains d'entre vous chercheront peut-être à
retourner dans les mondes finis afin de mener à bien une autre
idée semence. Nous abordons succinctement les deux
énergies montante et descendante dans le but d'ouvrir votre
conscience à ces deux voies d'exploration. Vous appartenez
à l'une ou l'autre de ces familles, vous êtes tous les enfants de
Dieu, des DIEUX ; des Créateurs, des gardiens de la mémoire
du Grand Constructeur ou de celle de votre système solaire.

Vous venez tous du Soleil, soit du *Soleil Central*, soit du
Soleil de votre système. Tous, vous vous unirez dans la splen-
deur du Soleil interne d'Urantia Gaïa. Oui, à l'intérieur de
votre Terre est cachée la clé des épousailles entre la bulle
christique et l'humanité résidant sur son sol. Je vous donne
les premières pulsions. J'en suis sûre, elles vous inciteront à
cette recherche.

Ce premier chapitre vous invite à vous reconnaître, à
vous aimer et à vous unir. Il n'y a pas plus d'importance à
être dans l'un ou l'autre de ces deux groupes. Notre histoire
des mondes finis est jeune. Les sept Super-Univers deviendront le cœur solaire des créations futures. La première
expression à la périphérie de notre ensemble d'Univers repré-

sente les germes de la multitude de futurs Super-Univers[3]. J'aimerais, sans trop encombrer votre organe de pensée, ouvrir votre conscience à la formidable aventure naissante. Il est bon aussi de préciser que la formation des sept Super-Univers existants est simplement un modèle d'essai où toutes les possibilités se côtoient afin de déterminer les structures les mieux adaptées aux futures créations.

Les bulles christiques s'uniront entre elles comme le feront toutes les humanités. L'explosion des frontières entre chaque Super-Univers nous obligera à incarner totalement les qualités solaires, qualifiées aussi de divines. D'autres germes de qualités ou attributs seront testés dans ces mondes à venir. La nécessité d'asseoir la reconnaissance de la pluralité d'expressions devient compréhensible dès que nous acceptons notre rôle dans les vies à venir. Ensemble, nous serons le modèle parfait de l'Archétype christique-divin-solaire.

Ah ! Je vous livre encore une fois un nouveau concept, et il est de taille ! En réalité, dès notre création, nous savions que nous expérimenterions uniquement ce concept : celui de l'Archétype christique-divin-solaire. En fait, nous l'appelons ici l'Archétype christique-créateur-énergie solaire. Je vous donne le seul élément important depuis notre naissance. Nous expérimentons, dilatons, contractons, concevons, expansons ce concept et rien d'autre. Nous avons créé les points d'appui, les points d'information, de perdition et d'échanges. Nous menons à bien notre but, et le vôtre est le même.

Les mondes finis sont en expansion, l'Amour est la clé de ce moteur.

Ainsi cette humanité sera-t-elle la gardienne de l'Arché-

---

3. Par « première expression », nous entendons l'importance des germes actuellement en formation ou en mutation qui se positionnent à la périphérie, c'est-à-dire sur le cercle délimitant le premier Cercle atomique de Vie (englobant les sept Super-Univers). Ces mutations n'étant pas encore matures, les germes forment pour le moment la « première expression » d'une réalité à découvrir.

type Amour des futures humanités, des mondes de demain.
Votre Terre, bibliothèque de l'espace, tient ce rôle. Comprenez-vous maintenant les visites à venir sur votre sol ?
URANTIA GAÏA, l'école de l'Amour et la gardienne de cet
archétype, ouvre ses frontières. En effet, elle ne peut en aucun
cas garder pour elle seule ce qui est destiné aux Super-
Univers existants (sept) et à venir. Les frontières de votre
conscience s'émiettent de manière à laisser la place à la
conscience universelle. Le Grand Constructeur ouvre son plan
et nous laisse voir ses décisions. Dommage pour vous, il vous
a choisis en vue de représenter le chakra d'Amour du
corps unifié des sept Super-Univers. Lourde responsabilité,
aucune zone d'ombre permise ; de la Lumière, rien que de la
Lumière ! Vous souvenez-vous du 11 août 1999 ? Vous avez
alors reçu une énergie spéciale qui œuvre désormais afin que
vous puissiez respecter votre contrat. Il y aura peut-être des
spasmes semblables à ceux de l'adolescence. Toutefois, une
main ferme vous conduira inexorablement vers l'ouverture de
ce chemin unique.

Avez-vous songé un seul instant aux chaînes d'énergie ?
Nous allons donc aborder ce sujet également. Une idée suit
une trajectoire spatio-temporelle. Afin de devenir réalité, une
idée doit s'incarner progressivement. Une chaîne solaire est
constituée de plusieurs Soleils. Par exemple, l'énergie partant
du *Soleil Central* passe par le Soleil responsable de chaque
Super-Univers puis de chaque section universelle pour
terminer enfin sa course dans le Soleil du système solaire. Il
en est de même pour la chaîne de Sagesse, d'Amour, etc.
(chaque qualité ou attribut divin formant une chaîne
d'énergie).

Vénus, votre sœur, vous a transmis cette énergie
d'Amour ; elle est votre point de repère et la gardienne de
l'Archétype divin jusqu'à maintenant. Elle détient cette
fonction pour un temps encore, puis vous la transmettra. Ce

sera alors sa propre initiation dans sa chaîne d'appartenance. Une sphère ancrée dans une chaîne de Sagesse ne sera jamais implantée dans l'Archétype d'Amour.

Les sept Super-Univers sont jeunes et tous rendus dans la phase terminale d'adolescence. Avec leur entrée dans la phase adulte de leur contrat, le Grand Constructeur peut maintenant œuvrer à l'expansion du royaume fini. Ces nouveaux mondes ressembleront à des nouveau-nés issus de la Lumière et détenteurs des germes d'expansion donnés par leurs parents : vous. Tout fonctionne d'après le même modèle : les Soleils, les Univers, les Humains, les Créateurs, etc. Le dernier maillon du modèle archétypal d'appartenance transmet sa somme de savoir acquis, et c'est au tour du dernier-né de dépasser cet acquis. Dans la chaîne d'Archétype Amour, Vénus, votre protectrice, vous transmet son savoir. Vous le communiquerez un jour à une sphère se positionnant ou postulant de façon à former une matrice créant les conditions favorables nécessaires au développement de cette chaîne. On ne peut stagner ; le mouvement appelle une direction ou une autre. Bientôt, la spirale de vie des sept Super-Univers sera mue par le désir de rétablir la force de la Lumière primordiale. Celle-ci descend tout le long de sa chaîne d'expansion et termine sa route à la périphérie extérieure de sa bulle de reconnaissance.

Avant de devenir matière, toute vie est conçue dans l'Esprit du Grand Constructeur, qui crée ensuite une bulle où l'expression contenue dans son concept pourra prendre naissance et s'articuler. Ainsi, le modèle fini devient matière. La position géographique d'une planète est déterminante de par sa position éloignée ou rapprochée du cœur du *Soleil Central* ; ses responsabilités également. L'influence du *Soleil Central* en ligne directe a naturellement une plus grande force quand les secteurs sont situés juste à côté de lui. Votre planète étant dans la zone la plus lointaine, ses efforts ont un poids

considérable. Il n'y a pas plus de mérite pour autant. Seulement, les forces dégagées ici par vous, résidents d'Urantia
Gaïa, favorisent l'ancrage des forces du *Soleil Central*[4]. Vous
êtes devenus le pont entre sa situation géographique et votre
planète. D'autres sphères connaissent un développement
similaire dans les autres Super-Univers. Ainsi, les sept
chaînes primordiales d'influence trouvent racine avant de
s'élancer vers les champs vierges. Parallèlement, la venue en
force de ces sept chaînes primordiales à la périphérie
extérieure de la bulle de reconnaissance éclairera la vie
intérieure. La Lumière pourra alors diriger son faisceau de
l'intérieur vers l'extérieur et inversement. Par conséquent,
toute vie sera illuminée avec la même intensité et le cœur de
cette bulle de reconnaissance battra au même rythme.
Comprenez-vous bien l'importance de cela ?

Une naissance est très attendue : celle du deuxième
Cercle atomique de Vie.

Oui, les sept Super-Univers naîtront ce jour-là à cette
réalité : l'unité cosmique d'un secteur d'expression.

Alors, amis, frères et sœurs, voici la grande nouvelle :
nous sommes sollicités de manière à œuvrer conjointement
avec le *Soleil Central*. Celui-ci désire faire naître son
couronnement de lui-même. Il EST de nature ; il veut Être par
reconnaissance.

---

4. La position géographique de votre zone de vie est très éloignée de l'Île
centrale. Afin de vous toucher, le Grand Constructeur engendre un effort
constant en vue de vous nourrir de sa réalité. Par cela, vous devez fournir
à votre tour une réponse égale à son intention. Vous devenez une lumière
à grande influence et des réceptacles forts. L'éloignement de votre position permet d'adombrer toute forme de vie sur le passage des rayons de
lumière du Grand Constructeur. Le retour de ces rayons par vos soins est
enrichi de votre expérience et, par conséquent, fait bénéficier tout être de
cette conscience acquise au cours du voyage.

Le deuxième Cercle atomique de Vie sera la reconnaissance de son état primordial par l'expérience. Les autres Super-Univers à venir auront une autre charge, toujours en fonction du *Soleil Central*. C'est lui qui teintera l'expérience nouvelle par sa volonté. Oui, il expérimentera et reconnaîtra un autre visage de lui-même, mais nous le saurons le jour où les portes des autres Super-Univers en création s'ouvriront pour recevoir la Vie. Nous avons bon nombre d'années de votre temps à vivre en vue de cet avènement. Quelle importance, puisque vous et nous serons actifs dans ces mondes ! Nous posons aujourd'hui les germes de compréhension afin de pouvoir nous asseoir sur une base d'éléments. Les *pierres d'achoppement* de ces temps futurs, nous les construisons dans notre temps présent. C'est-à-dire que les actions, les faiblesses, les questions, tout cela sera l'énergie porteuse de ces mondes. Votre travail actuel donne les points de développement nécessaires pour qu'un grand nombre d'humanités puissent un jour fouler ces terres et s'élancer vers la connaissance du Grand Constructeur. Oui, votre travail a une portée bien plus importante que n'importe quel fantasme de votre humanité.

Vous œuvrez pour vous personnellement, pour votre Terre, votre Univers, votre Super-Univers et les sept autres existant, pour le *Soleil Central* et les humanités à venir dans des secteurs non formés. Maintenant, peut-être comprenez-vous aussi pourquoi le *Soleil Central* a créé l'énergie montante et descendante. Avez-vous pensé, en lisant ces quelques pages, que vous êtes simultanément ces deux énergies ? Une partie de celles-ci remonte dans le cœur du *Soleil Central*, l'autre navigue (descend) vers les mondes en formation. Quant à la bulle christique, elle suit votre énergie. Elle est descendante en premier lieu puis montante.

Le deuxième Cercle atomique de Vie sera le couronnement des Fils et Filles de Dieu, leur lieu de résidence.

Nous supposons que les mondes futurs représenteront le troisième Cercle de Vie atomique, résidence du Saint-Esprit lors de son parachèvement. Certains d'entre vous ne voient peut-être pas l'utilité de cet élargissement de conscience et l'estiment inutile ; pourtant, l'éclatement des frontières de vos compréhensions amènera celui des frontières terrestres, universelles et fraternelles. En vous replaçant dans la grande énergie cosmique, dans la pluralité de la Vie, nous vous rendons votre responsabilité et, par cela, votre autonomie. Le choix est votre sceau distinctif, « votre marque de fabrique ». Vous êtes uniques en ce sens et le resterez. Vous représentez le ferment exceptionnel de ce deuxième Cercle de Vie atomique. Oui, vous êtes le sang porteur de la personnalité de ce lieu de vie. Alors, je vous le dis, votre responsabilité est telle que votre esprit a épousé les voiles de l'oubli avec joie afin d'agir avec aisance tout au long de cette phase du grand plan du Créateur. Vous avez accepté le jeu avec enthousiasme. Merci. Vos résultats nous éblouissent. Votre Lumière se teinte d'or. Le code christique inséré dans l'ADN de votre humanité s'éveille. Bientôt, vous fusionnerez avec le code de la bulle christique. Ce jour-là, le Soleil interne de votre planète émettra ses plus beaux rayons lumineux et celle-ci deviendra l'Étoile bleue, porte des étoiles et gardienne de l'Archétype divin d'Amour.

Chaque étoile clame son appartenance ou sa fonction par sa couleur dans l'immensité du cosmos. Votre aura bleue change et la couleur or apparaît par touches. Vos couleurs parlent d'elles-mêmes ainsi. Votre Identité primordiale émerge de son oubli. Le *Soleil Central* reconnaît son éclat dans votre Lumière. C'est ainsi qu'une planète devient résidence divine, par votre luminosité. Il reste à trouver votre note de musique, et l'harmonique tant attendue deviendra vivante.

DEUX

FORCE ET LOIS SOLAIRES

Aujourd'hui, nous sommes prêts à visiter les champs d'action reliés à l'énergie solaire. Cette énergie est de très loin la plus fluide, la moins palpable et la plus efficace. En connaissez-vous la force ? Non, bien sûr. Comme vous n'en êtes qu'au début de votre approche concernant ses possibilités, vous n'en avez certainement pas un aperçu significatif. Vous pouvez l'utiliser pour vos besoins domestiques mais également pour vos déplacements, avec ou sans votre corps physique. Grâce à elle, vous pourrez ainsi créer des lieux bien solides (une maison par exemple) et donner vie à des Univers où vous bâtirez des temples habités par la Vie ; je parle ici de corps humains.

La Vie est d'abord et avant tout solaire, et rien d'autre que cela. La pensée actionne cette énergie. L'ADN représente la formule scientifique retenue pour un secteur d'action.

Dans votre système solaire (la plus petite section à l'intérieur d'un univers local), votre ADN est constitué de douze chaînes encodées. En ce moment, votre vie est mue par deux chaînes. Cela étant, tout mouvement est réduit alors à sa plus simple expression. Malgré tout, ces deux chaînes vous relient à ces trois forces :

- une force planétaire au sein de votre système solaire (une chaîne vous reliant à une planète, vous êtes par le fait même en résonance constante avec toutes les planètes de votre système),
- une force universelle
- et une force solaire.

Ces trois forces réagissent dans vos cellules selon vos besoins. Le corps physique puisera les informations dans l'une ou l'autre des planètes de son système solaire, de manière à réagencer l'ordonnancement de ses molécules afin d'éviter la maladie. L'esprit, lui, fera appel aux ressources des forces universelles et, selon l'activité, cherchera les informations dans son univers d'appartenance, dans les univers voisins ou à l'intérieur des grandes sections universelles. Votre chakra solaire [plexus solaire], lui, puisera sa force atomique dans la chaîne solaire. En premier lieu chez votre Soleil, puis dans chaque Soleil responsable de son secteur d'action. Jamais un seul instant vous n'êtes coupés des influences des univers petits, moyens ou grands. Impossible ! Il n'y a aucune interruption dans une chaîne d'activité.

Cependant, privés de dix chaînes d'ADN dans votre présent, vous éprouvez bon nombre de difficultés à agir en conscience et vos voiles d'oubli sont devenus opaques. Voilà pourquoi une séparation a pris forme entre votre monde et le nôtre.

La déficience moléculaire de votre chaîne d'ADN générera, il y a fort longtemps, l'abnégation de notre vie. Bien que ceci fût la volonté d'un cercle de créateurs espérant rester ici en maîtres afin de retarder l'avènement de votre Terre, la force solaire rétablit aujourd'hui la vie de ces douze chaînes solaires [chaînes d'ADN]. Rien ni personne ne peut se mettre en travers de la route de cette force. Chaque Soleil répondant à la Charte d'activité au sein de sa chaîne d'appartenance est conçu pour donner vie à une idée primordiale ; il est aussi habité et dirigé par un grand Être. Il devient le relais de la force du Grand Constructeur.

La Vie existe sur le Soleil, mais non pas, bien sûr, sous votre forme. Les corps de ses habitants sont solaires et, par conséquent, mus par une activation spiralée de force atomique. Vos yeux humains, dans leur forme actuelle, ne peuvent percevoir qu'une boule de lumière ou de feu, et c'est bien pour l'instant, votre travail n'étant pas fini. Vous devrez vous contenter de vos limitations jusqu'à l'année 2012. La force solaire entraîne les inter-réactions des douze chaînes d'ADN. L'oscillation permanente en leur sein permet des modifications temporelles et intemporelles, ces douze chaînes d'ADN étant encodées afin d'être en résonance avec les énergies physiques (dites planétaires), universelles et atomiques. Dans chacune de ces énergies se trouvent douze points d'impact, douze planètes de votre système solaire ayant vécu ou vivant encore actuellement, douze sections universelles, y compris votre système solaire comme première section universelle, et douze Soleils, le vôtre étant le premier en remontant la chaîne solaire jusqu'au *Soleil Central*. Le corps humain unit ces trois forces ; il les utilise de façon différenciée afin de répondre à ses besoins du moment. Actuellement, toutefois, vous n'y recourez pas, car vous êtes en survie. Quelques-uns d'entre vous puisent dans les énergies de la Terre ; rares sont ceux qui pensent à se nourrir des énergies du Cosmos. Celles-ci représentent pourtant une autre source d'énergie.

La Force solaire, dépositaire des Lois du *Soleil Central,* agit comme une sève nourricière gardienne et éducatrice de toute vie. Vous la trouverez à l'intérieur de votre planète d'accueil, en son centre, autour de vous, sous une forme plus éthérée dans votre Soleil extérieur, votre propre Soleil intérieur (le plexus solaire), dans votre ADN et enfin sous forme électrique : l'aura. Ces différentes manifestations solaires délivrent des charges lumineuses plus ou moins intenses. Votre compréhension et votre conscience de ces états vous donnent accès à ces lois de manifestation afin de vous en nourrir, d'être, de vous mouvoir, de créer, de devenir des relais des forces solaires et finalement Soleils à votre tour. Actuellement, vous êtes sous tutelle constante. Oui, vous

êtes attendus afin de vous émanciper et de retrouver l'autonomie.

Les Êtres réalisés sont des entités ayant intégré au moins
les quatre premières étapes du chemin solaire. Celui-ci vous
est proposé ; à vous de décider si oui ou non vous passerez
consciemment la première partie ou étape solaire.

Pour l'instant, vous réagissez tels des automates. Vous
avez abandonné la responsabilité de vos fonctions biolo-
giques, mentales et solaires. La Vie n'est pas linéaire ; elle est
pluralité. Votre corps se meut au fil d'une multitude de
réactions internes et externes, dépendant d'une nourriture
plurielle ayant des profondeurs à multiples niveaux, chacun
de ceux-ci entraînant des interconnexions entre le physique,
l'émotionnel, le mental et l'esprit. Les rouages deviennent
complexes et simples en même temps. Tout est lié à la force
de pénétration des spirales atomiques de la Vie solaire. Son
influence totale dépend de votre interprétation, parfois vous
inversez sa rotation. Actuellement, vous êtes en rotation
inversée, comme votre Terre ! L'alignement physique de
celle-ci est un handicap. Il vous est difficile de rester ajustés
aux lois mathématiques divines en ce moment. La force
solaire répond à une loi mathématique. Les nombres
permettent ou empêchent sa pénétration. Le chiffre majeur, le
sept, a toujours agi comme moteur primordial de ce Super-
Univers.

Vous êtes en droit de penser que les autres Univers sont
mus par un autre chiffre. Aucun ne s'annule ; par conséquent,
ils se complètent. Dans la fusion des sept Super-Univers entre
eux, leurs nombres d'expression s'articulent en faisant en
sorte de créer un nouveau code de Vie unique à l'ensemble.
Ce code reste à créer par les actions d'amour, de sagesse, de
compassion et de tolérance conjuguées. Revenons donc à la
force solaire : elle est mathématique, action, pluralité en sa
manifestation, création, loi d'expression et réalisation.

Oui, je vous donne un cours, et ces deux premiers chapitres ne se lisent pas comme un roman. Pourquoi une telle forme d'enseignement ? Il devient urgent de repousser vos limitations, d'élargir vos compréhensions afin de vous rendre votre Identité cosmique, votre mémoire ancestrale.

J'évite de transmettre trop de données dites scientifiques, bien que nous soyons justement en train de visiter ce domaine. *Mathématique*, la force solaire se meut par les nombres. *Action*, les nombres deviennent clés et vous pouvez voguer sur les manifestations hautes ou basses. *Plurielle*, elle l'est par sa diversité d'expressions. En tant que *manifestation*, elle crée votre quotidien en nourrissant votre conscient et votre inconscient par tutelle ou de votre plein gré (ceci vous ouvrant d'autres champs d'exploration). *Création* elle est, quand votre volonté devient le moteur d'actions entraînant les réactions de cette force. *Loi d'expression* elle devient, quand vous pouvez enfin vous mouvoir sur sa force avec l'un ou l'autre de vos corps, et dans sa force (n'oubliez pas que *dans* et *sur* renvoient à deux notions différentes). *Réalisation*, car vous pouvez ÊTRE.

Je vais également vous enseigner que votre manifestation d'être est sous tutelle et que cela étant, vous n'avez donc même pas posé vos pieds sur la force solaire ; l'autre étape consistera à pénétrer cette force et, au cours de la dernière, vous serez cette force.

Bref, en acceptant les voiles de l'oubli, vous avez aussi toléré l'éloignement total de cette vérité.

Effectivement, votre Essence solaire vous attend ainsi que votre véritable personnalité. Vos anges gardiens Ombre/Lumière détiennent cette mémoire. Parfois, dans le déroulement de la présente incarnation, ils vous autorisent à vous connecter à votre Identité. Généralement jamais longtemps, et toujours dans un but éducatif. Ce sont eux qui allouent aussi le droit de pénétrer la mémoire de votre Terre ou de votre Univers, qui signalent aux Sages de votre Univers vos progrès dans le franchissement des cercles de compréhension et qui font appel à des interventions temporelles afin de vous aider à évoluer. Leurs actions sont donc plurielles pour répondre aux lois multiples de manifestation au sein de votre Univers qui se compose d'un grand nombre de systèmes solaires, et pour vous, de la dernière section universelle (l'avant-dernière étape de la chaîne solaire). Votre Soleil est le maillon final de sa chaîne d'appartenance et cet ensemble de systèmes solaires répond aussi au nom d'univers local ; plusieurs univers locaux forment en réalité un Univers. Dans chaque section universelle, un Soleil a la responsabilité de la charge atomique de cette division.

Je vous donne là les trois premiers Soleils [notre Soleil, celui de l'univers local et le Soleil Universel] de votre chaîne solaire d'appartenance. Nous irons plus loin une autre fois. Sous vos pieds débute l'autre chaîne solaire, qui est interne. Vous êtes en phase d'expansion et de transmission, et la prochaine étape sera la première planète habitée dans les nouveaux mondes en formation. Voici posées les deux chaînes solaires, l'une externe, visible à vos yeux et l'autre interne, encore à découvrir. Ces deux pôles jouent sur les réalités invisible et visible de vos atomes, sur les actions visible et invisible des fonctions de vos corps visibles et invisibles. Les chaînes solaires représentent deux clés mises à votre disposition pour votre réhabilitation en tant qu'enfants universels. La chaîne visible vous nourrit, celle qui est invisible est nourrie par vous. Retrouvez votre mémoire solaire et vous pourrez alors devenir les parents tutélaires des futures humanités. En réalité, vous êtes déjà en train de prendre cette place, mais le fait d'en devenir conscients ouvrira la page de vos charges administrative, affective et éducative.

Votre Soleil applique tous les points de sa Charte d'allégeance, or vous, humanité résidente d'Urantia Gaïa, n'avez pas à ce jour écrit cette Charte. Vous balbutiez toujours, vos pas sont hésitants et vous n'avez pas encore déclaré à votre Soleil et aux Sages de votre univers local votre volonté d'appartenance à la Famille de Lumière. Vos liens solaires ne sont pas noués. Eh oui, je vous livre un pas important. L'Amérique en a fait un le jour de la Déclaration des États-Unis. L'Europe essaie, tant bien que mal, de trouver une union respectueuse ; cela viendra lorsque l'intérêt humain passera avant l'intérêt financier. Votre Terre traverse une crise d'identité et cherche son passé, mais cette situation est temporaire et un grand bien en résultera. Après, vous devrez unir l'intérêt planétaire sans flouer l'un ou l'autre des États, sans discrimination raciale (la supériorité blanche), en reconnaissant toute forme de sagesse, en acceptant les grandes vérités cachées et en n'imposant plus l'ordre financier mondial.

Je n'affirme nullement que vous devrez abolir l'argent ; non, surtout pas actuellement. Bon nombre d'habitants d'Urantia Gaïa souffrent de despotisme monétaire ; il y a donc une réconciliation à effectuer avant d'oublier ce mode d'échanges, un parmi tant d'autres et pas forcément le meilleur.

Dans un avenir plus ou moins lointain, vous jouerez le rôle de parents pour les autres humanités. Comprenez la nécessité vitale de régler vos charges émotionnelles mal qualifiées ; ceci évitera de transmettre des rails d'expression « négatifs » à vos futurs enfants. La responsabilité solaire englobe ce problème. Certains d'entre vous se disent : « On a le temps. On ne verra pas ça, on sera alors morts. Aux autres d'y voir. » Eh bien non ! Vous êtes ceux qui vivront à ce moment-là et c'est dès maintenant que vous devez abolir certaines formes de manifestation. L'éducation universelle descend vers vous présentement, de manière à vous préparer à ces temps-là. Le réveil est d'actualité. Votre conscience grandit au rythme des messages télépathiques envoyés autour de votre sphère de vie. Elle doit digérer cet apport d'énergie et transmuter ses lests en apesanteur.

Le Soleil éclaire votre extérieur et vous livre des points de repère : les nuits et les jours. Non seulement le jour adombre les particules de lumière et d'énergie atomique, mais il insuffle aussi à chaque instant les mécanismes des lois de votre secteur solaire. La nuit, les forces intérieures du Soleil entrent en action. L'Esprit du Soleil s'adresse à vous et peuple vos rêves. Son Esprit connaît l'histoire de votre système solaire, des humanités passées sur Urantia Gaïa et sur les autres planètes. Il pourra vous dire que vous avez effectué quatre fois la visite de chaque planète en formant des cercles où l'Esprit du Soleil vous nourrit un peu plus intérieurement et extérieurement. Il vous apprendra qu'une partie de votre humanité va quitter ce système solaire, qu'une autre entamera le cinquième cercle de compréhension [lié au cinquième chakra] et qu'enfin une dernière, prête aussi à se libérer de l'énergie de groupe, restera afin d'ouvrir les portes de ces mondes futurs [l'ouverture des portes d'énergies entre les Super-Univers existants et ceux à venir]. Celle-ci suivra une évolution en accéléré indépendamment des deux autres, pourtant, ces trois groupes humanitaires reformeront l'unité un jour. Chaque partie adombrera les autres du savoir acquis séparément.

Il est également l'horloge de votre naissance et de votre mort. Inexorablement, il égraine votre temps.

Connaissez-vous les Êtres responsables de votre Soleil ? Non ? Alors, comblons cette lacune. Ce sont *HÉLIOS* et *VESTA*, le couple solaire ayant la charge de ces énergies, et ils sont là pour longtemps encore. Chacun agit séparément ou en commun avec l'autre et porte les énergies masculines et féminines. En eux, ces pôles ne sont pas dissociés ; le faisceau lumineux est en fait séparé à la sortie de leurs Êtres. Ainsi naissent deux faisceaux d'Hélios et deux de Vesta. En réalité, toute particule de ce système solaire assimile quatre rayons solaires. Oui, chaque élément Air, Terre, Eau et Feu reçoit un de ces rayons. Chaque énergie féminine ou masculine porte deux pôles. Chaque homme est relié à Vesta et chaque femme à Hélios. Le couple humain crée une synergie, et s'il réussit à atteindre l'harmonisation, il unit les quatre faisceaux lumineux en un seul, chargé d'exprimer l'Identité solaire, l'Archétype détenu par Hélios et Vesta en ce qui a trait à ce système solaire. Ce couple devient alors un relais vivant des forces solaires et de ses lois.

Je reviens sur la notion de cercle. Tout mouvement est circulaire, de droite à gauche ou en sens contraire. Afin d'acquérir les paliers de compréhension, d'action et de réalisation, vous visitez votre système solaire en effectuant des déplacements circulaires depuis la planète la plus proche de votre Soleil jusqu'à la plus éloignée. En revenant à votre point de départ, vous fermez le premier cercle de compréhension. Le Soleil émet alors un rayon dans le but de vous propulser sur le deuxième cercle, et ainsi de suite. Les cercles deviennent spirales ; leur sens vous élève ou vous abaisse. Votre Terre tourne ainsi pour vous aider à demeurer dans les vibrations basses émises par vous. Vous créez de la sorte la rotation de votre lieu de résidence. L'expérience étant le moteur de votre exploration de la conscience, les Êtres responsables de la cohésion et de la vie d'une planète s'ajustent à la volonté porteuse du mouvement ascensionnel ou descendant de l'humanité du moment. Une planète peut donc faire sa révolution dans un sens ou dans l'autre. Elle vit plusieurs changements de rotation au cours de son existence. L'élévation de conscience de votre humanité l'invite actuellement à inverser sa rotation afin de soutenir votre nouvel axe de conscience. Ceci renforcera vos efforts déployés durant le précédent siècle.

Le Soleil enregistre tous les mouvements dans l'évolution de la spirale d'identité de l'humanité de chaque planète
sous sa responsabilité. À chaque étape, il ajuste sa radiance et
déplace son impact dans l'une ou l'autre des sept portes de
votre chakra solaire. Votre histoire s'inscrit dans chaque
porte. Vous vous apprêtez à explorer la cinquième porte de
votre chakra solaire. Celle-ci actionnera tous les degrés de sa
roue et mettra en mouvement les autres portes (et leurs
degrés) des six chakras de votre première étape de réalisation.
Oui, effectivement, les sept chakras que vous connaissez le
mieux représentent la première étape de votre réalisation.
Précisons ceci : chaque porte possède soixante degrés pouvant être vécus dans le sens des aiguilles d'une montre ou
dans le sens inverse. Actuellement, seuls le Blanc et le Noir
sont visités. Bientôt s'ajouteront les couleurs et les notes de
musique. Ce palier vous ouvrira les portes des cinq chakras
au-dessus de votre tête. Vous aurez ainsi la possibilité de
maîtriser ces portes multidimensionnelles. Les soixante
degrés d'une porte tournent dès votre arrivée à une étape
essentielle de votre maîtrise, par l'émission d'un rayon
solaire, en provenance soit du Soleil interne de votre Terre, de
votre Soleil ou, selon la porte, du Soleil de votre univers
local. Chaque degré représente les Lois solaires de comportement.

Revenons sur le principe que rien n'est bien rien n'est
mauvais. Le bien, le mal, le négatif/positif sont les deux
visages d'une même énergie vécue dans ses extrêmes. Jamais
au grand jamais, vous n'êtes donc condamnables pour une
action ou une autre. En vous alignant sur les lois d'expression
de votre système solaire, vous aurez la possibilité de sortir de
cette section universelle afin d'apprendre les modes de
fonctionnement de la section suivante. Votre système solaire
est mû par une loi de pluralité d'expressions à l'intérieur de

l'Archétype d'Amour obtenu par d'autres humanités à l'extérieur de votre système universel. Ces humanités ont travaillé à l'élaboration de votre Fleur de Vie. Ainsi, elles vous ont transmis la charge d'élargir le concept d'Amour et de créer de nouvelles Fleurs de Vie pour la continuité de l'expansion du *Soleil Central*. À cela s'ajoutent les principes de sagesse, qui sont les sceaux garantissant votre retour à l'unité divine, de compréhension, afin de mettre en action l'expansion de la lumière, de tolérance, pour qu'un jour vous sortiez tous ensemble de la section de l'univers local, de patience, créant dès lors un moule parfait pour les lois de la Création. La dernière loi étant celle-ci : tout Fils, toute Fille du *Soleil Central* doit émettre la volonté de s'aligner sur la volonté et les lois d'expansion de ses Père-Mère créateurs.

Ainsi, le Soleil de votre système solaire a créé amoureusement et conjointement une quantité d'étincelles de Vie ayant la charge de resplendir du rayonnement de leurs Père-Mère : Hélios et Vesta. Parallèlement, la réussite de ces étincelles de Vie dans l'émission du faisceau de Lumière de leurs parents renvoie celui-ci dans deux directions, soit vers la demeure du *Soleil Central* ou vers les mondes en création. Pour cela, un bon nombre de planètes ont été créées afin de leur proposer des supports variés. Rappelons-nous que chaque planète est constituée d'éléments géophysiques différents visant à mettre en résonance les minéraux contenus dans les corps physiques des étincelles de Vie. Ces minéraux présentent un terrain diversifié offrant l'approfondissement de la compréhension au travers des chakras. Voilà pourquoi certains philosophes vous diront : « En vous élevant, vous élevez aussi votre environnement. »

Vivre sur Mars, Pluton, Mercure, Vénus ou toute autre planète de votre système solaire sollicitera fortement un chakra et actionnera un type particulier de compréhension ou de réalisation. La pluralité et la complémentarité se rencontrent sur tous les plans de vie intimes, entraînant des répercussions dans vos corps et, par conséquent, dans vos organes, touchant leurs fonctions et leurs agencements. Cela vous permet de monter ou de descendre sur votre spirale. Inutile d'ajouter que cette humanité entame tout juste la remontée sur la sienne. Par ailleurs, les modifications apportées dans votre ADN amènent également des changements à l'intérieur des planètes de votre système solaire et de sa chaîne solaire d'appartenance.

Nous pouvons y voir les schémas suivants :

- Les sept chakras de la première étape de la maîtrise du corps agissent comme émetteurs-récepteurs.

- Chacun des sept premiers chakras reçoit l'influence d'un minéral, d'un métal, d'un son, d'une couleur ; chacun est également relié à un des Soleils de la chaîne d'appartenance et nourri par une des planètes de votre système solaire de résidence.

- Toutes les influences reçues se teintent en fonction de vos filtres de compréhension et d'expansion.

- Vos pieds sont le point de jonction entre les forces visibles et invisibles formant une géométrie énergétique engendrant une figure à caractère mathématique.

- Les schémas précédents sont contenus dans la Fleur de Vie reçue dans les temps reculés de votre passé humanitaire.

- Votre rayonnement utilise la force et la sagesse de l'Ombre et de la Lumière comme « bain révélateur » à tout embryon d'expansion et d'idée.

- Vous êtes les créateurs actifs de l'expansion de la Lumière, de ses concepts, des germes de vie nécessaires au développement des mondes à venir.

- Votre lumière, communément appelée *Aura,* est un Soleil, un relais dans la chaîne solaire. Vous devenez les points visible et invisible de la chaîne solaire d'appartenance.

Effectivement, le Soleil de votre système solaire en est la dernière étape visible. La Terre possède son Soleil interne de nature invisible (et non reconnue actuellement). Vous êtes le relais de ces deux forces solaires. Votre couronnement aura lieu le jour où vous en aurez la pleine conscience et le désir puissant de manifestation. Par ailleurs, les chaînes solaires invisibles commencent dans le rayonnement invisible de votre aura. Vous êtes donc le départ de la chaîne solaire invisible et la fin de la chaîne visible.

Les cinq autres chakras sont activés par les cinq planètes supérieures de votre système, bien qu'une planète reste encore à découvrir. Celle-ci se meut sur une orbite elliptique totalement indépendante des autres. Elle représente la planète maîtresse de votre système solaire, et son influence fait évoluer toutes les vies de ce secteur ; elle est le relais des mondes visibles et invisibles, la médiatrice ou la destructrice. Son passage à proximité d'une autre sphère entraîne des changements dans l'ordonnancement des rotations moléculaires de tout corps vivant (dont fait partie Urantia Gaïa, ne l'oubliez pas). Cette planète reflète un des douze aspects du plan émis par les Êtres solaires Hélios et Vesta. Ainsi, les autres terres amènent à maturité un des douze volets de l'idée émise. Urantia Gaïa porte dans sa conception la finalité de cette idée.

Le plan porteur de Vie de ce système solaire a été divisé en douze étapes. Lors de la création des planètes de ce système, Hélios et Vesta arrêtèrent leur choix sur ce mode de fonctionnement. Chaque planète aurait la charge d'un douzième de leur plan de Vie. L'humanité créée devait explorer ces terres en formant des cercles d'évolution reliés aux chakras de la matrice humaine, le corps physique, et ce, en commençant par la plus basse manifestation jusqu'à la plus haute. Chaque planète serait porteuse d'un trait de manifestation divine afin de rappeler aux visiteurs (l'humanité) le caractère de l'idée créatrice primordiale.

Urantia Gaïa porte en elle le Souffle d'expansion. Sur ce

sol, l'humanité vit toujours dans son ambivalence : l'excès d'obéissance ou de rébellion. Cela sera ainsi jusqu'à ce qu'elle accepte enfin l'obéissance divine tout en répondant à son besoin d'exploration des schémas de vie embryonnaires créés par elle ou d'autres humanités vivant hors de son système solaire. Sa liberté d'expression solaire est là, dans l'équilibre instable, entre ces deux pôles d'attitude. Bien que cela semble compliquer l'évolution chaotique de cette planète, pouvant répondre au nom de vaisseau spatial, toutes les humanités déjà passées sur ce sol ont simplement cherché la maîtrise de cet état d'être au-delà des deux expressions primaires que sont l'obéissance et la rébellion. Ces deux pôles d'une même énergie visitée dans sa partie Ombre/Lumière sont la base embryonnaire d'une attitude à développer et à sacraliser dans une manifestation de la Lumière de Vie. Chaque humanité, par sa diversité (inutile de rappeler que votre groupe est unique par sa pluralité de couleurs de races créées au cours de son périple), est une expression chaque fois nouvelle dans sa maîtrise de l'équilibre obéissance/ rébellion.

Plusieurs humanités sont passées sur Urantia Gaïa et, au moyen de sa grille de manifestation, ont offert différentes formes de vie ayant trait à ce pôle d'attitude. Nous attendons le vôtre.

Voyons ces choses plus en détail afin de mieux vous aider à comprendre. L'expression d'équilibre au-delà de l'obéissance et de la rébellion donnera douze paliers de manifestation. Par conséquent, il devient logique de vous dire que douze humanités seront créées afin d'émettre ces douze étapes. Vous êtes la neuvième humanité à naître dans ce système, la seule a avoir vécu un isolement total avec les autres formes de vie dans et hors de votre propre système. Vous êtes au tiers de votre visite dans celui-ci : douze cercles de compréhension à maîtriser et vous envisagez seulement de sortir de l'Ombre du quatrième cercle ! La Lumière reste encore à déchiffrer, puis le point d'équilibre donnant accès à la Lumière de Vie de ce quatrième cercle. Le chiffre douze est expérimenté dans votre système solaire et uniquement ici. Voilà pourquoi vous avez la responsabilité de deux Super-Univers à venir. Votre expérience sera transmise rapidement dans les nouveaux mondes, et c'est aussi pourquoi votre Terre, vaisseau dans cette zone spatiale, est tant recherchée par les autres étudiants et les chercheurs des différents secteurs universels. Nulle part ailleurs autant d'éléments aussi divers sont réunis sur une seule planète. Il faut ajouter à cela un plan unique à mettre en place par votre humanité pour toutes les autres. Rien d'étonnant dans le fait de vous voir aussi sceptiques au sujet de la vie des autres mondes habités !

Votre isolement commence seulement à se lézarder. Les rayonnements des autres formes de vie pointent leur Lumière (Ombre ou Lumière : attention, tout n'est pas rose au sein des Univers !), et certains de vos gouvernements savent déjà à quoi s'en tenir ! Même s'ils ne vous ont pas révélé ces visites et essaient de vous ridiculiser dans votre approche des autres mondes, il est vrai qu'ils considèrent les habitants de cette Terre comme des retardés mentaux à qui il faut cacher la vérité de manière à ne pas les affoler. La population terrienne ne jouit pas d'une grande réputation aux yeux des dirigeants ! Étrange, votre choix d'être sans cesse rabaissés aux yeux des autres ! Ce miroir vous apprend-il encore quelque chose aujourd'hui ? Ne l'avez-vous pas assez exploité ? Ou avez-vous simplement oublié que vous pouvez exister sans cette reconnaissance aliénante ?

Je souhaite vous voir redevenir autonomes, conscients de l'énergie solaire et seuls maîtres de vos corps de Lumière au service du Soleil et de sa chaîne d'appartenance. Ceci représente la première étape dans les douze zones maîtresses de l'Identité solaire. Oui, oui, douze zones maîtresses dans l'Identité solaire ! De quoi donner le vertige ! Savez-vous que votre réussite passe par vos instants, vos gestes quotidiens ?

Il est vrai que nous vous interpellons de façon à orienter votre regard, vos pensées et vos actions afin d'élargir votre secteur d'influence et vous amener à réintégrer des formes pour le moment inaccessibles, et ainsi de nous emmener en leurs lieux de vie. Tout le contenu de vos pensées actives ou embryonnaires sont des portes ouvertes aux éléments inscrits dans les formes géométriques de ces émanations psychiques.

Vos corps forment un véhicule sophistiqué ayant une mémoire à la fois active et passive. Il est bien question de la mémoire ancestrale présente et future. Ancestrale, elle peut se défaire par vos prises de conscience et vos changements d'action ; présente, elle se construit en permanence ; future, elle se fera et se défera par voie de conséquence. Votre corps éthérique construit la mémoire de vos constructions passées s'inscrivant dans votre corps physique afin d'expérimenter les conséquences des pensées antérieures et de choisir la construction seyant le plus à votre personnalité présente. Ceci sert à modifier votre identité pour pouvoir ÊTRE. L'Identité solaire dépend de beaucoup par les mouvements des deux corps, physique et éthérique. La mémoire ancestrale se vit sur plusieurs niveaux. Les trois quarts de cette mémoire vive sont stockés, rangés selon la teinte, dans tel ou tel corps. Seules les cristallisations avancées sont rejetées dans le corps éthérique afin d'être étudiées, analysées par votre conscience temporelle. Ou bien vous garderez une cristallisation dans votre corps physique en attente de recevoir d'autres éléments susceptibles de faciliter cette étude. Ainsi, si cette cristallisation est retenue temporairement, elle entraîne des réactions physico-chimiques que vous appelez maladies. Celles-ci deviennent matrices d'apprentissage, éliminant en fin de parcours la cristallisation d'une idée stockée dans une zone mémorielle. Chaque élimination allège le Corps solaire dans son ensemble et contribue à un réajustement physico-chimi-que-bioélectromagnétique. Je ne parle pas ici uniquement de votre propre corps solaire. Retenez que vous êtes, parmi d'autres, une cellule vivante du Corps solaire de ce secteur universel. Une division universelle représente une structure d'évolution, soit un corps. Toute créature dans ce corps sera construite d'après son identité géométrique et le chiffre sacré (son nombre d'or si vous voulez). Votre géométrie personnelle actionne ainsi celle du Corps solaire, votre système solaire en l'occurrence. La forme géométrique de ce dernier est construite, quant à elle, sur la base géométrique de l'univers local. Comprenez-vous l'importance de chaque être vivant dans ces sections ? Rien n'est anodin. Tout s'interpénètre, tout agit sur tout et tous.

Ainsi, une expérience peut être décidée au sein de l'univers local ou de la section supérieure et mise en action au bout de la chaîne, sur Urantia Gaïa par exemple. Le déroulement obtenu de cette expérience sera suivi minute par minute par le groupe initiateur stationné à des millions de kilomètres-lumière du secteur expérimental. Le cheminement de ladite expérience mettra en mouvement un nombre considérable de données géométriques. Ce canevas d'articulations offrira un terrain plus ou moins favorable au développement d'un sentiment porteur de Vie. L'idée primordiale donnera des germes ou embryons de réalisations futures. Parfois, le terrain développé suscitera des réactions non entrevues lors du concept d'expérience. C'est ici que les créateurs d'expériences conçoivent, envisagent, expérimentent et tirent les leçons des idées germes.

Vous vivez actuellement une de ces périodes, celle qui consiste à étudier le canevas d'une idée de vie. Ses concepteurs sont là parmi votre humanité et réunissent les données scientifiques au fur et à mesure. Une partie d'entre eux est sur votre sol, une autre demeure dans le laboratoire de la section universelle (au-dessus donc de la section de l'univers local). Le groupe stationné sur Urantia Gaïa est lui-même divisé en trois. Une première partie n'a pas épousé les voiles de l'oubli et communique clairement avec sa section scientifique d'appartenance ; une deuxième, qui est moins consciente d'elle-même, est le relais entre les deux autres ; la dernière, quant à elle, expérimente l'idée germe au milieu de l'humanité résidentielle de la planète d'accueil. Elle a perdu en grande partie la conscience d'elle-même afin de vivre en osmose avec l'humanité ; elle est, par séquences, en contact avec la deuxième partie et rend compte des résultats en cours. Elle se mêle à la vie des résidents. Le rapport entre les groupes et les résidents de la planète met en mouvement ou en résonance les formes géométriques de l'humanité, de la planète, des concepteurs d'idées et du Soleil. L'expérience apportera des informations à ces quatre participants géométriques. Chacune de ces formes réagira différemment. Le résultat dépendra grandement de la compatibilité réactionnelle entre elles. La lecture finale du test, non seulement sera source de grandes révélations et d'une ouverture pour le futur, mais démontrera la richesse de progression obtenue au cours de cette expérience au sein de chaque forme géométrique. Ainsi, les possibilités finales de l'idée germe dépasseront toutes les probabilités initiales. La Vie solaire se trouvera modifiée à la fin de l'expérience. Dans le secteur retenu, elle subit une poussée évolutionnaire considérable. Vous voici rendus à la fin d'une étude d'idée germe. Si nous devions chiffrer votre évolution par rapport à votre ouverture d'aujourd'hui, nous obtiendrions une poussée évolutionnaire de plus de vingt-quatre mille fois sa courbe normale. C'est là une des raisons de votre prodigieux retour de la conscience ancestrale. Naturellement, ce bénéfice sera seulement ressenti, puisque cette exploration d'idée germe se terminera en 2012, date de clôture officielle de cette étude scientifique. Par après, des applications immédiates auront lieu.

Votre Soleil modifiera son influence. Aussi, les trois premières sections universelles changeront-elles leur Identité solaire. Votre planète aligne actuellement sa structure moléculaire afin d'optimiser au mieux le terrain géophysique en vue de cette période très particulière et de retrouver sa légèreté d'antan.

Les voiles posés sur les mondes habités de manière à vous faire croire à la non-existence d'autres vies seront retirés. Les communications interplanétaires seront rétablies, les échanges télépathiques restaurés et les voies de navigation spatiales réouvertes. Beaucoup de changements auront lieu, beaucoup de changements ! Le plus spectaculaire pour vous sera de vous rendre compte que des êtres d'autres planètes cohabitent déjà en ce moment avec vous, vous côtoient et vous regardent vivre. Je pense que ces premiers moments ne seront pas aisés pour tous. Certains crieront au scandale et de vieux instincts de guérilleros pourraient même revoir le jour. Quand la compréhension du rôle joué par les gouvernements sera intégrée, travaillez alors la tolérance et le pardon. Cela évitera des scènes pathétiques.

Il me faut aussi aborder un des visages de l'Identité solaire. Actuellement, celle-ci vit dans la recherche de son point d'équilibre. Pour cela, elle alterne des périodes d'Ombre et de Lumière. En conséquence, les humanités résidentielles de la section universelle ne sont pas toutes ancrées dans la Lumière. Certaines sont même en grande partie absorbées par l'Ombre. Aussi la prudence deviendra-t-elle nécessaire le jour où les portes de navigation spatiale s'ouvriront. Ces humanités pourraient être votre ultime test de maîtrise.

Quant à nous, il se peut que nous ne soyons pas les premiers à nous poser sur votre sol. Comprenez alors le besoin absolu de ne pas remettre votre pouvoir mais, au contraire, de l'afficher. Je vous mets en garde contre l'excès de technologie. Le piège pourrait vous entraîner dans une robotisation à outrance, vous éloignant de la notion d'amour, de partage et d'humanité. Le modernisme actuel a déjà prévalu du temps de l'Atlantide et les résultats se sont révélés, en ce temps-là, dévastateurs. Les armées de clones n'ont pas apporté le progrès annoncé. Prenez garde, car vous êtes sur le point de recommencer. L'histoire se répète à intervalles plus ou moins longs.

Un autre piège vous attend : le Cristal, ou plutôt les Cristaux, et cela, à brève échéance. Ces Êtres sont des Maîtres solaires ayant la responsabilité de garder les planètes en contact les unes avec les autres. Oui, les planètes se parlent et émettent des signaux qui contribuent à les garder à la même distance, éloignées les unes des autres, assurant ainsi l'équilibre dans le système où elles évoluent. Quand un changement intervient dans les rotations planétaires, les Cristaux envoient des signaux différents. Ces Êtres contribuent fortement à votre réussite ; ils vous épaulent et stimulent certains de vos organes afin de répondre à la demande de l'Identité solaire d'appartenance. Ils sont certes beaux à regarder mais ne sont pas des bibelots. D'ailleurs, tout être vivant a sa place active dans le cercle de Vie de votre planète d'accueil. Ainsi, tout organisme microcellulaire appartenant à l'une ou l'autre des familles répertoriées sur ce sol joue un rôle décisif dans l'avènement de la royauté stellaire.

Certaines planètes habitées de votre univers d'appartenance aimeraient tenir votre rôle. Vous suscitez toujours une curiosité. Il va falloir vous y faire. À part vous qui vivez encore isolés des autres membres planétaires, toute planète suit l'évolution de ses sœurs. Il est vrai que celles encore ancrées dans l'Ombre ont un accès limité à vos données expérimentales. Ceci ne veut en aucun cas suggérer que toutes les humanités auront un droit d'accès à votre sol, non. Pourtant, les humanités visiteuses pourraient être encore installées plus profondément dans l'Ombre.

Être une école pilote de l'énergie solaire ne peut apporter une tranquillité constante, car, voyez-vous, vous vivez une période de repos. L'autarcie nous fait oublier les responsabilités de bon voisinage et de société. Vous avez été relevés de toute conséquence entre planètes et humanités afin de vivre cette expérience en paix.

Cela se termine et vous allez retrouver les responsabilités, les charges solaires accompagnant les relations communautaires. L'excès de liberté n'a pas toujours du bon... Retrouver les échanges entraîne des remaniements d'attitudes, c'est normal ! Vivre seul est une chose, vivre au milieu d'un groupe en est une autre. De nouveau, il faudra vous asseoir autour d'une table, faire des concessions, écouter, accepter ou refuser. Bref, parlementer sur l'équilibre de la Vie universelle. Je pense que cela ne sera pas aisé pour vous au début si, dès aujourd'hui, vous n'étudiez pas sérieusement l'aspect de la multitude de vies et de formes sous le ciel étoilé. Le choc sera grand si vous appliquez un bandeau sur vos yeux et bouchez vos oreilles ; le ciel risque de vous tomber sur la tête et le sol, de se dérober sous vos pieds !

La sagesse vous appelle et demande de mettre vos fausses convictions de côté de façon à avoir une attitude juste et centrée.

TROIS

LE CORPS COMMUNAUTAIRE

La charpente humaine est une succession de formes géométriques. Chaque corps la constituant répond à une force spécifique. Bien que tout s'interpénètre de manière à créer une Fleur de Vie unique, les moules de la personnalité réagissent à des codes d'action de vie indépendants les uns des autres et à un code communautaire de réalisation.

Ce que vous appelez corps éthérique représente la mémoire immédiate, évacuant de vieilles énergies ou enregistrant une mémoire nouvelle. Si nous prenons l'exemple des anciennes mémoires, l'ensemble communautaire des moules de la personnalité rejette les informations n'étant plus compatibles avec la structure de l'instant ou ayant apporté leur quota de compréhension et devenant alors obsolètes.

Si nous retenons l'autre possibilité, les cellules du corps physique répondant à une sollicitation extérieure ont gardé des éléments chimiques volatils qui remontent dans le corps éthérique, et les autres corps étudieront, décomposeront cette formation chimique. Généralement, le schéma suivant est le moteur de toute étude : découverte d'une chimie rencontrée dans une situation, stockage de l'information, analyse par l'ensemble communautaire et, enfin, rejet de ces données après en avoir gardé la quintessence, qui vient alors enrichir le parcours de l'être et modifier ses formes géométriques d'action.

Suivant l'ouverture de résonance à la Lumière de Vie – ne pas confondre avec la Lumière du pôle opposé de l'Ombre –, les formes géométriques s'articuleront avec plus

ou moins de facilité. Vous glisserez sur une information ou,
alors, resterez « bloqués », ne réussissant qu'avec difficulté
à remettre le mouvement interne en action. Ainsi, de parcours
en parcours, ou, si vous préférez, de vie en vie, votre méca-
nique interne déchiffrera un savoir au fil des situations
quotidiennes. Parfois, l'un ou l'autre de vos corps prendra
une décision pour le bien de tous, stockant l'information en
vue d'une lecture ultérieure. Aussi, les blocages rencontrés
dans notre vie sont-ils des répétitions d'études générant
l'ouverture d'un sac de mémoire restant à décrypter, à
intégrer et à classer. La lecture de cette séquence mémorielle
restitue les malaises déjà ressentis au cours des autres
tentatives. La répétitivité permet de franchir la difficulté
d'apprentissage de l'événement. Il faut aussi savoir qu'une
information non digérée sera mise en mémoire selon sa
chimie de construction. Elle sera ainsi dirigée dans le corps
émotionnel, mental ou spirituel. Le corps physique est
l'estomac du corps communautaire. Trois autres corps sont
les sacs mémoriels de votre origine au sein de votre Univers,
de votre univers local et de votre système solaire. Les chakras
au-dessus de votre tête, eux, contiennent la vie des autres
sections universelles, sections plus grandes il va de soi. Ils
sont les gardiens de votre histoire d'Être. Ce sont des livres
très riches en récits historiques de la mémoire cosmique dans
son ensemble. Vous êtes une bibliothèque à vous seuls.

Il suffit de posséder la clé d'ouverture pour retrouver
toutes les aventures vécues ici ou là et en déchiffrer ou en
lire, si vous préférez, les réalités historiques de tous les
endroits visités par vous au cours de votre construction
d'identité d'enfants divins réalisés. Vos pieds sont importants ; ils incarnent toutes vos énergies, celles du ciel, et sont
les médiateurs entre les deux Soleils interne et externe. Ils
véhiculent les informations de tous les lieux physiques où
vous avez vécu une heure, un jour, une semaine, un mois, une

année. Ils transmettent l'énergie de ces endroits à tous vos corps, et ceci forme une autre bulle mémorielle. Ainsi, d'incarnation en incarnation, vous devenez la somme de l'identité terrienne. On ne naît pas terrien (je préfère dire urantien) en une seule incarnation ; on le devient de parcours en parcours, d'études en études. Vous n'êtes pas français ; vous êtes la somme des identités nationales traversées, la France figurant l'étude en cours. Ceci est valable pour toutes les nationalités, bien sûr. (J'ai cité la France à titre d'exemple parce que c'est l'endroit où j'implante mes racines.)

À propos de racines, regardez durant les années à venir, les pays s'éveillant au *channeling*. Vous constaterez le tissage d'une toile de lumière et de transmission visant à adombrer de la réalité universelle tout le sol de cette planète.

Revenons au corps communautaire. Prenons la première étape importante de son identité dans la chaîne remontante : le corps et les six autres corps subtils. Les pieds sont les médians des mondes ; le corps physique, l'estomac de la mémoire ; les autres corps, des sacs mémoriels. Ce corps communautaire ne serait pas complet sans son Soleil. Il établit un lien avec ses Père-Mère Hélios et Vesta ou avec le *Soleil Central*. C'est votre chakra solaire qui occupe la fonction de Soleil de ce corps communautaire. C'est lui le maillon intermédiaire entre votre Soleil physique et votre Soleil invisible, situé au centre de la Terre. Le siège de votre personnalité créée au fil de votre parcours sous la juridiction de l'un ou l'autre des Soleils de votre Super-Univers. Vous êtes Fils et Filles du Soleil, nés parfaits et divins. Votre couronnement consacre votre réalisation et la reconnaissance de votre divinité. Ainsi, votre chakra solaire sera-t-il le rappel constant de votre lieu de naissance, car il communique constamment avec ses parents. Il transmet les évolutions sans discontinuité. Les réalisations, quant à elles, sont divulguées par votre aura, autre Soleil plus volatil, réactif et aussi sensitif. Votre tête et votre chevelure sont les médians des mondes supérieurs visibles et invisibles. Visibles comme le Soleil, la Lune, les étoiles, les comètes, les pla-nètes, l'air, l'eau, etc. Invisibles comme le reste de la chaîne universelle : les Êtres de Lumière ou de l'Ombre, les Êtres réalisés, les Êtres des règnes végétaux, minéraux, animaux, etc.

La force solaire devient plurielle dans votre corps. Son expression se divise et s'incarne sur plusieurs plans. Ceci vous permet de ne jamais être coupés de sa nourriture et de votre lien de parenté. En réalité, vos parents vous ont conçus « Soleils ». Vous découvrez jour après jour, d'une expérience à l'autre, le fonctionnement de votre état solaire. Au cours de ce cheminement, extérieur au début, viendra le moment où tout être tournera son regard, sa volonté vers l'intérieur de lui-même et reconnaîtra sa réelle identité, sa force et ses pouvoirs. La force atomique dort dans vos neutrons et vos protons, prête à être employée. Aussi, toutes les protections ont-elles été placées de manière à éviter une fission prématurée. Elle ne peut intervenir sans la puissance de son moteur : l'Amour universel.

Votre corps physique est la coque d'habitation de cette force atomique ; voilà pourquoi il digère toute influence.

Les fonctions de votre corps correspondent à la nécessité d'éliminer toute émanation émise pendant le décryptage des formes multiples de l'Amour dans l'Ombre, dans la Lumière et, en dernier, dans la Lumière de Vie. L'égoïsme, n'est-ce pas le contraire de l'Amour sans condition ? Vous apprenez la survie avec ou sans amour ; or, le jour où vous quitterez l'amour humain dans le but de reconnaître le visage de l'Amour divin, vous serez en proie à toutes les affres vécues dans le vieux cheminement. Cette souffrance révélera uniquement les dernières amarres de la dualité amoureuse. Qui que vous soyez, vous ne réagissez qu'au travers de cette force. Ou vous la rejetez et exhibez un détachement illusoire, ou vous êtes les esclaves des miettes d'amour en quémandant un regard, un geste, un mot… Rares sont ceux qui réussissent à trouver un équilibre sans compromis.

Le corps communautaire délivre ses souhaits d'expériences au fur et à mesure de son alourdissement [ou encore, de la progression de son désir de libération]. La nécessité de retrouver sa légèreté primordiale est le facteur déclenchant un passage d'informations entre un organe subtil et l'organe physique correspondant. Ainsi, vos organes physiques seront-ils atteints par une épuration permettant un rééquilibrage d'une zone mémorielle. Seule l'intensité de cette élimination déterminera l'intensité de l'affectation. Si la somme de cristallisations d'une énergie est conséquente, alors l'organe correspondant sera atteint de maladie. En réalité, il sera déréglé par l'inharmonie de la géométrie éliminatoire de la partie mémorielle évacuée du corps de stockage. Il est évident que vos corps subtils ont d'autres fonctions. Dans l'étude présente, seule la fonction mémorielle est abordée afin de faciliter les volets de mon enseignement déjà transmis dans les autres volumes. Nous verrons d'autres fonctions plus tard.

La mémoire, base de votre identité, actionne les organes physiques et subtils du corps communautaire. Elle détermine également vos visites dans les deux pôles Ombre/Lumière ; elle sera votre censeur, votre juge ou votre bourreau dans la partie Ombre, votre avocate, votre protectrice et votre enseignante dans la partie Lumière. Quel que soit le rôle joué dans l'instant présent, votre mémoire vous fera prendre le chemin initiateur le mieux adapté à votre réalisation immédiate. Vos anges de l'Ombre et de la Lumière, vos partenaires et complices, appuieront sur l'un ou l'autre des rouages mémoriels afin de vous guider dans la reconnaissance du plan de vie adopté avant cette incarnation. Ils agiront beaucoup sur les leviers de votre mémoire universelle et ouvriront les sas de Lumière entre les chakras au-dessus de votre tête.

Ainsi, dans un cheminement de reconnaissance, deux sources mémorielles – la mémoire de l'expérience et la mémoire émotionnelle – pourront se mêler et compliquer temporairement le décryptage des messages sensoriels. La mémoire émotionnelle est inscrite dans vos cellules sous forme de codes, ouvrant ou fermant les sacs mémoriels. Il y a donc une chaîne interactive entre la mémoire de votre identité construite par l'expérience et la mémoire émotionnelle qui agit en permanence, favorisant ou non votre retour dans l'Identité primordiale. De cela découle au sein de ce duo une autre chaîne interactive, soit celle qui est en rapport avec les sens. Ceux-ci agissent comme des informateurs ravivant vos codes émotionnels. On obtient donc la séquence suivante : les sens informateurs, les codes émotionnels cadenas des sacs mémoriels, les zones mémorielles banques d'informations émotionnelles, les organes subtils capteurs d'une source émotionnelle à stocker ou à éliminer et moteurs de sélection du pôle d'Ombre ou de Lumière.

Cette chaîne vit, pour la majorité de cette humanité (sinon la totalité), sans aucune maîtrise de votre part ; en fait, vous n'avez pas conscience de cette fonction du corps communautaire. La mémoire possède plusieurs volets de manifestation. Il est bon de souligner ici que vous n'êtes que mémoire. Toutes les fonctions corporelles et subtiles sont mues par une séquence mémorielle, quelle qu'elle soit.

Nous allons explorer davantage la mémoire. Vos scientifiques étudient la mémoire physique. Nous, nous allons regarder une autre particularité : la mémoire universelle. Et pour cela, nous allons diriger notre attention sur la deuxième partie de votre système de chakras, soit les cinq premiers chakras au-dessus de votre tête. Le premier (de ces cinq chakras) détient la mémoire de la famille angélique, de son habitat ou planète de naissance, de ses fonctions, de ses zones d'intervention, et des rôles tenus par elle dans le passé et le présent des mondes immédiats après ce système solaire. Les Anges sont les gardiens de ce chakra, autorisant ou non votre mémoire communautaire à visiter cette énergie. Ainsi, vos Anges Ombre/Lumière, attachés à votre présente vie, détiennent les clés d'exploration de ce lieu de votre Être. Pas question de marchandage, de chantage ou de séduction. Seul le seuil de votre manifestation christique (qui identifie l'Amour divin) vous permettra de prétendre à une reconnaissance de cette mémoire.

Le second chakra renferme les informations des mondes administratifs de votre Univers, les noms des Êtres aux sièges correspondants et les lois en vigueur.

Le troisième chakra représente la porte des quatre mondes, donc des sections universelles plus grandes. Vous pourrez y lire la genèse de ces mondes, leurs lois et découvrir la deuxième chaîne solaire. Il faut comprendre que ce chakra est le point unifiant deux chaînes solaires, l'une dite inférieure et l'autre, supérieure. En réalité, seules la force atomique et la géométrie de ces deux chaînes sont les causes de cette différenciation.

Le quatrième chakra contient, quant à lui, la somme des informations relatives à votre Super-Univers.

Le cinquième, lui, est la mémoire du *Soleil Central* ou Île Centrale.

Il y a encore d'autres chakras vous reliant à des secteurs spécifiques de formation scientifique. Il faut comprendre que l'ensemble de ces douze premiers chakras forme la mémoire globale des secteurs universels, leurs lois, leurs administrations et les Êtres importants en charge, ou en fonction, dans ces lieux. Vous pouvez ainsi vous éloigner du centre atomique appelé « Dieu » sans crainte d'une perte d'identité substantielle. Cela ne signifie pas non plus que ces douze chakras détiennent la totalité des informations concernant toute forme de vie en mouvement actuellement, future ou passée. Pour cela, il vous faudra atteindre le cent cinquante-sixième chakra... Pas trop de vertige ? Restons les pieds sur terre.

Votre corps communautaire englobe donc ces douze chakras et leurs émanations. Je vous ai précisé que votre aura est un Soleil volatil. Pourquoi ce terme ? C'est simple. Votre chakra solaire, digne représentant de ses Père-Mère solaires, recueille toute information susceptible de contenir des germes intéressants pour d'autres formes de vie. Il distribue cette somme sous forme chimique, modulant en permanence vos formes géométriques et votre lumière (rayonnement de votre solaire). Cette dernière renseigne sur vos réalisations effectives ou en cours. Pour le premier rôle, pas de problème ; la forme bioélectrochimique de ce rayonnement invitera votre entourage soit à s'éloigner, soit à se rapprocher. La configuration géométrique du rayon en est la cause. Quant aux réalisations en cours, c'est une émanation très distincte qui donnera le signal attirant un type particulier de rayonnement afin d'effectuer une sélection des informations donnant lieu à une reconnaissance, à un choix et à une affirmation d'identité. Cette deuxième partie agira sur la première. Elles sont intrinsèques ; votre chakra solaire et votre aura sont une seule et même source atomique adombrant intérieurement et extérieurement tous les corps du corps communautaire.

Prenons exemple de mon intervention. Votre corps spirituel portait en lui le germe de ma présence et cela aurait pu rester en cet état. Or, au siècle dernier, et en particulier lors de la Convergence harmonique de 1987, vous avez bouleversé l'ordonnancement de la géométrie en place dans ce corps subtil, mettant en résonance un appel vers les Êtres de Lumière. Ainsi, notre ami KRYEON a-t-il pu répondre en premier, ouvrant la voie à ma présence. Il n'est pas rare de nous rencontrer et de travailler ensemble. D'autres viennent avec des énergies puissantes et nécessaires à la mise en place physique de l'identité planétaire d'Urantia Gaïa comme école pilote de ce Super-Univers ; tout cela, grâce à une décision venant de vous. Celle-ci a fait tourner deux pointes de la géométrie globale du corps communautaire appelé aussi MERKABA.

L'influence de ces deux pointes a ouvert une voie par laquelle les énergies de la nature cosmique se sont glissées, appuyant avec force sur les rouages géométriques. Ce phénomène exceptionnel, tant il est survenu rarement, a entraîné une réaction en chaîne dans les particules atomiques de votre corps, invitant celles de la Terre à répondre à ce nouvel ordonnancement. Ce mécanisme ouvre un espace à l'intérieur des cellules, quelles qu'elles soient. La lumière atomique adombre ainsi celui-ci de manière à créer de nouvelles réalités. Vos corps émotionnel et spirituel ont changé. Nous attendons maintenant un basculement d'une autre pointe, celle de votre corps mental, puis, par voie de conséquence, celle du corps physique. Eh oui, dans cet agencement géométrique, la Merkaba possède une pointe en relation avec ce corps, et quand celui-ci bougera, de grandes ouvertures auront lieu dans votre monde. Nous attendons également des réactions dans le corps solaire, subatomique et électrique. Le temps n'a pas d'importance, tout au moins pas celle que vous lui accordez. C'est simplement un élément de travail. Le temps joue un rôle décisif dans la vie de votre corps. Ainsi, plus vous lui donnez d'importance ou de poids, plus il s'active dans le fonctionnement de votre horloge biologique. Plus vous vous focalisez sur cette illusion et plus vous vivez l'illusion de la mort.

L'espace extérieur est une autre forme illusoire importante. Se projeter dans le monde externe crée un emprisonnement de votre Être intérieur, qui se voit alors contraint de demeurer en permanence à l'intérieur du corps physique.

Cette projection construit une barrière puissante dans la communication entre l'intérieur et l'extérieur. L'espace, tel que vous le concevez, n'existe pas en réalité. La fluidité circulatoire des flux dépend de vous. Abolissez toute séparativité entre la vie intime de votre corps et son expansion, qui en est la vie extérieure. Le dernier aspect est simplement la manifestation tangible du premier. Reconnaître ce fait rétablira tout désordre fluidique. Vos marées créent vos catastrophes. Avez-vous jamais pensé que votre présence physique dans un lieu soumis à une catastrophe climatique ou géophysique était l'extériorisation consécutive à vos désordres intérieurs ? Ainsi, si votre élément Feu est trop perturbé, vous le rencontrerez dans sa forme physique et, selon son degré d'importance, vous pourrez même y laisser la vie. Je vous invite à réfléchir à cela. Le hasard n'existe pas ; vous construisez vos rencontres, et vous seuls vous placez au seuil de la mort. À vous de décider de ne pas vous rendre à un tel rendez-vous. Je peux vous affirmer que ce deuxième choix vous habilitera à retrouver votre santé et votre vigueur.

Avec un apport de hautes fréquences lumineuses, tout désordre physique sera repolarisé et toute mémoire défectueuse sera rétablie dans l'harmonie divine de naissance. Toute maladie et ses conséquences viennent d'un éloignement de la Source solaire. Votre chakra solaire fonctionne comme une pile et nécessite donc d'être rechargé régulièrement. Le contraire épuise son potentiel vital, d'où la cessation d'activité de l'enveloppe corporelle nommée communément mort. Alors, pour poursuivre votre étude et votre extension, vous vous retrouvez dans l'obligation de repasser par le portail de la naissance terrestre et, au passage, de mettre en veille une somme non négligeable du savoir acquis. Jusqu'au jour où, enfin, un ras-le-bol se produit, entraînant une décision capitale : travailler à unir les corps, à fluidifier leurs échanges, à délester les sacs mémoriels afin de ne garder que le nécessaire à l'identité communautaire et, finalement, à reconnaître votre origine solaire. Le dernier pas consistera à proclamer votre rayonnement solaire. Une clé actionnera une formule chimico-bioélectronique à ce moment-là, libérant la mémoire originelle.

L'Amour dans sa formule élevée devient la chimie de votre corps communautaire, amenant un apport solaire dans toutes les particules formant ce corps. Sans cette chimie particulière, la proclamation finale ne peut avoir lieu. Cet « état d'âme » est la condition sine qua non de votre relation consciente et rétablie entre toutes les manifestations connues au sein de ce Super-Univers. Afin de fusionner avec les six autres Super-Univers, vous entamerez une reconnaissance d'une autre formule d'Amour solaire. Ainsi, tout au long de votre parcours ascendant, vous étudierez des visages fort éloignés les uns des autres des manifestations de l'Amour dans la chaîne solaire. Aussi, vous ne pouvez pas vous éloigner de la manifestation cellulaire la plus dense sans maîtriser la forme humaine de l'Amour, le premier maillon de cette chaîne de manifestation. Il existe de nombreux paliers de maîtrise en son sein. Alors, commencez par la première étape en vous élevant sur la marche juste au-dessus. Ce faisant, vous aurez assez d'altitude pour regarder cette forme de chimie moléculaire sans passion démesurée.

Le siège de l'Amour divin se situe dans votre Cœur, chakra charnière entre les réalités terrestre et divine. Le huitième chakra est le siège du deuxième degré de l'Amour divin ; il vous sollicite en permanence et agit comme fomenteur de troubles, vous rappelant sans cesse la direction à prendre. Parallèlement, dans la chaîne des chakras, nous en trouvons deux autres importants situés en dessous de vos pieds et éloignés de votre bulle aurique. Le premier se situe à environ un mètre cinquante sous votre aura. Il s'agit d'un chakra d'échanges d'informations terrestres (les lieux traversés, la mémoire y afférant et les échanges de nourritures psychique, affective et émotionnelle). Le second, à environ trois mètres cinquante sous vos pieds, régule quant à lui les flux du corps physique et du corps de la Terre. Il reçoit les impulsions des lieux à visiter et de vos rendez-vous avec les quatre éléments : la Terre, l'Eau, l'Air et le Feu. Il est intraitable et, quand il fixe un rendez-vous, pas moyen d'y échapper. Il n'est pas toujours en activité ; seul le degré de pollution de votre corps physique le fait réagir.

Il y a encore d'autres chakras dans cette chaîne intraterrestre vous reliant à chaque monde vivant au centre de votre Terre. Et vous avez négligé autant votre chaîne externe qu'interne. Seule la partie comprise entre votre sacrum et votre crâne retient votre attention, quand vous savez ce que signifie le mot chakra ! Même les sous-chakras de votre corps vous sont méconnus. Pourtant, ils sont un rouage décisif dans l'équilibre des échanges fluidiques du corps communautaire. La communication peut donc être rétablie entre les mondes invisibles et vous, que ceux-ci soient situés sous vos pieds ou au-dessus de votre tête. Aujourd'hui, il est bon de vous resituer dans la chaîne d'énergie solaire. En fait, chaque chakra est une porte personnelle de cette énergie, recueillant ou redistribuant une particularité de la Lumière solaire. Votre aura, Soleil volatil, nourrit les deux pôles de la chaîne. Le corps physique est la contraction de la mémoire reçue et échangée au cours de vos activités terrestres passées, de la mémoire émotionnelle accumulée et de la mémoire de l'identité déjà déchiffrée durant votre parcours dans les zones ou secteurs universels. Ajoutez à cela le pôle Ombre ou Lumière, la déficience de la force de volonté, l'absence totale ou partielle de la chimie *Amour divin* et le degré de reconnaissance de votre filiation solaire. C'est ainsi que vous obtenez une enveloppe corporelle pour un nouveau parcours où un choix vous sera proposé à chaque instant égrené. Vous choisirez ou non, avant votre retour sur la Terre, un chemin qui servira à décrypter vos réactions et favorisera votre proclamation d'enfants divins. Il sera tenu compte de vos tendances et penchants développés au cours des précédentes visites dans les mondes finis, et tout cela sera regroupé en un mot : karma.

Je vous ai déjà souligné que ce terme n'a pas de connotation négative, tout au moins de notre part. Ce mot résume une voie d'exploration où toute tendance est inversée. Il signifie aussi voie de la dualité ou éloignement de la réalisation solaire. Comme pour n'importe quel mot, vous avez une définition dite populaire et la nôtre. Ces concepts sont très souvent éloignés l'un de l'autre. Le regard porté sur votre corps physique n'échappe pas à cette constatation. Vous êtes aujourd'hui prisonniers de votre création conceptuelle de l'enveloppe corporelle. Dans le but de vous aider, il a été décidé de transmettre à l'humanité de nombreux messages, de vous instruire la nuit pendant votre sommeil et d'établir des points de contact appelés channelings avec nos *Médians des Sphères d'information*. (Vos *channels* actuels ou futurs sont tous des Médians des Sphères d'information.)

Ces sphères regroupent la somme totale de l'évolution passée, présente et future. Les résidents de ces lieux, sphères ou planètes travaillent uniquement avec toutes les formes d'information. Ces entités ne se déplaçant nullement en dehors, un collège d'Êtres a été mis sur pied afin d'amener l'information adéquate là où la demande existe. Ce groupe répond au nom de Médians des Sphères d'information. Vos channels sont des médians en mission ponctuelle. Les phases décisives d'une planète durant son ancrage dans la Lumière de Vie entraînent les visites de ces Êtres, qui naîtront alors dans un corps terrestre afin de respecter les formes de vie en vigueur sur le lieu et seront dépourvus de tout signe distinctif, de manière à leur assurer une sécurité pendant le temps où ils devront maîtriser cette enveloppe corporelle. Ils reconnaîtront les difficultés morales, émotionnelles et spirituelles. De même, ils étudieront l'impact religieux en cours, voire les sphères politiques. Riches de ces bases éducatives, ils vivront une période où ils chercheront à se reconnecter à leur Essence puis commenceront leur travail. Eux aussi seront amenés à diriger leur conscience à l'intérieur des corps subtils, à retrouver leur propre mémoire, ou s'y efforceront tout au long de leur mission.

Chaque corps physique, émotionnel, mental et spirituel vit en fonction de lois d'expression qui lui sont propres. Quand un humain se connecte petit à petit à ces forces, il reçoit l'autorisation de vivre des aventures avec l'une ou l'autre. En effet, des mondes sont rattachés à chacune ; les portes qui s'ouvriront le conduiront dans des zones de vie parfois à l'opposé les unes des autres. Les aventures du corps émotionnel n'ont rien à voir avec celles du corps spirituel. Les portes des corps rattachées aux chakras au-dessus de votre tête vous feront visiter les mondes subtils à l'extérieur de votre planète. Quant aux portes reliées aux chakras et aux corps en dessous de vos pieds, c'est vers les mondes intraterrestres qu'elles vous dirigeront.

Pour cela, vous allez être invités, pour ne pas employer un autre mot, à réutiliser consciemment la force des quatre éléments. L'élément Feu se découvre avec l'accompagnement d'un maître, jamais seul. Quant aux trois autres, à vous de faire appel à leurs forces, à leurs mémoires et à leurs bienfaits. À vivre sans aucun contact conscient avec eux, votre corps a oublié l'harmonie et vit en autarcie, accumulant toxines, émanations psychiques et fausses valeurs spirituelles, formant ainsi un amas polluant et destructeur. Vos Anciens connaissaient parfaitement ces fonctions subtiles et le partenariat avec les quatre éléments. Certains vivaient même plusieurs millénaires sans problème et, en cela, pouvaient travailler une phase complète de l'évolution de la planète et du corps humanitaire. Vivre vingt, cinquante, soixante ou quatre-vingts ans est un leurre hypnotique voulu par un groupe religieux pensant ainsi accélérer la phase descendante amorcée.

Il est bon ici de vous en dire un peu plus. Dans l'histoire planétaire, plusieurs humanités se succèdent. Chacune passe par des étapes nécessaires lui permettant de se proclamer Fils et Filles de Dieu (solaire). La phase descendante en est une difficile où, inévitablement, il y a perte de l'identité solaire et visite des profondeurs de l'Ombre. Sans intervention parti-culière, l'humanité en place se débrouille seule, lentement parfois. Les douleurs de l'enfantement solaire n'ont jamais atteint le sommet actuel ! La phase d'oubli était moins pro-fonde et aliénante. Or, en ce qui a trait à votre humanité, une famille religieuse de votre planète décida d'accélérer le processus afin de retrouver plus rapidement la mémoire solaire. Ces gens favorisèrent l'arrivée d'un cercle d'êtres d'Ombre expérimentant des jeux plus ou moins pervers pour les âmes. Seul hic au tableau : ce collège oublia le pourquoi de la venue de ces êtres d'Ombre et ses membres tombèrent eux aussi dans les pièges destinés à l'humanité. Une période mémorable débuta ainsi au cours de laquelle vous vous êtes tous trouvés sans gouvernail. Il fut alors décidé de profiter de votre propre errance pour effectuer un test inédit. On vous isola de toute intervention extérieure, vous plongeant un peu plus dans l'oubli de votre Lumière, en espérant que durant la période retenue (pas question de vous laisser longtemps dans ce marasme), vous pourriez développer des germes suscep-tibles de servir de base de vie aux nouveaux Univers en formation. Inutile de répéter à quel point vous nous avez étonnés !

Revenons à ces religieux. Devant le choix de ces êtres, un groupe d'individus refusant d'appuyer de telles conditions se retira et chercha à protéger le Savoir solaire. Ces gens créèrent un corps religieux, un nouveau langage où chaque signe contenait les clés de l'Identité solaire. Ces entités restèrent à l'écart, intervenant toutefois pour éviter une descente d'où aucune remontée ne serait possible. Ils projetèrent leur enseignement dans l'éther de la planète et apprirent à maîtriser leur enveloppe physique, devenant ainsi immortels. Ces êtres vivent toujours et vous parrainent dans ce dédale de la personnalité, heureux d'enregistrer les premiers germes de retour de la conscience solaire. Depuis vingt-cinq mille ans, ils évoluent loin de vos regards. Parfois, sur vos chemins, l'un d'entre eux ajuste vos recherches, dépose des équations favorisant vos avancées dans la compréhension des lois physiologiques, retardant volontairement l'emploi de la fission atomique et retirant de vos bibliothèques des documents parvenus jusqu'à vous trop tôt pour votre compréhension. Parfois, ces êtres vous guident et créent des rencontres opportunes à votre développement.

Nous, Êtres de Lumière, remercions ces Êtres courageux qui se sont battus afin de vous sauver d'un désastre plus grand que tout ce qui a déjà été vécu. Je leur rends hommage et vous invite à chercher ces instants-là dans votre mémoire ancestrale.

Les arts divinatoires sont leur œuvre. Des clés d'Identité solaire s'y trouvent. Chacune de ces formes renferme un enseignement très fort, à une seule condition toutefois : quitter le besoin d'avoir des éléments sur la vie de tous les jours en cherchant à travailler sur soi-même. Ces Êtres agissent principalement sur le corps physique, lui insufflant des énergies de manière à le maintenir au-dessus d'un seuil vibratoire limite et à vous éviter de retourner à une vie animale primitive. Ils agissent aussi sur le corps émotionnel, en l'empêchant de tourner dans le sens opposé de sa forme géométrique, ce qui entraînerait un penchant pervers pour la

bassesse humaine pouvant se révéler pire que toute ima-
gination. Puis, ils agissent enfin sur le corps spirituel, avec
l'enseignement divulgué sous plusieurs formes. Ils jouent sur
les corps, individuellement ou sur l'ensemble, afin de
maintenir un équilibre minimal et interviennent également sur
le corps communautaire de l'humanité. Ils ont respecté cette
forme d'apprentissage de la lie de l'Ombre imposée dans ces
temps-là par des religieux peu scrupuleux et avides d'exercer
un pouvoir total. Ces derniers, en relation avec les Dieux
têtus, ont collaboré à une tentative de prise de pouvoir de
cette planète. Leur manière d'aborder la réalisation de cette
humanité les a propulsés dans une autodestruction. Leur
initiative éloignée de l'Archétype de l'Amour divin s'est
soldée par un échec complet. Le problème construit par ces
êtres a servi de matrice à l'expérience ultime consistant à
développer une Fleur de Vie nouvelle.

Afin de guérir votre mémoire ancestrale, la connaissance
de ces faits est nécessaire.

Une humanité résidente d'une planète reçoit un schéma
d'évolution précis composé de phases longues et courtes
d'expériences spécifiques. Celles-ci ont pour but de vous
habiliter à reconnaître toute forme de pouvoir de chaque
corps, de chaque fonction organique, de chaque émanation
psychique de toute forme de l'Amour, de réemployer les
rayons d'or de la Lumière et, pour finir, de vous proclamer
Fils ou Filles du Soleil puis Soleils vous-mêmes. L'intervention de ces religieux dans la gérance de vos énergies au
sein de cette étude a failli être fatale au devenir de cette
humanité. Sans le groupe refusant cette manipulation, vous
pourriez être en phase régressive finale. Pourtant, cette
manipulation a déterminé le choix d'un collège de Sages afin
non seulement de vous sortir d'une impasse majeure, mais
aussi d'en faire un tremplin de réalisation pour les mondes à
venir. En vue d'encourager cette unité religieuse qui osa

refuser l'aliénation de votre pouvoir de décision, de grands Êtres réalisés et en charge de secteurs universels appuyèrent ce désir de liberté d'expression en venant vivre dans l'un ou l'autre des corps de cette planète. D'où la visite de SANAT KUMARA, régent de Vénus. Afin qu'il n'y ait pas de confusion, le groupe rejetant cette forme d'autorité destructrice a œuvré il y a 155 000 ans et ces êtres sont désormais immortels depuis 25 000 ans. Ils ont constitué une assemblée d'hommes et de femmes vivant selon les lois de la Vie, transmettant leur enseignement à chaque génération. Leur religion n'a rien à voir avec la forme religieuse en cours dans votre société. Ils vénèrent la Force solaire, la Vie universelle, les Lois du Soleil de ce système solaire. Avec le déclin de cette connaissance (volontaire), l'étape suivante vous a amenés à vous établir plus fermement au sein de votre Être et à chercher à appliquer les Lois solaires. Aujourd'hui, la phase immédiate est prête à vous restituer ce langage universel. De la théorie (c'était le cas pour l'humanité de cette période), vous passez maintenant à la pratique et, naturellement, par une période d'apprentissage. Attention, ne jouez pas aux apprentis sorciers ! Ne cherchez pas à aller trop vite. Le retour de cette identité demande de la simplicité et de l'humilité.

Il est vrai que cet enseignement est parfois semblable à un ascenseur. Pourtant, régulièrement, je replacerai vos pieds sur la terre ferme ; pas question d'égarement, surtout spirituel. J'en profite ici pour avertir toute personne cherchant du sensationnel. Les enseignements dispensés actuellement n'ont que les buts suivants : vous amener à reprendre le contrôle de vos fonctions vitales, vous redonner votre Identité solaire et vous restituer votre passé dans la communauté galactique. Rien d'autre. Ceux qui cherchent des éléments afin de paraître et faire croire sont expressément invités à fermer ce livre et tous les autres !

Plus nous avancerons durant les dix prochaines années et

plus les informations transmises agiront sur vos sacs mémoriels. Aussi, prenez conscience des bouleversements qui auront lieu inévitablement en vous-mêmes. Assumez votre choix et ne portez pas vos erreurs sur les épaules d'autrui. Nous n'avons qu'effleuré légèrement notre partenariat. Le retour de votre mémoire sera dû à un travail conscient de votre part. Il n'y aura pas de béatitude, de nirvāna ; seule une restitution progressive de tout votre potentiel aura lieu. Le retour de toutes les chaînes d'ADN procurera des états d'âme parfois troubles avant d'être limpides. Il s'agit bien de travailler son ancrage dans les énergies de cette Terre et de réapprendre à maîtriser non seulement les fonctions vitales du corps physique mais également celles de tous vos corps subtils et de parvenir à vous centrer dans les deux premiers centres de l'Amour divin : le chakra de votre cœur physique et celui au-dessus de votre tête, porte des demeures universelles.

Dans un deuxième temps, nous vous dirigerons vers vos racines terrestres afin que vous maîtrisiez les deux chakras sous vos pieds. À ce moment-là, vous entamerez une période de stabilisation suivie d'une phase créative de service. Votre corps communautaire, englobant sept corps, connaîtra alors une croissance afin d'accueillir quatre nouveaux corps.

Savez-vous que tout au long de votre reconnaissance d'enfants solaires, vos parents gardent en leur sein vos corps de Lumière solaire ? Vous êtes venus ici en incarnation avec un minimum de corps. Certains ne sont qu'embryonnaires, d'autres déformés. La première étape consiste pour vous à découvrir les sept premiers corps vitaux, à les expérimenter puis à en devenir maîtres. Quand cette phase devient effective, vos parents solaires vous envoient un ou plusieurs corps suivants. La deuxième étape comprend quatre corps ; viendra ensuite une autre phase où un corps descendra afin de constituer un corps communautaire de douze corps.

Le but des sept Super-Univers est d'amener finalement tous les résidents des planètes habitées à vivre en harmonie dans un corps communautaire de douze manifestations lumineuses aussi appelées corps. Nous savons que ce chiffre passera à dix-huit dans les futurs Super-Univers en formation. Ainsi, vos résidents aideront le troisième cercle de Vie à donner vie à vingt-quatre corps[5]. Régulièrement, nous vous dirigeons soit vers le centre de la création présente, soit dans la création future. Ainsi, vous comprendrez l'importance de tous vos actes sur la création. La responsabilité commence avec la conscience d'appartenir à un groupe communautaire résidant sur bien des planètes. Oui, votre corps communautaire se meut dans celui de cette humanité qui, elle, évolue au sein du corps communautaire de toutes les âmes vivant dans les mondes finis. Vos actes, vos pensées et vos créations agissent sur l'ensemble. La perturbation d'une planète déstabilise le système solaire auquel elle appartient, puis celui-ci crée à son tour des remous dans son secteur d'appartenance, et ainsi de suite. Alors, il est vrai que vos progrès ont ramené un point d'équilibre perdu depuis de longs temps.

Croire que vous êtes les seuls êtres vivant dans l'immensité des étoiles, des planètes et des Soleils est le reflet d'un égoïsme grave provoquant un retard dans le couronnement de votre Super-Univers qui, par voie de conséquence, freine le développement final de ses frères (les autres Super-Univers). Si les Sages du Conseil de ce Super-Univers vous observent en permanence, c'est qu'il en découle un espoir de réalisation

---

5. Votre réalité et votre besoin d'expansion permettent de passer progressivement d'une base minimale de sept corps à douze. Dans un autre temps, vous recevrez d'autres corps et devrez en maîtriser dix-huit. Comme le futur immédiat dessine une poussée fulgurante de l'Esprit, un autre groupe de corps se positionne déjà pour vous amener à explorer la maîtrise sur une base de vingt-quatre corps comprenant aussi leurs lois respectives. Courage, ceci représente une infime partie de votre réalité à venir !

pour l'ensemble communautaire. Il n'y a pas de frontière dans ce corps, sinon celle apposée quand vous êtes tombés dans le piège de ce collège de religieux avides de pouvoir. Afin de ne pas perturber l'équilibre des autres membres humanitaires de la communauté galactique, il avait été décidé de vous isoler ou plutôt d'isoler le reste de la communauté. Ainsi, les Êtres de Lumière ont tracé un cercle de protection autour du corps communautaire de votre planète Urantia Gaïa. Aucun autre membre extérieur aux résidents de votre Terre n'a eu le droit de sortir de ce cercle afin d'éviter toute contamination. C'est ainsi que vous êtes entrés en quarantaine sur cette Terre. Les résidents de ces temps passés sont ceux d'aujourd'hui ; seuls des intervenants ponctuels [comme les prophètes et autres guides] ont reçu une autorisation spéciale pour entrer afin de vous aider à retrouver votre pouvoir de décision. Car, en réalité, il ne s'agit que de cela : un choix. Bien que certains êtres qualifiés d'extraterrestres vivent en ce moment sur votre sol, ils n'ont pu venir que depuis le siècle dernier, quand vous avez réagi et avez peu à peu secoué votre torpeur. Comme vous n'étiez pas installés dans la Lumière de Vie, seuls des êtres non lumineux pouvaient répondre. Ils vous ont apporté la technologie, à vous de réfléchir maintenant…

Quant aux intervenants ponctuels, quelle que soit leur sphère d'activité, ils ont vécu, après leur mission, une période d'isolement dans un lieu créé pour cela avant de sortir de la zone de quarantaine. Un peu comme une zone de décontamination. Désolée si ce mot soulève des crispations ou des réactions, mais c'est bien le cas.

Réjouissez-vous, car vous avez subi au départ une aliénation de votre personnalité sans nullement réagir et vous auriez pu patauger encore dans ce marécage de personnalité si des Êtres d'Amour bienveillants n'étaient pas intervenus. Vous étiez condamnés, tous, et votre planète également. Aujourd'hui, vous avez vécu une expérience en somme riche, intense et bénéfique pour la communauté galactique et les mondes à venir. Bien que vous ayez planifié dans les temps lointains une épreuve difficile sur le terrain, celle-ci fut démultipliée de façon exponentielle. Aviez-vous besoin d'en arriver là ? Ne nous plaignons pas. En tout état de cause, les germes de réactions futures dépassent tout fol espoir. Alors, réjouissons-nous ! L'isolement ou plutôt l'isolation créée dans ces temps-là sera retirée en 2012. Quand vous lirez ces pages, il vous restera dix petites années pour vous préparer à votre réintégration dans le corps communautaire des humanités résidant sur les autres planètes. Vous devrez réapprendre les lois d'échanges au sein de cette grande famille. Alors, mettez-vous-y maintenant. Nul doute, il y aura beaucoup de travail à effectuer.

À force de croire que vous êtes les seuls êtres vivants de cette immensité, vous avez développé des traits de caractère et des réactions qui représenteront à coup sûr des entraves quand vos frontières planétaires s'ouvriront. On vous parle souvent de l'année 2012, date butoir importante. Comme vous avez semé les germes d'une volonté de vous libérer dès la première moitié du siècle dernier, nos grands Sages ont calculé que cette année-là [2012], déjà retenue par les Maîtres mayas, serait appropriée pour la cessation de la quarantaine. Les paramètres recueillis furent favorables. Nos Sages prirent la décision de retenir également cette date. Donc, il y aura plusieurs portes capitales cette année-là : l'ouverture des frontières planétaires, la restitution de votre Identité solaire, la forme finale d'une Fleur de Vie pour les futurs Univers en formation et l'autorisation de visiter votre cinquième corps qui, par voie de conséquence, ouvrira ses portes de la quatrième dimension. Actuellement, vous vivez dans trois dimensions en recevant l'enseignement de la quatrième. Après cette date, l'enseignement dévoilera les lois inter-actives de la cinquième dimension, vous guidant dès lors dans la quatrième. Votre responsabilité et votre forme d'amour, de tolérance et de patience seront de nouveau mises à l'épreuve du Feu afin de faire de vous des Êtres lumineux accomplis. Je vous livre là une loi universelle. Chaque visite d'un corps est soumise aux épreuves des quatre éléments. Souvenez-vous ! Je vous ai précisé que le quatrième chakra est un chakra charnière. Votre élévation dans ce centre vous permettra donc de vivre les études correspondant au cinquième corps d'une manière moins physique. Pourtant, l'intensité sera aussi forte. Théoriquement, par référence aux autres humanités, nous savons que vos corps inférieurs ne connaîtront aucun traumatisme. En tant qu'êtres à réactions diverses, qu'allez-vous mettre en place ? Quand vous entrerez dans la quatrième dimension, vous rejoindrez vos amis vénusiens qui, actuellement, se préparent à recevoir une partie des Urantiens. Ce passage sur Vénus donnera l'occasion d'étudier les comportements dans le chakra cardio. Puis, vous reviendrez sur Urantia Gaïa et mettrez en application ce modèle d'être. Les planètes habitées de votre système solaire vivent dans le sixième corps et étudient le septième. C'est là la raison de l'apparente nudité et de la prétendue désertification des planètes de ce système. Ensuite, dans un temps lointain, vous irez vivre dans le centre de votre Terre en passant par chaque niveau d'expression, offrant la surface extérieure comme Jardin de l'espace. Nous reparlerons de cela dans la rotonde d'informations. Il reste encore un nombre certain d'années avant d'en être là. Par contre, je veux parler ici, à la fin de ce chapitre, de la transformation du visage de cette planète. Vous allez quitter la troisième dimension et ses lois inhérentes afin de découvrir la quatrième. Avez-vous déjà songé aux changements qui accompagneront cette élévation du corps communautaire ? Non ! Essayons d'aborder succinctement ce sujet. Comme les lois évolutives seront la porte des Lois solaires, le monde physique bougera et un renouvellement des espèces animales et végétales aura lieu. Je vous ai également souligné, dans le deuxième volet de mon enseignement, que vous devrez intégrer les couleurs et les sons. Dans le but de vous aider à repousser vos limites afin d'ouvrir vos portes intérieures à ces nouvelles données, ces deux mondes vont changer en extériorisant de nouvelles formes et couleurs. Dans cet esprit, bon nombre d'animaux lourds tels les éléphants, les rhinocéros, les bovins et d'autres encore vont disparaître. Un tri va s'effectuer dans le monde carnassier pour que les lois d'espèces ne soient plus transgressées (plus d'attaques dans la famille humaine). Vous verrez venir sur votre sol à peu près quatre mille cinq cents espèces animales, insectes y compris, plus bariolées les unes que les autres. Le monde végétal fera de même, ne répondant plus aux lois connues jusque-là. Vous accueillerez par exemple des arbres mauves, bleus, jaunes, violets et roses, des fleurs multicolores ayant des formes nouvelles. Oh non, rien d'utopique en cela ; simplement des lois physiologiques et mathématiques…

La précipitation des événements a commencé avec le début du clonage, celui-ci entraînant une dégénérescence de l'habitat en cours. Nous portons aussi dans le ventre de nos vaisseaux des graines potagères, céréalières et fruitières afin de renouveler le parc comestible de l'humanité. Mon amie humaine et partenaire rêve et se demande où je l'entraîne ? Que dans une réalité immédiate !

Comment croyez-vous que certaines graines provenant des autres planètes de votre système solaire ont pu parvenir jusqu'à vous ? Par nos visites, bien sûr. La prochaine participera grandement au changement de visage de cette planète qui, alors, entrera dans la phase de son plan de réalisation. Les plus beaux jardins planétaires pointent à l'horizon. Nous vous promettons des parcs de ressourcement, de découverte traversés de chemins initiatiques. Oui, tout votre parc ou habitat végétal sera uniquement un chemin continu d'initiations rempli de couleurs et de parfums appartenant aux mondes émotionnel, psychique, spirituel et solaire, et suscitant la rencontre de plusieurs mondes.

Préparez-vous à vivre dans les quatre niveaux d'expression des mondes végétal et animal ! L'Univers bouge et répond à vos mouvements d'actions physiques ou émotionnelles.

Voilà. J'espère que vous toucherez la réalité des inter-réactions entre tous les mondes, ici ou ailleurs.

QUATRE

IDENTITÉ SOLAIRE ET RESPECT

Partons visiter ce système solaire. Toute vie vient du Cœur de votre Soleil, donc d'Hélios et de Vesta, deux Êtres exemplaires par leur tolérance et l'étendue de leur Amour. Ils ont la charge de maintenir la cohésion de toutes les particules atomiques selon un schéma préétabli pour ce Soleil et reçu afin de développer une expression du Grand Constructeur. Chaque Soleil déploie une énergie différente ; celle-ci teintera les formes de vie qu'il engendrera.

En ce qui concerne Hélios et Vesta, on leur demanda de mettre l'obéissance et son contraire dans chaque schéma de vie, de manière à accueillir une nouvelle forme de pensée. Pour compliquer le tout, chaque planète créée devrait porter en son sein un modèle différent de réalisation. Vos Père-Mère se retirèrent en vue de se pencher sur les formes géométriques les mieux adaptées à ce développement, se rendirent dans les laboratoires d'études et choisirent des véhicules susceptibles d'offrir un point d'ancrage adapté à cette demande. Votre forme de corps, en expérimentation ici et là dans les univers, retint leur attention puis finalement leur adhésion. Ils prirent alors plusieurs siècles afin de mettre en place leur programme d'action. Quand ils se sentirent prêts, ils se présentèrent devant le Conseil des Sages de l'univers local et exposèrent leur idée de vie. Ils apprirent à ce moment-là qu'une des planètes qu'ils devraient créer serait totalement libre et expérimenterait une pluralité d'expressions. Ainsi commença leur travail de régents solaires.

La première planète créée et sortie de leur sein porte

toute la personnalité de ces deux Êtres. Elle est le moteur du mouvement orbital des autres et a la nécessité d'influencer toute particule de vie. Lors de son passage près d'une de ses sœurs, elle lui rappelle son dessein de réalisation au cas où celle-ci s'en égarerait. Elle est, soit perturbatrice si nécessaire, soit un facteur d'harmonisation dans le cas où une planète sœur manifeste la volonté d'émettre son Identité solaire. Son pouvoir est tel qu'elle peut causer de grandes catastrophes géophysiques si l'une d'entre elles s'enlise dans un schéma d'autodestruction. Pour cela, elle émet de petits signaux identifiant tout objet sur son passage. Après chaque naissance de l'une ou l'autre des planètes sœurs, elle reçoit l'identification de cette sphère et le seuil de tolérance de celle-ci dans sa descente dans l'Ombre. Aussi, à chaque révolution, elle mesure le degré de rayonnement et renvoie automatiquement un rayon de lumière rappelant à sa sœur son identité et son schéma de réalisation. Dès lors, la planète réagit en réajustant tout modèle de vie sur son sol ou à l'intérieur de son ventre ; l'intensité de l'écart provoque alors des catastrophes dans le but de remodeler son visage et d'offrir à nouveau un terrain plus neutre à une nouvelle humanité. Régulièrement, chaque planète entre dans son secteur orbital et passe ainsi un examen provoquant chaque fois des réajustements quant à ses comportements planétaires. Vous êtes actuellement prêts à vivre un de ces passages ; ceci se produit pour votre Terre environ tous les trois mille six cents ans.

Les parents, Hélios et Vesta, coordonnent régulièrement l'idée maîtresse du système solaire, des planètes et des êtres vivant à l'intérieur de la zone d'influence de leur rayonnement. Les éruptions à la surface du Soleil indiquent des mouvements régulateurs pour tout le système solaire. L'effet de celles-ci induit des énergies agissant indépendamment les unes des autres afin de réactiver la géométrie sacrée déposée dans la cellule mère de chaque planète. Nous appelons cellule mère celle qui détient le schéma expansif de la Vie pour un corps défini. Les éruptions solaires sont donc provoquées en réaction à un développement négatif de la personnalité d'un groupe dans une zone cernée. Prenons l'exemple d'Urantia Gaïa. Sa zone d'influence (même en quarantaine) est contenue dans un cercle de 125 000 km au-dessus de la surface de son sol. Au-delà de ce périmètre, il y a des portes d'entrée où tous les tests sont effectués permettant à des visiteurs de pénétrer dans son secteur de vie. Des capteurs renvoient les signaux d'identification du taux d'élévation de cette humanité ou de son involution. Ces signaux sont reçus à la surface extérieure du Soleil et déclenchent des réactions, d'où ces éruptions parfois. Ce sont des réajustements temporaires qui s'effectuent quelquefois sur plusieurs planètes en même temps. De toute manière, un réajustement sur l'une ou l'autre d'entre elles a des répercussions sur l'ensemble du corps communautaire. La première planète (citée plus haut) agit uniquement sur une sphère lors de son passage, là où sa zone d'influence interpénètre la zone de l'autre planète.

Je ne vais pas vous entretenir ici de toutes les créations de planètes. Cependant, j'aimerais simplement vous parler d'une planète sœur ayant descendu tellement bas dans sa négativité que l'humanité résidente a réellement fait imploser sa terre d'accueil. [Il s'agit de la planète Maldek, anciennement située entre Mars et Jupiter, aujourd'hui composant la ceinture d'astéroïdes.] Peut-être certains d'entre vous se sentiront-ils concernés par cet événement. L'histoire d'une humanité ne se déroule pas sur une seule planète mais bien sur chaque sol de toutes les planètes du système solaire. Le déplacement de l'humanité est identifiable par une spirale ayant une première spire large et une perception du temps extrêmement tendue (le temps paraît plus long) ; chaque spire de planète développe des comportements adaptés à la chaîne de chakra, la première spire étant reliée au premier chakra, la deuxième au second, et ainsi de suite. Vous vivez votre quatrième voyage dans ce système et, naturellement, l'expression du cœur retient votre attention. À chaque voyage, vous vivez les deux pôles de l'expression en cours. Aussi votre arrivée au seuil de la négativité fait-elle l'objet de toutes les attentions des Êtres lumineux réalisés. On ne peut oublier la destruction d'une très belle planète, et ces Êtres redoutent toujours de vous voir recommencer ce triste exploit.

Bien sûr, vous avez tout loisir de décision, mais des mesures ont été prises de façon à limiter quand même votre descente dans l'Ombre la plus totale. Les interventions ne sont plus ponctuelles comme cela est le cas sur les autres planètes habitées en cours de couronnement. Celles-ci sont très rapprochées. Chaque siècle amène régulièrement une source d'information vous dirigeant dans la recherche de la Lumière. Des Êtres de Lumière ne vous interdisent aucun choix. Par contre, du fait des visites à séquence rapide, vous êtes efficacement soutenus dans les méandres du comportement de la personnalité.

La Lune, satellite de votre Terre, est considérée comme une planète à part entière et accueille une humanité à intervalles réguliers. Actuellement, elle est en phase de repos profond et sert à influencer les flux et marées de ses sœurs.

Dans le développement de la planète Urantia Gaïa, aucune phase de repos total n'a été programmée. Ainsi, les séismes et les catastrophes climatiques servent de régulation dans l'évolution humaine. La Terre connaît des périodes où les êtres appelés humains sont envoyés sur d'autres sols et vit alors un remodèlement de ses structures moléculaires. Chaque planète de ce système communique avec les autres (sauf votre planète en ce moment) par le biais de signaux magnétiques, de la télépathie, de visites ou de rencontres entre les responsables de la cohésion des particules, ou encore par ses parents

solaires qui répartissent les informations. Les humanités
vivant actuellement sur ou dans les planètes sœurs expérimentent une spire plus évoluée que la vôtre. En apparence, il
n'y a ainsi pas de vie. Vous savez peut-être que le taux
vibratoire d'un corps détermine sa fréquence lumineuse. Dans
une pièce, par exemple, plusieurs êtres peuvent vivre sans se
voir. Parfois des humanités s'interpénètrent et vivent simultanément sur un même sol sans avoir conscience l'une de
l'autre. Sur Urantia Gaïa, les groupes humains, angéliques,
les Êtres responsables des schémas de vies végétale et animale, de l'Air, du Feu se côtoient et vivent ensemble. Seuls
les humains ignorent l'existence des autres et polluent leur
habitat. Ces êtres, ces familles vous sont indispensables pour
l'équilibre de votre existence. Ils évoluent sur chaque planète
habitée. Parfois une décision des Sages leur impose un retrait
d'un secteur habité ; cela entraîne la cessation des activités
d'une planète. La Lune répond actuellement à une telle
décision. Viendra un jour où il sera envisagé de la repeupler,
et ces familles seront appelées et retravailleront sur et dans
son sol. Pour l'instant, elle sommeille. Ce repos ne touche
cependant que les secteurs végétal, animal et humain. Parfois
le retrait des éléments est total et la planète se désintègre.

Votre système solaire s'apprête à vivre un enfantement ;
vos parents solaires sont en pleine gestation. Une petite sœur
va naître. Cette expulsion obligera chaque planète à effectuer
un brusque changement orbital. Imaginez une boule incan-
descente éjectée du cœur du Soleil avec une force telle qu'elle
modifie la place de chaque planète en prenant l'orbite de la
dernière-née. Toutes sont alors contraintes de se déplacer.
Peut-être l'initiation de ce système solaire n'est-elle que la
naissance d'une petite sœur propulsant chaque secteur de vie
(planète) sur son expression plus élevée pour en visiter la
forme. Peut-être nous préparons-nous à assister à la naissance
d'un autre système solaire et cet univers local, notre parent,

s'agrandit-il. Avez-vous songé qu'une initiation pouvait simplement cacher la création de planètes sœurs ? Tout est évolution. Surtout dans les mondes finis qui, aujourd'hui, ne vivent que leur petite enfance.

J'aimerais vous voir pousser cette porte ou, enfin, on accepte que rien ne soit statique et que tout bouge à chaque instant. Savez-vous que les parents de votre future sœur déposent en ce moment même auprès de leurs aînés les dernières modifications de l'atome mère afin d'offrir une matrice de Vie répondant le plus au premier germe de géométrie que vous avez développé pendant votre test ? Nous avons reçu l'étude de la trajectoire envisagée pour cette petite sœur. Vous devez rester la planète la plus proche de la zone externe de cet Univers afin de devenir cette porte entre lui et les autres à venir. Nous savons que sera expérimenté le parfum. Bien sûr, vous allez rétorquer qu'ici aussi il y a le parfum. Oui, vous avez raison. Pourtant, dans ce système solaire, le parfum ne joue pas son harmonique sur une note élevée. Vous connaissez juste l'ébauche de sa gamme et celle-ci n'intervient pas dans vos choix, ou si peu. Toute humanité foulant ces sols, y compris cette dernière-née, sera en synchronicité avec la création inhérente à cette fonction. Oui, nous pouvons ici parler de fonction. Le parfum ouvre et ferme des secteurs sensitifs de votre Être mais, pour l'instant, les humanités de ce système solaire n'ont nullement exploré cette dimension. Pourquoi ? Tout simplement parce que cela n'était pas l'heure et que la lumière de ce secteur universel n'invitait pas à cette prospection. Le développement d'un secteur universel est tributaire des expériences humaines. Les parents solaires font leurs preuves au fil d'interventions dans le parcours de leurs enfants Soleils en apprentissage. Ces derniers ont non seulement la nécessité de maintenir l'équilibre de leur zone d'action mais doivent aussi solliciter toute âme résidant dans le champ expérimental afin de démontrer le bien-fondé des choix primordiaux de leurs parents. Un secteur universel créé, quelle que soit sa grandeur, représente la cristallisation d'une idée conceptuelle. L'idée première, cause de la naissance de votre système solaire, envisageait un laboratoire assez grand et pluriel dans le but de vérifier si les germes porteurs d'ouverture et de réalisation pour tout notre Super-Univers avaient une charge atomique viable. Ainsi, votre système solaire reçut la permission de rassembler les particules appropriées à la réalisation de ce laboratoire démesuré. Voici pourquoi, sur votre planète, seront testés des arbres susceptibles de s'harmoniser avec d'autres systèmes de photosynthèse. L'archétype du végétal répondant à l'élément oxygène ne sera peut-être plus aussi nécessaire avec l'ouverture de vos frontières. Nous avons lu des rapports assez surprenants sur des propositions ayant trait aux végétaux. Il vous suffit de connaître les couleurs retenues pour vos prochains arbres. Des prototypes vous attendent déjà, d'autres sont en cours de création. Notre amie AMARYLLIS se prépare à ensemencer votre sol. Alors, ne vous étonnez pas si, un jour, vous découvrez de nouvelles plantes. Il y a celles déjà dans nos vaisseaux et d'autres arrivant par les bons soins de notre amie.

Je dois vous confier que nos scientifiques travaillent à retenir des formes expérimentales pour les vies à venir sur les mondes en formation. Rappelons votre responsabilité engagée dans le parrainage de deux futurs Super-Univers. Aussi, bon nombre d'espèces transiteront par votre planète. Comme vous êtes une bibliothèque de ce Super-Univers, vous allez garder la mémoire des créations nécessaires à ces secteurs de vie. Bon nombre de variétés végétales seront en transit chez vous. Bon nombre de véhicules physiques retenus pour recevoir la Vie passeront dans vos écoles. Ainsi, vous les étudierez. Avec l'ouverture de vos frontières planétaires, vous allez réintégrer la vie sociale de l'ensemble communautaire universel. Il ne s'agit pas simplement de retrouver des souvenirs, non ; il s'agit plutôt de réintégrer la Vie dans son ensemble. Être une école pilote nécessite d'offrir à tout élève volontaire un programme complet de toute forme de vie. Aussi, presque tous les véhicules en usage dans ce Super-Univers se côtoieront ici sur votre sol. Par véhicule, j'entends aussi les véhicules animaux, végétaux et humains. Pour l'instant, vous vivez avec une plurialité de couleurs dans la même forme, mais tout cela est fini. Aussi, tous ceux qui se disent racistes vont vivre les moments très douloureux d'un enfantement d'eux-mêmes qu'ils refusent.

Ce système solaire sera dans son ensemble une école pilote. Pourtant, seule votre planète aura sur son sol des universités extraplanétaires et beaucoup de visiteurs viendront se ressourcer dans un jardin unique par sa diversité. Le monde végétal a été implanté dans sa plus stricte diversité. Celle-ci sera multipliée par dix mille en plusieurs séquences. Vous allez vivre prochainement l'une d'entre elles. Les résidents d'Urantia Gaïa seront tous dans un futur assez proche les jardiniers et les gardiens d'un Peuple végétal unique dans ce Super-Univers, de leur propre mémoire, de leur devenir et les gardiens actifs de la bibliothèque terrestre. Parallèlement, vous instruirez les étudiants universels sur la Fleur de Vie obtenue pendant votre quarantaine. Vous les entretiendrez de tous les stades de ce développement, de vos erreurs, de vos choix, de vos décisions, de vos doutes, de vos espoirs et de vos peurs, tout cela construisant la trame de ce schéma de vie. Une Fleur de Vie montre la structure géométrique d'une forme en germination. Toutes les Fleurs de Vie de l'ensemble des Super-Univers ne sont pas des formes couronnées mais en voie de l'être.

Le secteur universel appelé aussi Cosmos est jeune. Il n'a pas fait ses preuves en ce qui a trait à une réalisation totale. Aujourd'hui encore, sa maturation repose sur les aspects des deux pôles, en apparence contradictoires, de l'Ombre et de la Lumière. Ce secteur n'a pas émis dans son ensemble l'envie de s'appuyer et de vivre dans la Lumière de Vie. Naturellement, plus nous nous rapprochons du centre atomique de toute vie ou Île Centrale, plus ces effets de l'Ombre/Lumière sont moindres. Pourtant, la base évolutive encore active est bien celle-là. Les Sages des Super-Univers n'ont pas fixé la fin de cette base ni décidé de la suivante. Malgré les ouvertures certaines dans chaque secteur universel, ceux-ci ne sont pas assez avancés dans la maîtrise pour basculer sur une autre donnée évolutive. Notre matrice actuelle est et demeure en vigueur. À nous de nous ancrer encore plus profondément dans nos racines lumineuses et non lumineuses afin d'émettre un appel assez puissant et de recevoir une nouvelle base d'appui en vue de notre essor commun.

Je crois pouvoir affirmer sans me tromper que la zone externe du secteur cosmique dans sa formation communautaire doit intégrer le respect de tout être vivant et accepter toute forme de vie, même les plus dérangeantes. Par exemple, le fait qu'un arbre ou un autre végétal abrite un être spirituel en évolution comme n'importe quel corps humain, que de grands Sages vivent dans des corps d'animaux et que nos amis des quatre éléments (l'Air, la Terre, l'Eau et le Feu) sont aussi, sinon plus, avancés dans la connaissance des lois de la Vie.

Le retour de la mémoire ancestrale devrait aider votre secteur et influencer par la suite les êtres vivant dans les zones identiques. Votre rôle éducatif jouera sur plusieurs plans :

- dans votre zone ou système solaire naturellement,
- dans les secteurs identiques au vôtre et beaucoup d'univers locaux,
- dans les mêmes secteurs des mondes en formation,
- entre les sept planètes formant les relais de Vie de tous

les futurs Super-Univers,
* entre toutes les bibliothèques de tous les Super-Univers.

Je vous rassure, cela ne se fera pas du jour au lendemain. Les informations transmises par d'autres et par moi veulent vous restituer votre responsabilité et vous montrer où se situe votre dignité d'Êtres. Effectivement, en vous regardant évoluer, je vois une humanité se comporter en irresponsable, se culpabiliser et oublier tout respect élémentaire d'elle-même, se prostituant devant un groupe qu'elle a béatifié et qui n'est qu'une autre poignée d'êtres irresponsables.

Alors, en ne mesurant plus la profondeur d'une base de savoir, vous allez peut-être vous comporter comme des citoyens universels respectueux du corps communautaire. Malgré que vous n'ayez point démontré un début intéressant de maîtrise, les Sages des secteurs universels choisissent de vous faire confiance et de regarder l'apport d'informations que vous offrirez pour le bien de l'ensemble. Votre planète, laboratoire d'expériences, agrandit sa zone d'influence et son champ expérimental à son système solaire, obligeant ainsi ses planètes sœurs à devenir encore plus intensément maîtresses d'elles-mêmes afin d'équilibrer de leur sagesse et de leur amour divin vos tentatives et vos exploits de demain. Vos nouvelles aventures de l'*être* poussent vos sœurs à rechercher une connaissance plus profonde et à extérioriser leur lumière. Par conséquent, votre système solaire va vivre une initiation, passant à une expression supérieure de lui-même. Cet exercice devient un moteur émettant un degré de lumière et poussant ses frères et sœurs à s'articuler plus puissamment au sein de l'univers local. Son Soleil responsable passera ainsi par une initiation le repolarisant et réajustant son intensité lumineuse dans son groupe d'appartenance. C'est là une réaction en chaîne qui s'opère. Votre Super-Univers vit l'ouverture des portes de son cinquième chakra. Ainsi, avec cette future maîtrise de lui-même, les mondes en gestation prendront une réalité physique et tangible dans ce passage. Les premiers groupes d'univers locaux extérieurs apparaîtront avec l'ouverture du sixième chakra de notre Super-Univers ; les premiers grands secteurs universels extérieurs, avec l'ouverture du septième ; et la formation des Super-Univers extérieurs aura lieu avec le couronnement de notre Super-Univers. Dans l'étude approfondie du devenir de notre matrice d'évolution (le cosmos actuel), nous supposons que le couronnement des sept secteurs de vie et l'ouverture de ses frontières constitueront le point de départ des études des humanités résidentes de ces futurs lieux de leurs trois premiers chakras. Tout est relié. Pour l'instant, nous allons nous pencher sur une réalité de votre système solaire.

Vous êtes l'unique planète habitée vivant actuellement avec la lumière d'un seul Soleil. Toutes les autres sphères occupées, quel que soit leur lieu de rotation, reçoivent le faisceau lumineux de deux Soleils. Or, quand le plan de vie fut élaboré avec les Sages de votre Univers, un décret parut concernant votre planète annonçant l'étude des conséquences afférentes à une telle situation. Depuis le début, votre Terre sert de terrain d'études à des situations jamais rencontrées ailleurs.

Vous êtes les seuls êtres à vivre par intermittence sous le faisceau d'un seul Soleil. Toutes les autres planètes habitées reçoivent deux faisceaux. Comme votre système solaire est unique par rapport à son fonctionnement, les autres planètes sœurs reçoivent le faisceau lumineux du centre de la Terre afin de compenser le manque d'un deuxième Soleil. Ce faisceau extériorise sa lumière et éclaire la zone d'influence de la planète. Ailleurs, les êtres ne connaissent pas le cycle des jours et des nuits et enregistrent une baisse d'intensité lumineuse d'après leur évolution orbitale. Votre Soleil intérieur a reçu la demande expresse de contenir sa Lumière jusqu'à parution d'un autre décret universel. Autre point intéressant : une de vos planètes sœurs [Jupiter] a été invitée à s'acquitter de sa fonction solaire, donc à devenir un Soleil.

Au cours des alignements planétaires du siècle dernier, des énergies spécifiques ont été dirigées vers cette sœur planétaire. Des réactions atomiques sont en cours et, prochainement, cette planète va s'embraser et devenir ainsi votre deuxième Soleil, supprimant toute notion de nuit et de jour. Il n'y aura plus un seul endroit où se cacher ; la lumière sera là, à chaque instant. Cet événement sera source d'un bouleversement biologique en chaque être vivant. Toutes les familles modifieront donc leur comportement fonctionnel. Puis, dans un autre temps, votre Soleil interne prendra son essor. Il est temps également de dire à vos scientifiques que chaque planète habitée a deux possibilités : refuser son identité solaire et s'autodétruire, ou l'accepter et devenir un Soleil.

Certaines planètes ne recevront jamais une humanité sur leur sol ; elles participeront plutôt à l'équilibre des énergies et aux circulations dans le corps cosmique ou cosmos. D'autres seront réservées à des familles non humaines (bien que, pour se prévaloir du nom *humain*, il faille dépasser le stade des impulsions primitives reliées aux trois premiers chakras), soit les familles angéliques par exemple. Nous vous entretiendrons plus tard de ces autres familles. Laissons à vos émotions le temps d'enregistrer les formes plurielles de vie ici ou ailleurs, d'autant plus que ces dernières n'interviendront pas avant l'ouverture du septième chakra de cette humanité. Avant leur intervention, vous aurez vécu l'arrivée du faisceau lumineux de votre deuxième Soleil. Avec cette naissance, votre univers annoncera à tous ses habitants l'ouverture des portes de ce laboratoire. Tous les Dieux créateurs viendront alors installer des structures aptes à recevoir des prototypes en vue d'essais en milieu naturel.

Avec leur venue, toutes vos frontières mentales se désin-
tégreront, ne serait-ce déjà que par les différences de formes
des véhicules. Si vous aimez la technologie, vous verrez des
matériaux à base de plasma vital (non ! pas le plasma
humain), qui est énergie. Tous les mondes finis évoluent dans
le plasma vital ; pour vous, il s'agit de l'éther. Tout corps
vivant se construit et vit d'après le même schéma. Le cosmos
est une matrice ayant son plasma vital, son sang et son
souffle. Toute biologie répond aux critères en vigueur dans
ces eaux subtiles. Oui, le cosmos est avant tout une eau
subtile, une eau éthérée. Aussi, les Créateurs posent-ils des
équations plus ou moins élaborées sur la formule de l'eau.
Les réactions moléculaires dépendent de l'apport du substrat
d'oligoéléments, de minéraux et des faisceaux lumineux.
Chaque faisceau lumineux n'est pas source des mêmes
chimies atomiques. Ainsi, selon le rayonnement solaire, les
végétaux prendront une teinte ou une autre. Le vert répond à
la présence de votre Soleil. Comme celui-ci change d'équation atomique, vos végétaux vont aussi changer. Voilà
pourquoi d'autres teintes apparaîtront sur votre Terre. Et il
faudra compter aussi avec la venue du deuxième Soleil... !

Vos corps sont conçus afin d'évoluer en fonction des
changements atomiques. L'eau qu'ils contiennent permettra
de changer de place vos protons et vos neutrons. La rotation
s'accélérera, votre ADN répondra à cette nouvelle sollicitation créant un espace, et nous en profiterons pour activer
d'autres hélices d'ADN. Pourtant, vos chercheurs ne
trouveront pas les clés d'accès les autorisant à agir sur
l'ADN. L'état christique n'étant pas assez prononcé, cette
porte restera encore fermée un moment. Le choix de
l'évolution restant en vigueur, nous ne donnerons pas ce
code, de manière à garantir le libre choix à chacun. Ombre ou
Lumière ? Lumière ou Ombre ? Ou Lumière de Vie ? Oui,
trois possibilités d'expérience, trois chemins. Il est clair que

nous amenons ceux qui le désirent sur la voie de la Lumière de Vie. Devenir la porte, ou sas, entre des Univers requiert une qualité certaine d'intention. Des planètes occupent déjà une telle fonction. Généralement, un trou noir est créé à proximité de leurs zones d'influence afin d'inaugurer une voie nouvelle de navigation interstellaire. Autrement dit, un trou noir est un passage d'un univers à un autre. La forme des trous noirs indique l'importance du secteur administratif. Il n'en existe pas deux pareils. Leur structure joue un rôle prépondérant, et les navigateurs stellaires le savent bien. On n'aborde pas un trou noir comme un autre. Des écoles de navigation sont ouvertes à tout explorateur ou intervenant dans l'évolution de la qualité de l'Identité solaire.

Notre flotte stationne derrière un trou noir, entrée de votre système solaire. Notre position d'attente ne nous empêche pas d'effectuer des vols de reconnaissance à bord de navettes conçues pour le survol planétaire. Régulièrement, nous tournons autour de la Terre. Et nous ne sommes pas les seuls. Plusieurs groupes parmi les Confédérés viennent vous aider. *Les Confédérés*, voici une notion à retrouver. Plusieurs secteurs universels se sont groupés afin d'établir une Charte d'action à l'intérieur de l'évolution mais indépendante de la Charte solaire. (En choisissant le mot *intérieur,* je souligne la maîtrise, la volonté de diriger et de contenir l'évolution dans le plan initial. Si j'avais ici employé les mots *en fonction*, par contre, j'aurais suggéré un état de dépendance et de victimisation dans l'intervention.)

Quand une révolte contre l'Identité solaire a éclaté, certains grands visionnaires ont compris l'importance d'un tel acte pour l'équilibre universel. Ils ont alors décidé d'agir vite en instaurant une déclaration du Droit solaire. Son but : rappeler à chacun ses responsabilités et la gestion de ses pensées dans la création de sa réalité lumineuse. Vous avez votre Déclaration des droits de l'homme ; nous, nous répondons à une déclaration sur l'état d'Êtres solaires. Nous nous engageons à poursuivre notre volonté d'ancrage dans la Lumière de Vie, à respecter toute forme de vie, à épauler ou à guider des humanités ou secteurs en crise profonde, à répandre la Lumière par étapes correspondant à la lumière émise par les groupes de vie rencontrés et, en dernier lieu, à ne jamais imposer notre savoir.

Je vous résume ici en quelques mots le contenu d'une vingtaine de pages pour nous ! Je vous donne l'idée directrice animant tous les êtres de bonne volonté ancrés dans la notion de service qui semble actuellement disparaître de la tête dirigeante de cette planète.

Dans chaque Super-Univers, nous trouvons une confédération et un groupe de grands visionnaires réunis au service de l'ensemble communautaire. Ces mises en place furent un pas décisif dans l'avènement de la maturité universelle.

Votre système solaire, dans sa jeunesse, vit les répercussions de la révolte citée plus haut. N'oublions pas que certains responsables de celle-ci trouvèrent refuge sur votre Terre. Toute planète découvrant les lois d'évolution de ses trois premiers chakras n'a pas accès à la stabilité de la Lumière de Vie qui devient énergie dominante au cours de la reconnaissance de son quatrième chakra. Une planète évoluant dans les trois premières zones atomiques est donc fragilisée. À tout moment, un groupe de Créateurs de l'Ombre ou de la Lumière peut revendiquer le droit de la prendre sous son contrôle. Urantia Gaïa a connu une revendication de ce genre. Seulement, le plan du devenir de votre planète tenu secret a faussé la velléité de ces Dieux de l'Ombre. Leur rébellion a servi de matrice exceptionnelle à son développement. Il leur reste simplement à vivre la période de restitution et d'abdication. L'année 2012 (encore cette date !) est synonyme d'indépendance, de fin de test, de retour dans la vie communautaire, de restitution d'Identité solaire et d'ouverture. Oui, ces Dieux devront rendre les derniers postes encore détenus sur terre. En 2012, date officielle, le *Soleil Central* prononcera son ordre de destitution envers ces Dieux rebelles qui devront émettre la volonté de revenir sous la juridiction solaire ou partir, privés de pouvoir, vers un endroit reculé de l'Ombre. Comme il y a des planètes vivant dans la Lumière de Vie, il en existe aussi sans cette force lumineuse. Des lieux bien sombres et non sollicités encore par les Êtres au cœur de Lumière. Pourtant, de tels lieux sont appelés à disparaître. Nous espérons qu'ils ne reprendront pas vie dans les futurs Univers. Le Cosmos, cercle de Vie, commence progressivement à éclairer toutes ces zones de vie.

Imaginez une lampe à rayonnement lumineux progressif dans une pièce. Le cercle immédiat autour de celle-ci reçoit une lumière forte, mais plus on s'éloigne de ce centre, plus l'ombre domine. Un gros travail d'information lumineuse a lieu en ce moment dans tous les systèmes solaires à la périphérie extérieure de ce cercle de Vie. Sept planètes ont été choisies afin d'être les relais du cœur atomique. Celles-ci reçoivent une nourriture atomique spéciale faisant d'elles des génératrices et des stations émettrices de la Lumière de Vie. Ainsi, cette périphérie extérieure va-t-elle la renvoyer vers l'intérieur. Les deux rayonnements de lumière atomique provenant du cœur ou de la périphérie se rencontreront et s'uniront, éclairant tout et tous. L'Ombre, dans sa forme la plus dense, disparaîtra ainsi que tous les comportements liés à sa force. Puis, la Lumière prendra le même chemin, ne laissant place qu'à la Lumière de Vie.

Avec l'arrivée du futur Cercle de Vie formé des cinq prochains Super-Univers à se développer, notre cercle évolutif rentrera dans sa maturité. Les responsables des rayons de l'Ombre et de la Lumière seront alors appelés à choisir entre redevenir des êtres évolutifs et quitter leurs postes actuels, ou continuer et entrer dans une phase d'oubli en attendant une matrice similaire d'action.

Quant à nos rebelles, si leur choix les amène à vouloir maintenir leur position actuelle, ils risquent d'y perdre leur vie à long terme. La sagesse les éclairera peut-être.

Revenons à 2012. Il y a un autre point important à signaler concernant votre système solaire. Votre planète sera testée afin de reconnaître non seulement la densité exacte de l'ouverture de conscience et de l'émanation d'Amour pour la Fleur de Vie, mais aussi la géométrie nouvellement articulée au sein de votre système solaire. Le problème occasionné par l'installation de ces rebelles a toutefois occasionné le développement d'un formidable terrain d'évolution pour l'ensemble des planètes sœurs. Toutes ont réagi. Cela a permis à chacune de se positionner dans sa volonté de s'ancrer dans la Lumière de Vie. Aujourd'hui, toutes ont choisi de quitter le secteur primitif de la matrice Ombre/Lumière. De ce fait, par l'extraordinaire éloignement de votre centre initial d'appartenance, vous avez créé les conditions idéales nécessaires à une telle décision. Ce qui aurait pu être une catastrophe est devenu une démonstration magistrale de la valeur du libre arbitre. Non contents d'être vous-mêmes sortis de cette impasse, vous avez été le moteur de l'évolution de vos humanités sœurs. Là aussi, je pourrais vous informer qu'une humanité est créée de façon à être réceptive à six autres. L'avancée de l'une profite aux autres, et le corps réceptif commun aux sept humanités a une mémoire reliée à une des bibliothèques interstellaires.

Un groupe évoluant sur un autre système solaire est venu vivre au sein de votre humanité ; ces êtres furent qualifiés de retardataires. Leur arrivée occasionna un trouble mémorable déstabilisant cette humanité actuelle. (Précisons qu'ils sont issus d'une autre humanité.) Or, de ce fait, ils créèrent une brèche dans les couloirs du temps, favorisant ainsi l'approche d'un autre groupe en mal de pouvoir, stérile de tout germe d'amour et maître en technologie. Ces êtres vivent dans les sous-sols de la croûte terrestre. Votre formidable avancée technologique leur revient. Attention de ne pas devenir leurs esclaves. Votre humanité n'est pas le groupe créé initialement ; elle se départage en plusieurs sous-groupes (rien à voir avec les sous-races). Malgré les handicaps certains engendrés par une telle diversité d'intervenants, un noyau d'âmes attachées à l'Amour du Grand Constructeur a réussi un grand exploit. L'année 2012 verra également la réouverture des couloirs du temps. Il vous reste un petit nombre d'années pour effectuer une grande lessive dans votre organe de pensée et clarifier vos intentions, garantes des futures aventures. Allez-vous vous présenter comme des êtres responsables ou comme des enfants turbulents ? Votre attitude décidera de cela puis dessinera les nouvelles voies navigables dans ces couloirs du temps. Les Maîtres mayas et incas sont les maîtres incontestés des couloirs du temps de votre planète. Leur départ a été voulu par eux seuls, vous laissant un temps afin de faciliter votre choix d'appartenance. Ils posèrent les veto sur ces couloirs de navigation interstellaire et décidèrent de la durée du test. Je ne vous apprends rien en vous disant que celui-ci prendra fin en 2012.

Pourtant, d'ici là, il y aura encore deux années importantes : 2004 et 2008. Connaissant parfaitement les bases émotionnelles en cours et les formes de pouvoir expérimentées, ils savaient l'importance démesurée accordée à l'argent. Aussi, des systèmes d'effondrement furent-ils placés sur la matrice du temps. L'année 2004 sera celle de l'effondrement des fausses valeurs sous n'importe quelle forme d'expression. En 2008 aura lieu l'activation des sentiments divins ou solaires et, en 2012, le basculement définitif sur le noyau solaire avec restitution des clés des secteurs mémoriels.

Les couloirs du temps permettent de visiter le passé et le futur individuel ou collectif, ainsi que les lieux de résidence. Ce faisant, vous retrouverez la fluidité d'expression en visitant l'un ou l'autre de vos chakras, des chakras de groupe, et ceux des systèmes solaires. Vous réapprendrez la navigation solaire dans toute son étendue. Un problème se pose toutefois : vous n'avez pas encore choisi le chakra de votre système solaire auquel les Fleurs de Vie des futurs Univers seront rattachées. Pour cette raison, une période de réflexion vous sera allouée après 2012 afin que vous répondiez à cette question fondamentale. Elle s'étendra peut-être jusqu'en 2025 ; ceci reste à être confirmé. Votre choix déterminera l'ouverture ou non de la mémoire de votre Univers. Vous savez naturellement que chaque planète possède une matrice mémorielle de chaque événement, plus connue sous le nom de mémoire akashique. Il en va de même pour votre système solaire, votre univers local et votre Univers. Je ne parle pas des autres secteurs ; actuellement, vous n'avez pas encore travaillé de manière à réintégrer cette mémoire-là. Les deux premiers secteurs vous sont d'ores et déjà acquis. Il vous faut maintenant vous tendre de façon à retrouver l'accès à la mémoire universelle (section Univers). Et savez-vous pourquoi ? Parce que celle-ci vous donnera l'autorisation de quitter votre secteur d'évolution (système solaire) à bord de vaisseaux spatiaux et de participer à l'unité des germes d'amour dans ces trois sections.

Vous pourrez alors assister à l'élaboration des projets concernant toutes les humanités évoluant dans ces trois secteurs de vie. Cela signifiera aussi siéger parmi les Créateurs de la section Univers et avoir la parole dans ces grandes réunions. Ainsi, vous pourrez voir, parler, toucher les Maîtres de l'Ombre et de la Lumière, et comprendre leur grande valeur et l'importance de leur travail dans l'avènement de tout secteur revenant dans la Lumière de Vie. Vous aurez ainsi accès à la somme de travail fournie pour votre planète et votre humanité. Vous pourrez analyser la profondeur de votre réussite et son impact sur vos planètes sœurs, les systèmes solaires voisins, l'univers local et votre Univers.

En un mot, vous allez reprendre VOTRE PLACE, votre IDENTITÉ, et Hélios et Vesta contribuent grandement à cet événement.

Avec ce troisième volume d'énergie féminine, nous ne pouvions pas ne pas leur rendre leur place. Vous devrez nommer chaque énergie par son nom. Ainsi seulement, le respect reviendra pour chacun. Vous vous plaignez du non-respect affiché envers vous, mais vous... respectez-vous la Vie ?

CINQ

LE RETOUR DES CHARTES DE VIE

Le Cœur du *Soleil Central* rayonne extérieurement et intérieurement. Des étincelles de Vie répondent à ces deux critères au sein de sa création, l'un répondant à l'autre. Vous, vous vivez dans l'extériorisation de sa Lumière. En contrepartie, il a créé une part égale d'esprits afin d'équilibrer sa Lumière. Ce sont les Êtres angéliques qui ne prendront jamais naissance dans un monde fini, hormis un groupe ayant accès au monde de l'incarnation. En effet, des anges sont incarnés parmi vous. Ils donnent des informations sur l'évolution humaine à leurs frères et sœurs angéliques évoluant obligatoirement dans la Lumière intérieure. Nous pouvons supposer de la même réalité en ce qui concerne l'Ombre ; c'est exact, il y a création de l'Ombre extériorisée et de l'Ombre intériorisée.

Des êtres évoluent dans ces quatre pôles. Le monde intérieur ne pénètre jamais le monde extérieur. Il n'en va pas de même dans l'autre sens. L'intérieur agit surtout comme matrice réceptrice et gardienne de la mémoire de l'agent extérieur. En reprenant conscience de ces bases évolutives, vous vous réattribuez votre pouvoir d'action. En replaçant l'action des quatre éléments Air, Terre, Eau et Feu dans ces quatre mondes, celui de l'Ombre intérieure, de l'Ombre extérieure, de la Lumière intérieure et de la Lumière extérieure, vous repositionnez correctement vos planètes à l'intérieur de votre corps – chaque organe fonctionnant en relation étroite avec une planète de son système solaire. Votre corps reproduit le schéma parfait de son système solaire en devenant Un à part entière. Votre esprit, maître théorique de cet ensemble, démontre au cours de l'évolution incarnée son parfait contrôle sur les fonctions de cet instrument unique : votre corps. Le couronnement d'un corps devient réalité le jour où l'esprit arrive à jouer une partition harmonieuse dégageant un parfum.

Les Maîtres généticiens sont ce jour-là félicités. Le but d'un groupe d'esprits est de démontrer le choix judicieux d'un véhicule. Les créations viennent soutenir des choix d'expression. Les laboratoires des Maîtres généticiens représentent des champs d'expérience au service de l'Esprit du groupe. Aucun d'entre eux ne songerait à créer un prototype sans répondre à des critères précis du Conseil des Sages. Inutile de préciser que vos scientifiques répondent, quant à eux, au pouvoir de l'argent. Une création chez nos amis généticiens s'élabore en réponse à une CHARTE DE VIE qui vise à :

- reconnaître la base évolutive (quatre critères sont possibles),
- déterminer les inter-réactions nécessaires pour former une matrice idéale,
- connaître le groupe d'entités engagé pour l'expérience,
- définir quelle qualité divine sera développée par l'intermédiaire du prototype,
- établir le lieu où évoluera celui-ci,
- spécifier quels genres de sollicitations il sera susceptible de recevoir,
- rappeler les limites prescrites par la Source créatrice, le Conseil des Sages et le *Soleil Central*,
- indiquer le nombre d'intervenants requis pour la création du prototype,
- donner les spécificités retenues (comme cela a été le cas pour la planète Urantia),
- signaler l'entourage minéral, animal et végétal accompagnant le groupe.

D'autres points sont retenus ; ils sont propres à chaque groupe de Créateurs. La famille reptilienne et la famille des Dragons ont une part très importante d'intervention dans la création de votre prototype. En réalité, sept groupes de Créateurs sont à la base du concept de votre corps humain. Nous, les Pléiadiens, sommes l'un d'entre eux. Chaque groupe de Créateurs a reçu l'autorisation d'intervenir dans la création commune en respectant la Charte de Vie et en parrainant une fonction précise de l'esprit diurne du corps. L'esprit nocturne du corps a été, quant à lui, rassemblé sous la responsabilité du monde végétal. Première expérience de ce genre. Ainsi, inutile de vous rappeler que tout le mal fait à ce Peuple vous revient décuplé et déséquilibre vos forces nocturnes. Rien à voir avec la notion jour/nuit. En principe, une planète habitée ne connaît qu'une légère baisse de luminosité et non des nuits comme vous les vivez. Les forces nocturnes sont reliées à l'Esprit de l'Ombre, du sens caché de la Vie. Généralement, elles sont sous le parrainage des Maîtres de l'Ombre. Or, pour la première fois, les clés furent remises aux Maîtres groupes du monde végétal. Une autre expérience a été tentée avec le monde animal dans un système solaire différent. Ce sont là les deux seules expériences de ce genre en cours. Nous attendons beaucoup de résultats dans le futur. Des lois fondamentales sont instaurées à chaque création, de même que des lois d'influences. Ainsi, chaque prototype animal, végétal ou humain est régi par des définitions rattachées au respect des échanges et de l'entretien. Toute famille répond à tous ces critères, qui sont inscrits dans le noyau atomique de la cellule. Les désordres actuels engendrés par vous poussent un groupe sans scrupules à franchir les lois d'espèces vous exposant ainsi à des retours douloureux.

Dans le passé, ce même groupe a déjà tenté ces expériences. Les conséquences furent dramatiques, menant à l'anéantissement de leur patrie, l'Atlantide. Aujourd'hui, ces expériences sont pratiquées dans un grand nombre de vos pays. Nous craignons beaucoup pour votre avenir. Nous espérons la création d'un groupe d'éthique et de préservation de la race humaine s'appuyant sur une Charte d'obligation conçue pour les laboratoires. Qui d'entre vous osera se regrouper afin de définir les droits des citoyens ? Qui osera démontrer le pouvoir de votre maître actuel : l'argent ? Les solutions sont déjà à l'intérieur de vous-mêmes. Afin de reprendre votre place, vous vous retrouvez confrontés à un vieux dilemme. Comme vous avez laissé faire à l'époque, le manque de réactions a placé la nature dans l'obligation de réagir à votre place.

Les arbres sont vos gardiens. Une de leurs fonctions non découverte à ce jour : une réaction chimique entraînant des modifications dans l'éther de la planète et déclenchant des changements climatiques et géophysiques. Un déséquilibre démographique ou géographique de leur population est l'un des facteurs à l'origine de ces changements, qui réguleront alors de force la démographie galopante humaine. Il suffit pour cela d'émettre une molécule aérienne ; ils choisiront le mode de régression sans autre intervention extérieure. La déforestation massive a des répercussions majeures dans le monde de l'homme.

Je vous ai parlé de Charte. Seul un peuple empreint d'esprit d'amour et de sagesse y consent. La rédaction d'une Charte de Vie est toujours indicatrice d'un grand pas dans l'évolution d'un secteur universel, petit ou grand. Aujourd'hui, votre Terre présente l'opportunité de franchir un tel pas. Comme vous êtes au seuil d'un moment propice à une position supérieure de responsabilité, bon nombre de grands Maîtres ont pris naissance dans des familles d'arbres. Cela survient parfois dans l'histoire d'une planète. Ces sacrifices d'Amour n'ont d'autre but que de vous sensibiliser à la grandeur de ce Peuple. Votre humanité connaît les périodes où cela s'est déjà produit. Ces Maîtres tentent de vous rappeler l'importance de leur groupe dans votre vie.

En soulignant la période présente, j'espère réactiver une zone mémorielle. Vous entrez dans un temps de mutation. Le groupe animal verra certaines espèces disparaître, d'autres poindre ; le groupe végétal bougera beaucoup en ce qui a trait à ses couleurs et à ses formes ; le groupe humain, lui, changera de plan mental et intégrera les notions élevées de la Vie.

Il doit y avoir un début, n'est-ce pas ? Alors, vous du groupe humain, il est temps de manifester ces qualités d'être et les responsabilités correspondantes. Avant d'aller dans les étoiles, vous devez ancrer vos pieds sur terre. Pour cela, nous vous invitons à prendre contact avec vos arbres, à ressentir la présence des Maîtres arbres et à redonner la valeur intrinsèque à ce groupe au service du vôtre. Je ne doute pas un seul instant que vous réussirez à réinstaurer le respect dû à ce Peuple. Il suffit de commencer. Retrouver votre identité passe par ce savoir. Les arbres sont vos amis et les gardiens de vos fonctions nocturnes ; vous dépendez de leur équilibre ! Une nécessité se présente avec insistance : celle de redevenir maîtres de toutes vos fonctions vitales, les plus subtiles d'entre elles donnant accès aux autres mondes. Pas seulement à des mondes identiques au vôtre, mais bien à tous les mondes. Je le conçois, votre imaginaire a beaucoup de mal déjà à se propulser dans la contrepartie du monde subtil.

Notre enseignement se veut le moteur vous invitant dans les autres mondes. La maîtrise dépasse votre mode d'expression finie. Je ne reviendrai pas sur l'importance de ceci. Assurément, votre corps peut se mouvoir sur et dans d'autres formes. Vous vivez avec un corps fini, soit, mais celui-ci détient toutes les clés de passage d'un monde à l'autre : du fini au subtil, de l'Ombre à la Lumière, du monde mental au monde spirituel, du Noir/Blanc à la couleur, de l'inaudible à la mélodie, du monde sans odeur au monde des parfums, du monde extérieur au monde intérieur et des voies navigables de votre corps à tous les corps célestes.

Chaque passage a un code d'accès, rien d'autre qu'une expression d'Amour. Aujourd'hui viennent s'ajouter à ce trousseau les clés des douze bibliothèques, soit celle du Cœur de votre Soleil, du Cœur de votre Terre et une clé très précieuse : celle des nouveaux mondes. À cette fin, une série de tests sont prévus de manière à vous rappeler les modes d'ouverture et les paysages cachés derrière ces serrures. Ils détermineront la séquence de temps appropriée à ces ouvertures. Pas besoin de chercher bien loin, puisque votre ADN porte tout en lui. Remarquez d'abord comme nous levons les yeux vers les étoiles et leurs mondes, puis comme nous replongeons immédiatement au plus profond de nous-mêmes. Avez-vous noté les va-et-vient entre les hauteurs et les profondeurs de l'être ? Ceci est voulu ; nous essayons simplement de vous faire prendre conscience de l'importance du corps humain dans l'aventure interstellaire. Vous changez et il est capital de redonner la noblesse à un corps si malmené depuis tellement longtemps. Les Créateurs ont pris grand soin de construire une matrice réceptrice d'esprit en accord parfait avec ses missions. Le but élevé est d'amener le corps dans toutes les phases d'identification. Il fut créé pour durer éternellement et non pas pour être détruit en quelques-unes de vos années. Pouvez-vous imaginer la stupeur des Créateurs partenaires devant cette catastrophe : LA MORT ou cessation des activités physiques du prototype ? Si je vous dis que ceci est encore un triste exploit, me croirez-vous ? Tous les véhi-cules créés d'une forme ou d'une autre sont conçus de façon à accompagner l'étincelle de Vie tout au long de son périple. Quand le Soleil ou le *Soleil Central* donne naissance à un groupe d'étincelles, il les dote d'un corps parfait. Votre éloignement de la Source de Lumière de Vie vous a fait concevoir la naissance que vous appelez LA MORT. Or, votre voyage ne s'arrêtant pas avec la cessation des activités du corps physique, vous devez reprendre possession d'un autre corps. Vous avez élaboré une illusion totale : la brièveté de la vie. Le plus insoutenable pour nous est de vous voir accuser Dieu de vos maux et de l'injustice liée à cet acte. Je vous le rappelle donc : vous êtes les créateurs de cette injustice. En retrouvant la juste vue, vous retrouverez aussi de la hauteur et replacerez les actes créateurs dans les mains des Créateurs concernés. Jamais l'Esprit du groupe créateur de votre prototype n'a émis une seule seconde une telle hypothèse. Par contre, vous, vous n'avez pas hésité ; vous avez franchi un pas que nous, nous avons dû gérer afin de vous permettre de continuer votre histoire. Nous avons alors construit une zone intermédiaire où tous les esprits en service sur Urantia Gaïa pourraient être en attente de recevoir l'autorisation de reprendre le chemin de l'incarnation. Cette notion, on vous la doit et à vous seuls. Rien de semblable n'existe ailleurs, même dans les pays d'Ombre.

Quand un esprit décide de quitter son groupe, il est alors pris en charge par des légions d'Anges attachés à ce service. Il passe d'abord par un sommeil spécial où le corps est repolarisé afin de répondre aux nouveaux critères. Après, il est conduit vers un lieu de résidence approprié à cette volonté. Vous avez tellement adhéré à ce concept de mort et de naissance que nous avons créé voile de l'oubli sur voile de l'oubli ! C'est bien le comble ! Ces lieux intermédiaires se situent dans une autre zone où l'influence des autres mondes ne vous parvient pas. Autre stupeur : vous avez souhaité être jugés et condamnés après chaque passage sur votre planète. Des maisons furent ainsi construites, dans le but de répondre à votre demande. Quand vous y pénétrez, nous attendons de connaître vos sentences à l'encontre de VOUS-MÊMES.

Je vous le dis, vous entrez seuls, vous vous jugez seuls, vous vous condamnez seuls et vous sortez seuls. Selon vos réactions, nous vous conduirons dans une sphère d'accueil correspondant au châtiment décidé par vous-mêmes. Comme vos voies navigables vont s'ouvrir, nous souhaitons voir ces lieux se décréer. Seulement, nous devons attendre votre bon vouloir. Alors, décidez-vous de quitter ce fonctionnement totalement inutile ?

NOUS VOUS L'ASSURONS : LA MORT N'EXISTE PAS DANS LES AUTRES MONDES.

Vous pouvez abandonner cette pensée et faire en sorte de réintégrer la fluidité d'expression. Pour ceux qui, aujourd'hui, habitent un corps déformé, l'Esprit peut remodeler ce dernier afin d'offrir un habitat conforme à sa volonté. La notion de beauté répond à des critères retenus par vous. En laissant ces données pour ce qu'elles sont, vous retrouverez rapidement le concept initial lié à votre naissance divine. Vous ne perdrez rien au change, car l'harmonie des formes est au cœur de votre conception.

Vous connaissez le karma avec son hall et ses Seigneurs ! Alors, écoutez : tout ceci n'existe que pour vous et vous seuls. Les Seigneurs du karma sont entrés en fonction à votre demande et attendent votre ordre afin de dissoudre cette chambre d'intervention. Leur rôle consiste à équilibrer votre désir de punition et à vous guider vers vos retrouvailles avec votre personnalité véritable. Bien souvent, ils temporisent votre autochâtiment et vous suggèrent un chemin moins chaotique. Ils essaient de vous rappeler la notion de service, de joie, de sagesse et d'Amour non pas envers les autres mais bien envers vous-mêmes. Tout commence par vous et votre regard sur vous-mêmes. Ces Seigneurs sont des entités de votre famille. Ils tiennent ce poste en canalisant vos égarements. Rien ne sort de la famille ! Une chose encore : connaissez-vous les bâtisseurs du hall du karma ? Vous. Rien que vous ou, devrais-je dire, encore vous ! Que préférez-vous ?

Dans la zone intermédiaire créée pour vous recevoir entre deux visites sur la planète, il existe sept niveaux de conscience. Le premier est rattaché à l'état végétatif de l'esprit ; ici, un groupe prend en charge toutes les âmes en oubli total d'autonomie. Ces dernières ne participent en rien à ce cheminement et répondent à l'autorité sans chercher la moindre compréhension. Dans ce cas, le plan de l'incarnation sera construit sans aucune intervention de leur part. À partir du quatrième niveau, l'âme sera invitée à se prononcer sur son avenir. Elle visionnera le déroulement de sa future vie et pourra refuser la proposition. Au sixième niveau, elle deviendra très active. Les aides à l'incarnation s'effacent alors petit à petit et vérifient l'équilibre proposé dans la construction de la feuille de route. Au septième niveau, seule la volonté de réintégration dans l'éternité motivera l'élaboration du futur corps et de son plan de vie. La notion de service reprendra son vrai droit. L'esprit abandonnera l'identité d'âme. Effectivement, « cet état d'âme » est le résultat de l'abandon de l'Identité solaire, du pouvoir de l'esprit et du besoin d'autopunition. Afin de ne pas détériorer « le corps de l'esprit », les Seigneurs du karma ont participé à la construction temporaire d'une peau servant à expérimenter le non-être. Ce que vous appelez *âme* est un état vécu entre votre oubli de l'Identité solaire et votre retour à l'Esprit solaire.

L'égarement peut devenir extrêmement destructeur. Aussi, de manière à protéger l'esprit appelé aussi SURMOI ou Moi supérieur, un état intermédiaire dut prendre naissance. Une nouvelle zone fut donc créée entre cet état d'égarement et votre esprit. Cela ressemble à un filtre que seules les qualités d'Amour et de la Lumière peuvent traverser. Toutes les impressions basses sont rejetées. Votre esprit se protège de cette façon des influences de la période actuelle.

Reprenons où nous en étions. Auparavant, l'esprit pouvait descendre directement dans un corps, ou prototype, afin de vivre une expérience temporelle. Actuellement, devant la difficulté, vous avez construit deux zones d'états protecteurs. La première sous forme d'un sas décanteur des influences terrestres ; la seconde sous forme d'un état de vie unique à votre humanité et aux humanités de ce système solaire. En vue de faciliter la gestion de ces deux modules de vie, une chambre de contrôle fut installée. Vous la nommez karma. Depuis sa naissance, vous avez, rassurés et tranquillisés, expérimenté en profondeur des états d'Ombre non connus des autres systèmes universels. Ces états d'Ombre ne sont nullement grossiers ni à l'état brut. Vous avez imaginé des rouages subtils de vie à l'intérieur de ceux-ci. L'équilibre exige une contrepartie, et vous l'avez instaurée avec la Lumière. La Lumière est une de vos créations. Dans les autres systèmes, l'esprit directeur est moins compliqué. L'Ombre correspond aux zones universelles non réclamées par les enfants de la Lumière de Vie (lumière solaire ou Identité solaire). Pour vous ici, dans ce système solaire, l'expérience consista à expérimenter et à vivre dans des modules d'Ombre et de Lumière ne correspondant en rien aux autres zones universelles. Nous pouvons affirmer que vous vivez des états subtils et intermédiaires de l'Ombre primaire et de la Lumière de Vie. Tout est lié.

Depuis longtemps, vous vivez hors de la primauté de la Vie, toujours à l'extérieur de votre esprit, vous ne vous souvenez pas souvent de lui et croyez que cet état est normal. L'heure étant venue de réintégrer votre Essence originelle, nous devons parler de ce mécanisme. Nous pourrions supposer une étude plus approfondie de celui-ci sur les mondes à venir et vous seriez alors les plus efficaces Seigneurs karmiques des futurs humanités. Ceci reste encore à l'état de supposition. Toujours est-il que l'heure vous appelle à reconnaître vos expériences, à les nommer et à démontrer les constructions les accompagnant. Vous ne pouvez pas continuer à être des élèves. La Vie cherche les futurs maîtres, les êtres encadrant et accompagnant les humanités qui descendent vers les lieux en formation. Durant les années à venir, toute la famille créatrice à votre service se devra de vous instruire de votre réelle Identité solaire afin de poser les énergies nécessaires au nettoyage complet de votre système solaire, des zones intermédiaires de l'Esprit et d'amener le couronnement de celui-ci.

Le travail effectué au cours du siècle dernier a permis d'appeler la Lumière de Vie ou Identité solaire. Les germes commencent à devenir des racines préparant ce sol à l'arrivée des Lois du *Soleil Central*.

Votre planète a connu des périodes plus lumineuses avant l'apparition des retardataires. Elle ne s'était pas encore présentée à l'initiation finale. Celle-ci l'inscrit comme Fille de la Lumière de Vie. Rien n'était prêt afin de vous amener à vivre cette initiation. Les conditions variées, connues depuis la venue de ces enfants peu pressés de progresser, ont permis de déclencher le test de reconnaissance solaire. Durant un laps de temps court pour l'histoire d'une planète, Urantia Gaïa a vécu une succession d'événements hors du concept évolutif d'un secteur de Vie. Pouvez-vous penser que la restitution de votre Identité solaire passant par des messages, tel ce document, pouvait s'inscrire dans votre test final ? Allez-vous, oui ou non, accepter votre filiation solaire ? Allez-vous, oui ou non, prendre votre place d'enfants solaires ? Individuellement ou en groupe, votre choix s'inscrit également là. Il en sera fait selon votre volonté.

Toutefois, je me permets de vous dire ceci : « Vous avez une grande responsabilité dans le devenir de cette planète. Tout risque d'implosion n'est pas encore définitivement écarté. » La grande bataille, du nom d'Harmagedon, peut prendre ce visage destructeur. Ne l'oubliez pas, il y a toujours plusieurs niveaux d'expression. Sept au minimum et jusqu'à douze pour ce lieu si particulier. La responsabilité exige de vous placer devant toutes vos possibilités. Il n'est pas possible, en cette période, de vous voiler la face et de lancer : « Mais nous ne savions pas ! » Vous vous positionnez devant une séquence d'actions délicate. Tout peut encore réussir ou échouer. Si cette dernière supposition devait être le résultat de votre choix, le *Soleil Central* serait dans l'obligation extrême d'intervenir afin de devenir résident de cette planète. Alors, l'espoir étant toujours là, nous sommes attentifs à tous vos germes de Lumière. Nous appuierons tous vos efforts tendus vers la Lumière de Vie et interviendrons quand vous émettrez l'envie de vous rapprocher. Les conséquences sont trop importantes pour que nous restions neutres en ce moment. S'il nous faut choisir des interventions chocs, nous le ferons. Seule votre attitude dictera nos réactions. Votre avenir teinte le nôtre. Le but doit retenir toutes vos intentions, vos attentions et tous vos efforts.

Le noyau de Lumière en formation ici sur votre planète demande à s'agrandir et deviendra le support solide de la Lumière de Vie. En ce moment, vous oscillez vers la Lumière et non vers la Lumière de Vie. En ce début de retour de la conscience collective spatiale, les actions engagées par tous les frères de Lumière se veulent guides et gardiennes de Vie. Pourtant, votre choix, matrice créative, peut encore vous égarer. Vous êtes fragiles dans cette phase importante et délicate. Ignorer cela serait l'équivalent d'un suicide. Il faut renforcer et consolider votre volonté, organe dont la fonction est cruciale durant votre retour à la vie communautaire interstellaire. Trop d'enjeux s'ajoutent les uns aux autres au cours de cette phase décisive et très courte. Vous ne pouvez plus vous permettre de faiblesses. Nous ne vous demandons pas des actions spectaculaires. Nous attendons de vous voir prendre des positions fortes et canaliser vos pensées. Nous espérons que vous allez vous tendre, tels des arcs, vers ce but lumineux. La quantité d'âmes n'étant point importante, nous enregistrerons alors une qualité d'être suffisante, de manière à écarter l'ultime catastrophe. Ainsi, la réalisation de cette planète ne nécessitera pas d'interventions lourdes.

Je vous le rappelle, vous avez permis au *Soleil Central* de s'installer ici. Sa venue entraîne toujours une période délicate, un dernier test qui consiste à lui donner l'impulsion nécessaire à l'ébauche de son travail.

C'est le laps de temps entre sa venue et la première pulsation de son Être qui revêt une délicatesse et un danger ultime. C'est aussi pendant ce court temps que nos amis de l'Ombre ont le droit d'exécuter une dernière attaque. Brève, mais intense. Préparez-vous. Vous avez un seul atout : maintenir votre volonté de servir la Lumière de Vie. Alors, ne vous endormez pas ! À ce sujet, nous, vos Créateurs, devrons restés à l'écart de votre choix final. À l'heure venue, nous avons ordre de nous retirer. Cette période durera environ six mois de votre temps. À part vos channels, et encore, nous ne transmettrons plus d'encouragements ni d'enseignements. Ceci permettra à nos créatures de devenir leurs propres maîtres, reconnus et honorés. À condition, bien sûr, de maintenir votre rayon de lumière sur sa trajectoire et de ne pas dévier de votre but ultime.

Effectivement, pendant cette phase, vous ne serez soutenus que par votre propre lumière et sa qualité. Toutes les zones d'ombre non travaillées ou mal explorées seront vos handicaps et la source de vos tourments. Toute planète reconnue et couronnée a vécu l'extinction du faisceau de Lumière noire. Or, avant de ne plus exister, celui-ci s'amplifie et embrase toutes les parties habitées de la planète. À l'instant même de la fin de ce rayonnement de la Lumière noire, le *Soleil Central* émet sa première pulsation. Nous pouvons alors reprendre le lien avec le nouveau lieu de vie. Ne vous étonnez donc pas d'une recrudescence des vieux schémas de personnalité. De la même manière, votre retour dans la communauté incite à un dernier test. Celui-ci ne porte pas sur la qualité de la lumière ou de la volonté mais sur la sagesse. Des épreuves vous seront ainsi tendues afin de réunir les renseignements nécessaires au moteur de votre volonté. Ajoutons à cela l'intensité de votre amour envers tout être vivant, et vous connaissez dès lors les matières de vos épreuves.

Je vous invite encore à approfondir votre volonté, votre sagesse, votre amour et votre but ultime. Même les Créateurs incarnés en ce moment passeront ces tests-là. Les deux mouvements ascendant et descendant seront unis, travaillant ensemble à cet événement. Oui, je vous ai dit dans le deuxième tome de mon enseignement qu'il ne vous est plus permis d'aller si loin, pourtant vous irez jusqu'à l'extrême autorisée. La matrice des peurs, des incertitudes, de la violence et du non-amour doit se vider de toutes les sources d'alimentation d'énergie. La source humaine étant importante, vous serez placés de façon à reconnaître vos responsabilités et à changer d'attitude. Vous ne pouvez quitter l'Ombre en emmenant son lot de réactions. La Lumière de Vie étant exigeante, la dernière visite du monde de l'Ombre se présentera selon vos attaches ! D'où la possibilité de vous situer devant les anciennes manifestations vous ayant conduits à la destruction d'une planète sœur. Alors, en acceptant les énergies de mutation dès à présent et en maintenant une volonté profonde d'atteindre au but ultime, vous éviterez cette présentation.

Votre système solaire, lui aussi, s'allège de vieilles mémoires, et celles-ci ne sont pas les moindres. Vous vous nettoyez, au même titre que votre planète, son entourage et votre matrice solaire. Retrouver sa mémoire et son Identité solaire exige ce genre de retrouvailles afin de vivre pleinement dans les pulsations du *Soleil Central*. Devenir ou redevenir créateurs conscients vous place dans l'obligation de regarder vos actes présents et passés. Non pas dans un esprit ancien d'autoculpabilisation ou d'autopunition mais bien avec un esprit calme et serein, en étant déterminés à regarder vos actes afin d'en retirer toutes les leçons. Un créateur doit avoir le courage de reconnaître ses erreurs, ses impasses, d'en parler puis de modifier son comportement afin de s'aligner sur ses compréhensions nouvelles et de respecter plus profondément les Lois de la Vie. Plus un créateur s'applique à devenir un Soleil, plus il respecte les lois des divisions inhérentes à la Vie. Plus vous retrouverez votre conscience solaire, plus vous chercherez à connaître ou à retrouver les Chartes régissant les secteurs universels. Aucun créateur ne peut s'en écarter sans s'éloigner de son centre de création et de sa filiation. Aussi, vous qui êtes partis depuis fort longtemps de votre lieu de résidence afin de réintégrer vos codes de manifestation, appelés aussi Identité solaire, êtes désormais devant la nécessité de récréer une Charte de Vie pour votre planète ou de retracer les Chartes de Vie en vigueur dans les secteurs universels proches et lointains. Quoi qu'il en soit, vous ne pouvez aucunement échapper à cette réalité : tout créateur respecté et respectueux accepte de s'aligner sur une Charte de Vie et manifeste généralement une dévotion réelle envers toutes les Chartes de Vie rencontrées dans son travail et dans son intimité d'être.

Les problèmes de personnalité découlent tous de l'oubli de celles-ci. Le paradoxe provient du fait d'avoir eu un choix total d'actions et de réactions à l'intérieur d'un Univers clos, sans nécessité de réagir aux lois administratives et sans filiation à une Charte de Vie.

Votre démonstration a répondu à tous les fols espoirs,

certes. Toutefois, l'heure est venue aujourd'hui de comprendre cette période difficile et éclatante de réalisations. Vous êtes invités à intégrer les données recueillies pendant ce temps puis à laisser couler en vous l'énergie initiale retenue à la périphérie de la zone d'influence de cette planète. L'ouverture des portes unifiera votre passé d'Êtres solaires au passé de votre courte vie vécue sur ce lieu afin que votre futur ouvre les portes d'autres réalités qui vous sont encore cachées.

Non seulement vous devez réintégrer votre savoir ancien, mais vous devez aussi aborder d'autres niveaux de manifestations. Les portes à ouvrir, multiples par leurs expressions, correspondent à chacun des chakras. Alors l'aventure à venir sera grande, si toutefois vous n'apposez pas de verrous sur l'une ou l'autre de vos voies de manifestations personnelles.

L'avenir sera comme vous le ferez et, comme toujours, votre choix, votre volonté, votre sagesse et votre amour sont sollicités en ce sens. À vous de répondre.

SIX

LES COULOIRS DU TEMPS

Vos astronautes et astronomes explorent la voie de navigation la plus dense et la plus visible avec les yeux humains. Vos télévisions ont retransmis des images de la Lune et de certaines planètes sœurs. Vos yeux ont cherché la vie telle que vous la concevez ; vos espoirs furent déçus. Mais des êtres étaient présents là où vos fusées atterrirent. Sur la Lune, vos astronautes virent des êtres vivants les observant et en parlèrent. Ces paroles n'arrivèrent pas jusqu'à vous. Trop dérangeant ! Vous permettre d'accéder à ces informations pouvait devenir dangereux pour l'ordre établi. L'ignorance de celles-ci arrange bien le pouvoir en place. Certes, vous irez sur la Lune un jour. Toutefois, une question importante devra être résolue auparavant. L'appât du gain pourrait faire plier les barrières mises en place[6]. Si cela se réalise au cours des dix ans à venir, l'éthique de la Vie sera encore plus un problème à résoudre. Évidemment, accepter de fraterniser avec d'autres êtres vivants ouvre un sac de questions pas facile à manier. Comme un effet boomerang, les énergies liées à la maltraitance de l'humanité et, surtout, de certains groupes ethniques par le pouvoir en place confronteront ce

6. Les lois d'expression interdisent tout mélange entre chaque genre de Famille. Il se trouve qu'actuellement la famille humaine transgresse ces lois divines. Par cela, les énergies servant de barrières protégeant l'expansion de la vie dans un Cercle de vie ou Famille ne rempliront plus leurs rôles. Des phénomènes de pénétration des lois rattachées à chaque Famille risquent de se produire et d'occasionner de terribles mutations sur les mondes denses, et même d'affecter certains mondes subtils.

dernier à sa manipulation. Quant à vous, cette opportunité vous offrira encore une fois la chance de régler de vieilles énergies. Le plus important vient de l'accès aux voyages interstellaires. Là aussi, nous évaluons toutes vos actions en ayant permis cette voie de déplacement. Pour l'instant, nous enregistrons encore une mainmise sur l'humanité ; il est tellement plus facile de vous tenir éloignés de la réalité. Partager ce savoir obligerait ce même groupe imbu de pouvoir à vous faire une place dans cette aventure et à vous rendre la parole ; il n'en est pas question pour eux.

Alors, là aussi vous allez devoir imposer votre point de vue afin de rétablir l'équilibre. Actuellement, vos scientifiques n'envisagent pas de sortir des frontières du système solaire. Savez-vous pourquoi ? Parce qu'ils cherchent simplement comment vous faire accepter les dépenses afférentes à ces voyages sans soulever de questions fondamentales. Dans l'ombre, ils y travaillent toutefois. Leur esprit navigue dans des méandres de pouvoir. Ils ont soif d'imposer leurs propres lois hors de la Terre. Nous les laissons s'agiter, penser et bien plus encore. Nos espoirs reposent sur vous, humanité oubliée, non consultée, qui êtes considérés par eux comme des entités inférieures manipulables. Ces mots vous font mal ? Pourtant, je vous assure que je suis modérée en les employant. Eux ont une opinion plus triste de vous. Observez avec honnêteté et sincérité l'attitude des participants durant les sommets réunissant les pays dits riches. Vous pourrez alors percevoir la réalité. Bientôt, avec l'ouverture des frontières planétaires, les énergies porteuses feront découvrir les sas de passage d'un système solaire à un autre. L'évidence suggère l'ouverture des frontières dans les deux sens. À cette fin, des lois de la physique seront redécouvertes de façon à pouvoir concevoir des vaisseaux adaptés à cette aventure. Dans un premier temps, si l'attitude humaine globale ne change pas, les rencontres risquent de n'être guère lumineuses. Votre fréquence en appellera une autre à peu près similaire ; ce sera là une étape. Naturellement, vous pouvez encore améliorer cela par l'évolution de vos pensées. Durant cette phase, les dirigeants de cette planète et vous, humanité résidente, serez testés. L'accès à la navigation interstellaire concerne l'ensemble des Urantiens. Allez-vous accorder du crédit aux velléités des assoiffés de pouvoir, vous reconnaissant dans leurs actions, ou déciderez-vous d'introduire des sentiments nobles dans cette aventure ? Vous pensez actuellement que vous n'y pouvez rien. Cela est faux ! Cette voie de navigation bien physique nous sert à évaluer vos intentions, et nous verrons si les autres voies pourront être explorées également. Les informations pouvant vous aider sont là, stockées, avant de voyager vers vous. Les êtres pouvant les canaliser vivent déjà sur votre sol. Le fait de sortir du système solaire engendrera une effervescence mentale, d'où des pièges de personnalité de grande envergure. Ce n'est pas en naviguant à l'extérieur de la zone d'influence de votre Terre que les problèmes de l'humanité seront résolus. Aussi, de manière à éviter des rencontres douloureuses, cherchez surtout la sagesse.

J'insiste beaucoup sur cette qualité d'être, mais cela devient une nécessité urgente. Dans l'expansion du mouvement autour d'Urantia Gaïa, tous les traits de personnalité mal maîtrisés seront intégrés dans un conflit afin d'être résolus. Peut-être vous trouverez-vous devant un dilemme peu aisé à surmonter. Comme les lois physiques et subtiles sont celles qui régissent ces espaces de vie, vous ne feriez que déplacer vos nœuds de personnalité sur une trame plus grande et certainement maîtrisable moins facilement. Jusqu'ici, votre planète a été protégée, choyée afin d'être entièrement libre de vivre ses particularités. Maintenant, nous nous devons d'annoncer votre existence et vos réussites à toutes les humanités ancrées ou non dans la Lumière de Vie. Ceci afin d'en faire profiter tous les mouvements de Vie. Certaines d'entre elles sont de grands navigateurs peu enclins aux expressions empreintes de noblesse. Seuls votre taux vibratoire et vos intentions leur permettront de venir ou non dans ce système solaire. Vous seuls déterminerez leur venue ou l'interdiction d'accès à votre secteur universel. Vos planètes sœurs ont reçu l'ordre de laisser votre motivation agir comme filtre. Le test ultime viendra peut-être des cieux.

La pénétration de ce système solaire offre plusieurs couloirs de navigation, du plus sombre au plus lumineux. Des protections ont été placées à chaque porte d'accès. Certains couloirs sont détériorés par des attaques anciennes de peuples stellaires ; l'histoire de votre système vous révélera ces tentatives de possession de territoires. Chaque couloir est mû par un code particulier. Serez-vous étonnés d'apprendre qu'ils sont en résonance avec vos chakras ? D'où la nécessité vitale de bien définir vos intentions.

Reprenons la génétique de ces vortex d'énergie :

Le centre sacré, premier chakra, correspond à l'énergie vitale de manifestation constituée de sept émanations subtiles. Si votre choix et votre volonté se canalisaient sur celui-ci, vous rencontreriez dans cette éventualité uniquement des humanités correspondantes ; vous seriez dans l'obligation de défendre sans cesse votre lieu d'accueil, votre planète. En même temps, la stabilité de votre système solaire deviendrait moins sûre et pourrait laisser entrevoir des brèches de pénétration à la périphérie de sa bulle d'expression.

Le deuxième chakra est un filtre de personnalité. Il vous faudrait alors faire face à la ruse et aux propositions allé-chantes pouvant vous mener au piège le plus rude et perdre encore une fois votre liberté.

Le troisième chakra sélectionnerait des humanités ancrées dans la technologie aliénant la personnalité humaine, vous réduisant à l'état d'esclaves.

Le quatrième chakra commence à devenir intéressant. Ses manifestations (toujours au nombre de sept) appelleraient des humanités à la recherche de la compréhension de l'Amour dans ses formes (des plus lourdes aux plus légères). Ici, les rencontres seraient nettement plus lumineuses et, dans sa plus haute expression, vous seriez dans la possibilité de croiser les Êtres en service pour le bien de l'ensemble communautaire.

Le cinquième chakra, lui, permettrait de visiter tous les lieux où la parole est étudiée avec sérieux et une approche scientifique, délivrant ainsi les secrets du pouvoir du Verbe créateur.

Le sixième chakra sélectionnerait les voies de navigation vous amenant dans les sphères de l'Esprit.

Quant au septième, il ouvrirait les mondes de la dévotion. La nature du choix de vos aventures détermine en fait l'accès à l'une ou l'autre des portes correspondantes.

Votre système solaire se visite intérieurement et extérieurement par l'une ou l'autre de ces voies toujours déclinées en sept manifestations, de la plus lourde à la plus légère. Nous pouvons donc reconnaître quarante-neuf possibilités ou accès. Il se trouve que certains de ces accès furent déjà visités, entraînant ainsi des soubresauts dans la genèse de votre planète. Les couloirs furent plusieurs fois condamnés puis réouverts. Les dernières attaques en endommagèrent sérieusement un grand nombre ; certains pourront être restaurés, d'autres non.

L'année 2012 sera celle de tous les bilans. À la fin de celle-ci, nous serons à même d'apprécier votre choix. Pourtant, les Maîtres du temps jouent sur vos mécanismes afin de vous voir vous hisser jusqu'au quatrième chakra aussi appelé quatrième dimension. Ils préparent, avec l'aide des frères de Lumière, de nouvelles voies de navigation détournant les vieilles énergies. Ce monde, la quatrième dimension, ne sera rien d'autre que l'exploration de votre quatrième vortex. Choisir l'un des trois premiers centres serait sans équivoque un retour dans le passé de cette planète, le futur vous attendant dans le centre suivant. Je dois signaler ici que vous pouvez décider individuellement. Car, pas de doute, une partie de cette humanité entrera dans la quatrième dimension.

Dans le deuxième volet de mon enseignement, je vous ai parlé du Triangle d'Or, un lieu réel et physique bien que tous les êtres y résidant répondent aux énergies des sixième, septième et huitième chakras. Ceci sous-entend des connexions à venir avec eux dans votre futur.

Ma partenaire (coauteure) ne comprend pas toujours l'intérêt de vous donner des informations qui ne joueront pas avant une nette avancée de votre esprit. Alors écoutez : de tout temps, nous avons ouvert des brèches dans vos étaux de comportement en diffusant un enseignement profitable seulement plus tard. De la sorte, les énergies s'enroulent autour de votre œuf aurique puis, le moment venu, vous puiserez dans cette source et grandirez avec elle. Aujourd'hui, nous renouvelons les énergies à la périphérie de votre aura ; viendra un temps où vous émettrez le désir de vous en nourrir.

Je reviens au Triangle d'Or. Les Êtres résidant dans ce lieu vivent dans la pleine compréhension des pouvoirs de l'Esprit. Toutefois, il ne s'agit pas des niveaux ayant force de vie dans les systèmes solaires, les univers locaux et les sections universelles puisqu'ils réagissent en fait au sept cent vingt-sixième plan de l'Esprit ! Rassurez-vous, vous rentrerez en contact avec eux bien avant que vous n'arriviez à cet état ! J'ai été informée de leur désir de communiquer avec vous au cours des prochaines années. Mais qui va oser travailler à établir ce contact ? Il sera nécessaire pour eux d'atténuer leur source afin d'assurer une communion permettant cet échange. De grands événements en résulteront. La prise de conscience de ce lieu et de ces Êtres favorisera leurs interventions dans votre monde. Je laisse le soin à un humain de se lever afin de vous apporter une source considérable d'informations sur leur réalité. La volonté et l'esprit modulent le choix des connexions. Là aussi, vous établirez celles-ci sur l'un ou l'autre des plans subtils d'un chakra. Ce sera le filtre le plus parfait, le plus puissant. Tout channel vit son lien à l'intérieur des quarante-neuf voies d'entrée. Quand vous aurez accès aux douze premiers chakras, vous multiplierez d'autant ces chemins de vie. Cependant, les portes internes de chaque chakra passeront au nombre de douze, et là, vous aurez cent quarante-quatre entrées dans des mondes où la réalité appelle la couleur, le son et le parfum. Quelques-uns d'entre vous travaillent déjà ces germes de possibilités. Le jour où vous sortirez de ce système solaire pour visiter vos voisins, vous devrez également choisir entre aller dans leur passé ou dans leur avenir. Leur réalité présente ne peut être explorée. Savez-vous pourquoi ? Parce qu'ils ne vivent pas sur la même spirale de réalisation que vous. Il vous faudrait connaître le chakra étudié et là, reconnaître la porte alors en résonance, mais ces données ne vous seront pas communiquées, de manière à leur laisser un espace serein. Tout voyageur de l'espace sidéral choisit le passé ou le futur d'un lieu. En ce qui nous concerne, nous avons sélectionné notre futur, donc le vôtre, et ici, nous nous trouvons devant une illusion. Le temps n'étant pas une réalité, nous jouons sur l'élasticité des états d'être. Afin de mieux cerner les voyages hors de votre lieu de résidence et de votre système solaire, vos astronautes devront au préalable :

- choisir le chakra appelant une expansion de conscience,
- opter pour l'une des sept portes possibles, préciser l'action ou la réaction devant être modifiée dans le passé ou le futur de votre planète,
- définir lequel des systèmes solaires voisins sera visité à la sortie de la voie de navigation,

- retenir une séquence de temps passée ou future,
- déterminer les voies de retour au passé ou au futur,
- savoir si la nouvelle connaissance devra nourrir un chakra particulier de l'humanité résidente et à quel degré subtil d'expression.

Un système solaire est entouré d'une matrice mémorielle. Le pénétrer implique donc un minimum de décisions. Vos visiteurs potentiels, eux, ont une idée précise de leurs attentes. Ainsi, il n'y aura pas d'erreur ; vous seuls inviterez telle ou telle autre humanité. Soit vous rentrerez alors dans un cycle lourd de conséquence, soit vous entamerez une période évolutive intéressante. Mais il en sera fait selon votre intention. Votre intention et votre degré d'amour et de sagesse s'inscriront sur la matrice mémorielle de votre système solaire à la fin de ce test (en 2012). Les portes d'accès de votre planète émettront une énergie ; ce sera un appel et le système de résonance sera réactivé. Tout est en fait banalement scientifique. Votre degré d'amour, lui, commence maintenant à être prévisible. Les deux autres pôles, ceux de l'intention et de la sagesse, restent très flous dans l'immédiat. Nous vous encourageons vivement à les préciser. Les désordres ou désaccords quant à l'orientation du devenir de votre Terre devraient connaître une phase d'amplification au cours des dix prochaines années, les dernières de cette période. Le résultat obtenu servira votre avenir au-delà de votre quotidien. Cela dépassera le cadre de la bonne santé d'une humanité ou d'une planète. Vous engagez le devenir de cette humanité et des autres qui viendront après la réalisation totale de celle-ci, du système solaire, de vos relations et des échanges avec vos voisins. Je me répète volontairement, de façon à accentuer les ouvertures présentes et à venir.

Notre approche et notre pénétration de votre système dépendront essentiellement de vos réactions avant l'année

2004. Vous représentez un espoir aux yeux des Pléiadiens. Nous essayons en effet de contourner un blocage de notre présent que seul le futur pourra désamorcer. Notre choix n'a pas retenu le passé de notre histoire de Créateurs, préférant tenter de transformer votre réalisation et, ainsi, de vous libérer des contraintes imposées. Nous avions également besoin de comprendre notre erreur dans sa totalité. Il est vrai que nous avons dû prendre conscience à quel point nous avons empêché ce système de grandir. Si les Sages n'avaient pas sélectionné votre planète comme terrain d'expériences uniques dans le grand Univers, notre responsabilité aurait été très grande et nos interventions donnant lieu à un rétablissement auraient dû être d'un autre ordre. Les Pléiadiens ont une chance inouïe dans leur histoire de créateurs ! Notre choix de venir dans le futur de notre peuple fut judicieux. Nous trouvons la matrice idéale au retour de la fluidité de notre histoire. Nous en repartirons enrichis d'une connaissance exponentielle. Pour l'instant, nous ne sommes pas autorisés à vous donner des détails scientifiques vous offrant l'accès à votre futur ou à votre passé. Vous devez d'abord répondre à des questions vitales d'états d'être. Nous ne pouvons que vous inciter à vous prononcer en vous révélant certains des bienfaits à obtenir pour votre propre histoire d'humanité. Les couloirs du temps représenteront un défi à maîtriser de grande envergure. Il y a les couloirs du temps relatifs à votre planète, aux planètes sœurs et à votre système solaire ; ceci se répétant à chaque division universelle. Naviguer à l'intérieur de l'un d'eux requiert les qualités développées et rattachées à de nobles sentiments. Les sentiments lourds et leurs intentions détruisent la matrice d'énergie. En tant que Créateurs, nous sommes liés à toutes nos créations et à leur devenir. De ce fait, nous n'avons pas à quitter notre système universel d'accueil. En nous projetant dans l'avenir, nous retrouvons leurs histoires, nous ramenant ainsi aux idées germes de leurs naissances. Notre épanouissement dépend de ce moment initial justifiant l'acte créateur. Difficile de vous expliquer que vous vivez dans l'éther de notre conscience et que, pourtant, votre vie est éloignée de nous. Votre réalité d'êtres indépendants est intimement liée à notre passé. Les couloirs du temps présentent deux réalités, l'une illusoire, l'autre réelle. Développons ce concept.

Illusoire : en nous projetant dans le futur de notre propre conscience et en intervenant sur cette matrice afin de modifier nos actions passées.

Réelle : en empruntant les couloirs de navigation reliant les Univers entre eux sans nous projeter sur la matrice du temps. Le temps et l'espace n'interagissent pas entre eux ici. Dans le premier cas, nous utilisons seulement la matrice du temps, sans le support de l'espace. Vos mentalités actuelles relient l'espace et le temps, les présentant même comme indissociables. Rien de plus faux. Votre futur réel positionnera vos scientifiques devant cette découverte. Laissez-moi aussi vous expliquer ceci : votre passé d'êtres a construit un éther où les personnages croisés sur votre chemin continuent de vivre votre perception de la Vie. Cette vie se déroule hors de leur véritable vie présente. Ainsi, l'idée émise sur un être vivant continue-t-elle une trajectoire sans gouvernail. Prenons l'exemple d'un être connu mais décédé dans votre passé proche ou lointain. Dans sa vie réelle, cet être a continué sa route sur d'autres plans ; pour vous, l'idée de cet personne continue de vous habiter, lui attribuant même des actions, des paroles et des sentiments teintés uniquement par les vôtres. À l'intérieur de votre mémoire, ce passé interfère en permanence avec votre présent et, par voie de conséquence, avec votre futur. Ici, nous retrouvons l'illusion du temps et de l'espace. Votre devenir conditionné par cette mémoire vous empêche de vous épanouir selon le plan initial prévu avant votre naissance. Beaucoup d'entités appartenant à cette humanité vivent hors de leur trajectoire, rivées à des sacs mémoriels les assujettissant à une fréquence lourde. Vous souffrez de cela. Les morts, réels ou non, vivent confortablement en vous. Tous les sentiments émis lors de rencontres antérieures à votre moment présent ont imprimé une image de ces instants et ces images se nourrissent de vos énergies pour perdurer. Vos égrégores ne sont rien d'autre que des images de vos passés. Afin de se libérer, chaque individu doit être replacé devant ces mémoires, les regarder et cesser de les nourrir. Certains d'entre vous les ont tellement gavées d'énergie qu'ils leur ont créé des corps qui peuvent ainsi se mouvoir réellement, restant attachés à vous et à vos déplacements. Ce sont des gloutons voraces et exigeants. Difficile de couper les liens ! Pourtant, vous devrez en arriver à cela. En observant chacun d'entre vous, nous pouvons parler de son passé en auscultant toutes les bulles accolées à son aura ou simplement reliées par un cordon d'énergie. Chaque corps subtil loge son lot de ces bulles, et leurs mémoires stigmatisent l'ordonnancement de vie de vos corps, pénalisant leur potentiel énergétique.

Les Annales akashiques sont une matrice mémorielle enregistrant tout mouvement à la surface de votre planète et tous les sentiments conduisant à une accumulation d'énergie provoquée par un nœud dans la circulation des fluides de tout être vivant.

Certains endroits à la surface de votre Terre favorisent une lecture de cette mémoire, généralement connue sous le nom de « mirages ». Bien sûr, certains phénomènes géophysiques et climatiques en sont des déclencheurs. Ces images, dites mirages, sortent donc tout droit de la matrice mémorielle de votre planète, déjouant ainsi les couloirs des temps passés. On peut affirmer que ces restitutions d'images sont des trous engendrés dans les couloirs du temps par les vieilles batailles et les explosions atomiques des temps anciens. À ce propos, vous vivez actuellement une répétition de faits ayant déjà eu lieu. L'influence de ceux-ci perdurant encore aujourd'hui, inutile d'ajouter à cela l'action prolongée des nouvelles explosions. Oui, il y a des trous dans la couche d'ozone, l'utilisation de la fission atomique non maîtrisée portant sur les matrices de vie comme l'ozone. Si vos physiciens ne deviennent pas plus responsables de leurs actes, de grandes mutations auront lieu et elles seront irréversibles. Tous les règnes seront atteints et votre planète aussi ! La répétition d'un même fait sur la matrice de vie, à intervalles plus ou moins longs, consolide une réaction engendrée lors de la première explosion. Tous les essais atomiques vécus au siècle dernier auront une répercussion sur l'ensemble vital. Prochainement, vous commencerez à enregistrer des désordres dus à cela. Le seul problème : vous ne pourrez pas revenir en arrière. L'utilisation maîtrisée des couloirs du temps ne vous étant pas encore accessible, cette humanité rentrera en mutation. Espérons que vous en retirerez plus d'éléments positifs que négatifs. Cette fission atomique vous a propulsés dans une ère d'ouverture. Pas seulement sur votre planète mais également autour d'elle et dans les champs d'influence de vos sœurs. Afin de pallier votre absence de maîtrise de ces énergies, nous avons placé sur la périphérie intérieure de votre système solaire un champ d'énergie absorbant les débordements de vos expériences. Vos planètes sœurs émettent un rayon lumineux ayant la même fonction, limitant ainsi les interférences. Votre venue dans le monde des manipulations de l'atome, du génome humain, de celui des plantes et des animaux oblige les Créateurs à devancer leur choix de vous accueillir parmi eux. Votre manque de sagesse et d'amour divin nécessite des interventions avant l'heure ! Votre humanité manque de maturité et vous voilà aux prises avec des questions d'éthique, de morale extraplanétaire bien avant l'intégration de votre assise intérieure. La manipulation technologique tend à vous écarter du bon sens et du respect de chaque espèce. Dans l'histoire passée de votre planète, l'humanité en place avait moins de questions vitales à résoudre. Aujourd'hui, votre position est plus affaiblie, vous arrivez trop tôt dans les secteurs de création. Vous avez toujours votre libre choix et nous le respectons. Cependant, ceci ne nous empêche pas de déplorer un surcroît d'activités dans un domaine particulier sans préparation. À ce jour, sans aucun doute, vos scientifiques jouent plus grandement aux apprentis sorciers. Une sagesse en ressortira peut-être. À moins que vous, vous souleviez une force nouvelle d'intention. Toujours est-il que vous ne pouvez pas continuer à évoluer sans traverser une grave crise de conscience. Vos dirigeants ou têtes pensantes répondent à vos sollicitations et à votre degré de force intérieure.

Les couloirs du temps se restaurent et redeviennent actifs. Pensez à être et non à profiter ! Vos planètes sœurs veulent encore imposer pour un temps la non-circulation entre elles et vous. Il est vrai que leur atmosphère subit des attaques de radiations atomiques venant de vous. Elles déploient leur savoir de manière à les minimiser. Un essai atomique émet des radiations vers l'intérieur et l'extérieur de la Terre. *Il est utopique de croire que leurs influences s'arrêtent immédiatement après l'explosion.* Vous avez détruit un équilibre dans les mondes physiques et subtils. La loi étant la même pour toute création, un jour (proche hélas) elles reviendront vers le point d'impact. Aussi, tout lieu où de telles actions purent être possibles sera exposé à des retombées atmosphériques mutantes et agissant sur chaque plan. Vous jouez aux créateurs sans connaître les risques et vous n'évaluez jamais auparavant les effets négatifs s'y rattachant. Pour l'instant, vous agissez selon ce schéma : on tente et on verra après ! Nulle sagesse dans ceci. Ces actes relèvent de l'enfantillage pur et simple. Nos scientifiques ont volontairement retardé certaines découvertes afin d'écarter des interférences trop grandes sur les autres mondes vivants. Bien que vous ayez le libre choix, vous nous obligez à intervenir dans vos expressions et vos études. Avant d'être grand, il faut accepter d'être petit ! Réfléchissez à cela ; vous y découvrirez une grande sagesse ! Demander de l'aide et une guidance démontre une volonté ancrée sur le bien-être de la communauté spatiale. Vous allez retrouver l'usage des couloirs du temps, qui vous permettront de rencontrer des frères. Dès lors, si la sagesse encadre vos désirs, vous côtoierez des frères en cours de réalisation cherchant la Lumière de Vie. Par contre, si le profit sert de moteur à vos explorations, vos rencontres seront à la hauteur de vos intentions ! Cela promettra alors des instants parfois douloureux.

À vous, humanité, d'ancrer à l'intérieur de vous les bases solides d'échanges fraternels. Ainsi, votre tête dirigeante, qu'elle soit d'ordre politique, scientifique ou religieuse, devra vous suivre et appliquer vos choix d'être. Vous avez d'immenses pouvoirs : la volonté et le choix d'expression. Aujourd'hui, un certain nombre d'entre vous prennent position. Ce petit cercle grandira à une seule condition : si vous l'alimenter avec les mêmes énergies. Alors, nous assisterons à une explosion de Lumière de Vie. Vous cherchez le pouvoir de l'atome dans des actions extérieures et manipulatrices. Pourtant, c'est au centre de vous-mêmes que la rencontre aura lieu. L'extérieur ne sera qu'un miroir ; actuellement, l'approche de vos scientifiques renforce l'Ombre et sa mainmise. Ce sera à qui trouvera une nouvelle force pour imposer sa loi.

Dans la Lumière de Vie, aucun être n'a plus de pouvoir qu'un autre. Il y a la Vie et tous se tendent, visant à se fondre en elle. Nous avons compris cela ; notre force, nous la puisons à l'intérieur des forces cosmiques, en nous y coulant. Nous avons laissé derrière nous nos velléités de pouvoir. Nous en sommes récompensés. Il est vrai toutefois que nous devons regarder de vieilles énergies, et nous le faisons en toute sérénité. Nous avons choisi d'apporter dans notre futur les compréhensions relatives aux forces cosmiques. De la sorte, celui-ci modifiera notre passé de Créateurs et notre présent redeviendra un vecteur d'expansion. Nous avons étudié l'éventualité d'intervenir en retournant dans notre passé. Le cas échéant, le résultat n'aurait pas été aussi porteur de possibilités futures, ni pour nous ni pour vous. Nous avons opté pour des réalisations importantes en cas de réussite. Au cours d'une séance commune tenue avec nos partenaires créateurs, nous avons procédé au bilan de notre impasse à tous. Chaque intervenant dans la naissance de votre prototype physique doit voir sa part de responsabilité. Nous sommes tombés d'accord : seul le futur revêtait un aspect positif. Nous ne devions pas refaire la même erreur. Intervenir dans notre passé commun risquait de consolider nos choix initiaux. En retrouvant l'accès aux couloirs du temps, vous devrez, quant à vous, apprendre à les employer pour le bien de l'humanité et de ses sœurs. Un test sera donc obligatoire, celui de préciser vos intentions. Le groupe des Confédérés ne vous donnera pas l'accord de voyager plus loin tant que vous ne manifesterez pas un respect sincère envers tout être vivant.

Vous entrez dans une période délicate. La réception d'informations favorisant une expansion d'action et de vie vous propulse dans un état d'être nouveau. Avant que celui-ci ne devienne effectif, il s'écoulera un laps de temps où vous serez fragilisés. À peine serez-vous installés dans les nouvelles énergies, que les anciennes vous rappelleront et vous inciteront à reprendre vos vieilles habitudes. Vous ne pourrez compter que sur votre volonté et votre force. Si vous n'avez pas suffisamment éclairci votre but, vous serez en proie à un grave dilemme : maintenir votre décision ou reprendre vos vieux rails de manifestation. Nous venons d'être confrontés à cela. Si notre choix commun s'était porté sur l'intervention dans notre passé, nous aurions conforté les intentions de ce moment-là. En choisissant le futur de notre devenir, nous nous sommes donné la possibilité de nous affranchir de notre passé en vous aidant à devenir des créateurs libres.

Les couloirs du temps seront réactivés ; or, il y a de fortes chances que vous ne soyez pas les premiers à les utiliser.

En activant tous les Médians (ou channels), nous allons ainsi connecter un réseau d'information entourant la surface de cette planète. Chacun d'eux diffusera par écrit, par le biais de conférences ou par sa simple présence, une somme non négligeable de données stimulant les centres d'énergie ou vortex (ou encore chakras). Nous emploierons également des faisceaux lumineux[7] par leur intermédiaire dans le but d'éclairer votre terre d'accueil en surface ou en profondeur. Ceux-ci ne sont pas teintés d'une volonté particulière. Nous savons qu'un apport de lumière aide chaque être à s'éveiller et à s'ancrer dans une volonté de service et d'amour. Ces faisceaux de lumière sont autant de soins apportés à votre humanité. Ils représentent une contribution d'amour de Créateurs à leurs créatures. Ceci apaisera notre mémoire commune. Notre rencontre est inscrite au bout des couloirs du temps. Toute guérison effectuée avant celle-ci permettra de définir son plan de manifestation. Ici, nous apaisons notre regard et vous faisons une place à nos côtés ; il reste le lien entre vous et nous, certes, mais aussi celui entre vous et votre regard sur nous. Dans votre mémoire ancestrale, notre volonté de domination de Créateurs sur leurs créatures demeure bien vivante. En vous livrant ces mots, nous espérons l'acceptation de cette erreur et l'accord de votre pardon. La « Lettre à la

_____

7. Dans certains cas, nous profiterons de la présence de nos Médians dans un lieu déterminant pour l'avenir de cette planète, ou en face d'une personne ayant besoin de prendre sa place, pour émettre des faisceaux de lumière qualifiés dans un but précis.

Terre » ouvrant le premier volume (*Les grandes voies du Soleil*) de cet enseignement portait en elle cette attente et cette réconciliation avant que nous devenions partenaires de Vie.

Au bout des couloirs du temps, vous retrouverez vos sept Créateurs. Chacun attend ce moment avec un espoir immense, beaucoup de paix et d'amour. Le pas sera effectué en commun, avec des tonalités afférentes différentes et en rapport avec l'individualité de la pensée créatrice. Le moule final fut adombré par sept esprits créateurs portant une part plus ou moins grande dans la conception du prototype humain. Les temps sont venus où, de prototypes, les Créateurs vous proposent de devenir humains. Actuellement, vous êtes en phase préhumaine ; l'accouchement peut se faire sans douleur. À vous de choisir. Une grande aventure se profile devant vous et le Soleil réactivera prochainement les couloirs du temps à l'intérieur de vous-mêmes. N'oubliez jamais ! l'extérieur reflète l'intérieur. Les plus grandes aventures se tapissent au sein de votre Être. Alors, voici qu'une main se tend vers vous. Cristalliserez-vous la mémoire ancestrale nous unissant ou, au contraire, accepterez-vous de la fluidifier ? Nos rapports futurs dépendent de ce choix. Vous présenterez-vous comme des victimes ou préférerez-vous émettre la volonté de vous hisser dans le cercle des Créateurs en devenant créateurs de vos émotions ? Le monde détient toutes les clés de votre passé, de votre présent et de votre futur. Nous représentons le levier de vos états intérieurs. Votre passé, votre présent et votre futur sont intimement liés aux nôtres. Nous rejeter amplifierait nos erreurs communes. En tant que Créateurs, vous pouvez manifester une autre attitude. Vous êtes restés dans le marécage de la victimisation, fustigeant sans cesse vos Père-Mère créateurs. Nous acceptons notre part de responsabilité, mais nous vous invitons à accepter la vôtre.

En choisissant de voyager dans notre futur, notre but était

de vous proposer de quitter cet état de victimes et de vous offrir une place de Créateurs. Le passé ne pouvait pas contenir cette possibilité puisque l'esprit germe de conception était défini autrement. Revenir en arrière aurait modifié votre futur et vous aurait très certainement privés de résultats inespérés à la suite d'un tel isolement.

Alors, aujourd'hui, nous pouvons vous dire ceci : « Nous manifestons enfin du respect, de l'amour envers vous. Nous tendons la main dans l'espoir de vous voir la serrer et devenir des partenaires joyeux au service de la Vie. » Les couloirs du temps servent à cela.

SEPT

LE FEU, SIÈGE ET DEMEURE
DE NOTRE IDENTITÉ SOLAIRE

Les forces du Soleil sont variables et de nature physique ou subtile. Vous connaissez un des visages du Soleil dans votre quotidien : le Feu, le Feu sous toutes ses formes. Il est une activation du centre solaire ou chakra de votre planète.

Quand un lieu devient lourd d'une mémoire liée à des événements exacerbant la personnalité, le Feu nettoie la matière afin de favoriser une reconstruction. Pour cela, le chakra solaire de votre planète émet un signal en résonance avec le Soleil. Une fois ce signal enregistré, une émission de particules solaires descend le long de la chaîne d'appartenance et libère le processus permettant le travail du Feu. Vos volcans ont la mission de réguler les amas perturbateurs du système de la personnalité terrestre.

Nous avons parlé de la chaîne d'appartenance ; nous pouvons affirmer que c'est une matrice mémorielle. La personnalité répond à ce système de résonance. Vos agitations mentales entrent constamment en résonance avec cette chaîne. Les soubresauts répétés en son sein actionnent un mécanisme régulateur et libérateur. Tout au long de cette chaîne se situent des points névralgiques servant de soupapes salvatrices. Quand la pollution prend des proportions trop grandes, la ceinture de feu terrestre la régurgite.

Vous serez sans doute en accord avec moi ; la démographie galopante de votre Terre d'accueil est le facteur premier de pollution psychique. Ajoutez à cela une période riche en possibilités de réalisation intérieure, et la trame de

vie accumule des déchets pseudo-affectifs alors libérés. Il faut
bien les digérer et les évacuer. Les volcans s'en chargent ; il
est vrai qu'ils ont diverses fonctions. En ce moment, ils n'ont
pas d'autre souci. Les entités en charge de leur vie répondent
à vos sollicitations. Chaque volcan est habité par un Être
responsable. Chacun de ses mouvements est orchestré de
façon à rendre service. L'harmonie générale de la Terre, le
bien-être des enfants du Soleil sont le centre de leur motivation. Savez-vous aussi qu'une activation particulière de la
ceinture de feu et des volcans, actifs ou à l'état de repos,
répond à une demande de l'esprit directeur du Feu terrestre ?
Il n'y a jamais d'explosion volcanique sans un décret de cet
esprit ; par contre, vous déclenchez les périodes d'activité. En
abordant cette notion, nous pouvons aussi vous dire que toute
montagne, qu'elle soit grande, petite, ancienne ou jeune, est
habitée par un Être. Ceci est également valable pour les eaux,
les océans, les mers, les fleuves petits et grands, et l'air.

Il n'y a pas de fable ; il y a juste une réalité. Nos amis les
salamandres, les sylphes, les elfes, les gnomes et les ondines
travaillent au bon maintien de ce lieu de vie. Ces êtres espèrent retrouver prochainement une matrice libre où tout
mouvement ne sera pas signe d'esclavage. Avez-vous songé
à cela ? Ils sont actuellement vos esclaves et, de ce fait,
n'exercent plus leur travail avec joie ! Vos forces polluent
leur habitation. Ils fournissent une somme d'efforts considérable, mais les résultats sont de plus en plus médiocres.
L'amour envers le Grand Constructeur les maintient dans leur
volonté de service. En reprenant chacun vos responsabilités,
vous les libérerez. Vous avez plongé ce lieu dans un cercle
d'éloignement ; vous pouvez reconstruire un cercle où toute
vie sera respectée. La force de vie solaire se présente sous la
forme d'un cercle. Seule cette géométrie symbolise l'accom-
plissement. Le triangle, le carré, eux, parlent des formes
finies et non expansives. Leurs forces sont donc contenues.

La géométrie sacrée parle un langage d'état d'être, et être au sein du triangle équilibre les vibrations émises par le carré ainsi que les échanges de la Trinité à l'intérieur du cercle de la Vie infinie.

En incarnation, le but primordial consiste uniquement à acquérir la compréhension du Père-Mère-Fils en explorant les quatre éléments vitaux afin d'émettre le rayonnement du cercle. La dualité a séparé en deux le cercle initial formant la croix. Dans un premier temps, les branches sont inégales puis dessinent une croix à quatre bras égaux. La rose s'épanouit quand votre degré d'Amour devient votre moteur d'action. Si votre volonté vous pousse plus loin, les deux barres de la croix se séparent et se juxtaposent pour reformer les deux cercles au service de l'Amour. Ils rayonnent votre réussite dans un mouvement rotatif effectué dans un sens ou un autre. Le début de ce mouvement annonce le processus de couronnement. Tout être vivant parcourt ce cheminement. Chaque pas réussi place une branche de la Merkaba dans une position d'émission solaire. Recevoir sa Merkaba est un événement fort dans la vie d'un individu incarné. Généralement, elle reste dans les plans supérieurs, attendant le moment adéquat. Pour quelques-uns d'entre vous, elle est descendue dans le plan astral, signe d'un rapprochement avec votre état solaire. La Merkaba, expression parfaite de la géométrie sacrée, représente votre véhicule de lumière. Avec celui-ci, vous voyagerez partout. Chaque pointe ouvre un espace de vie. La mémoire des terrains d'expériences accumulées sous la forme de bandes de couleur continuera de délivrer des informations, et pas uniquement de manière à renseigner chacun sur votre cursus d'étudiants solaires. Vous vous servirez de ces bandes de couleur afin de vous ajuster aux nouvelles terres à visiter.

Jusqu'à présent, vous videz vos sacs mémoriels. Leurs contenus pèsent trop sur votre fluidité et agissent comme chaînes, vous maintenant liés à votre terre d'accueil. La mémoire vive, elle, reste dans votre Merkaba. Un lien vous relie, et vous y puisez des informations vous concernant. Souvent, votre corps éthérique ne reflète pas son code solaire. Votre voyage dans la matière et sur sa matrice d'expression en a déformé les couloirs d'accès. Aussi, un grand travail d'ajustement s'impose quand l'heure se prête à votre retour dans l'Identité solaire. La fin d'un grand cycle porte toutes les possibilités afin de favoriser ce réalignement. Pour cela, la géométrie sacrée de votre corps physique sera travaillée afin de retrouver la juxtaposition des deux géométries sacrées induisant l'emboîtement parfait. Quand cela sera réalisé, vous pourrez alors voir descendre votre Merkaba. Or, comme un grand cycle se termine, vous pouvez donc prétendre à cette union. Après, cette possibilité ne se présentera qu'indi-viduellement et indépendamment du groupe. Votre force solaire réside à l'intérieur de votre Merkaba. En ce moment, elle attend et sommeille.

Le Soleil régit le Cosmos par la géométrie. La vôtre contient les lois fondamentales ; les anciens peuples autoch-tones le savaient et en usaient ; les codes génétiques n'y échappent pas. Les voyages spatiaux intemporels peuvent avoir lieu avec ou sans Merkaba mais, selon le cas, les résul-tats seront différents naturellement. Sans elle, il faut recourir aux moyens denses et aux couloirs du temps. Avec elle, nos voyages sont infinis et passent par les couloirs de l'espace, nouvelle étape de l'Identité solaire. La roue des incarnations n'a alors plus de pouvoir sur vous. Seuls l'amour et le service vous guident. Se mouvoir dans la Merkaba transcende les barrières de l'esprit, ses jeux et ses expériences. On rayonne et on commence à être SOLEIL. C'est le premier pas dans l'Identité solaire. Actuellement, vos pas dans l'expansion de votre Être passent par les voies de la dualité Blanc/Noir et par l'expérimentation. Plus tard, vous bougerez sur et dans les voies du Soleil. Il vous suffira d'émettre un rayon de lumière, et celui-ci vous emmènera à destination. Le Soleil, clé de votre devenir, voilà une compréhension à acquérir dès maintenant. Jusqu'ici, votre exploration vous a éloignés de votre centre lumineux. Aujourd'hui, il vous est proposé de le retrouver. Son utilisation ne sera rien d'autre que des faisceaux de lumière plus ou moins intenses et une différenciation du spectre de couleurs. Soit vous optez pour un retour total dans votre centre solaire, soit vous expérimentez d'abord les couleurs afin d'arriver au même but !

En ce moment, votre pouvoir réside entre les mains de votre Famille de Lumière. Demain, il vous sera remis en même temps que les codes d'accès à votre Merkaba, votre véhicule solaire. Les voies du Soleil vous ouvrent ce retour. En reprenant la tutelle de votre planète, le *Soleil Central* facilite la pénétration de la lumière solaire. Songez-vous que votre éloignement se déroule hors de votre lumière ? Vous allez apprivoiser celle-ci puis centrer votre énergie vitale sur elle et, plus important encore, les fusionner entre elles.

Le réveil des volcans de votre planète d'accueil annonce l'émergence d'une activité atomique intense (tout étant lié, les nouvelles pensées de cette humanité enclenchent ce processus). Votre regard enregistre, en tout premier lieu, une destruction au cours de ces éruptions ; celle-ci se déroule à la fois sur le plan physique (la matière) et dans les plans subtils. Étrangement, la reconstruction suit le même cheminement, d'abord dans la densité puis dans la volatilité de la personnalité. Les portes solaires de votre corps réagissent en même temps que la chaîne volcanique terrestre. Ces mêmes portes suivent les mouvements de la chaîne solaire. L'affluence des énergies du *Soleil Central* produit une oscillation au cœur de la chaîne et vous êtes le point relais entre la forme subtile et la forme dense de ce mouvement de vie. Votre éloignement de votre Identité solaire vous a privés des forces du Feu. Au cours de ce voyage, vous avez reçu le conseil de ne pas y toucher sans être accompagnés d'un guide. La raison était simple : le Feu, dans sa forme subtile, est votre demeure, votre allié et votre pouvoir. Aussi, tout naturellement, en quittant la quiétude de votre centre de vie, vous nous en avez confié la clé en attendant d'en reprendre possession.

Un parcours extérieur permet de comprendre les mécanismes des trois autres forces à votre disposition : la Terre, l'Air et l'Eau. Ces trois moteurs d'action sont au service du quatrième élément. Afin que celui-ci rayonne sa maturité d'être, il se devait de les intégrer et de leur faire place en son sein. Son expression subtile devient le maître de ces états denses. Parallèlement, votre corps physique abrite les portes de ces manifestations : la Terre, par le chakra sacré (expression dense du Feu), l'Eau, par le chakra du cœur (centre de la fluidité du Feu), et l'Air, par le chakra coronal (volatilité de son état). Rappelons que le chakra solaire est le centre de la personnalité de l'Identité solaire et que la rate, dénommée également petit Soleil, représente une autre expression du Feu. Ce dernier protège les fonctions bien particulières du *Soleil Central*. Attendez-vous à un grand réveil de ce sous-chakra qui, peut-être, occupe une place importante dans votre identité. Ne serait-il pas un gardien de vos états supérieurs, un barrage efficace entre vos humeurs terrestres et votre plénitude d'enfants solaires ? Pouvez-vous imaginer ce centre comme un chef d'orchestre dirigeant des musiciens (organes et fonctions) afin de jouer une symphonie parfaite ? Pouvez-vous concevoir que votre note musicale et votre émission de parfum sortiront de lui ?

Tout organe a une raison d'être et interagit sur quatre niveaux :

- au premier (physique), il participe à l'entretien de l'enveloppe corporelle,
- au deuxième, il régule la contrepartie subtile des organes des autres corps,

- au troisième, il participe à l'instigation de votre recherche d'Identité solaire,
- au quatrième, il représente finalement le gardien de la mémoire primordiale de votre naissance divine.

Chaque chakra ou sous-chakra régit une partie des corps sous la surveillance constante de la rate. Les sous-chakras travaillent dans l'ombre de leurs grands frères (les centres principaux) en toute quiétude ; or, leur puissance dépasse la leur. Dans ce cas précis, l'Ombre devient le maître de la Lumière au service de la Lumière de Vie. Nous pouvons vous dire aussi que le regard doit se teinter d'amour en reconnaissant la puissance salvatrice de l'Ombre. Dans les mondes finis, les Maîtres de l'Ombre œuvrent en premier, faisant en sorte de préparer la matrice porteuse de Lumière. Cette dernière est une expression atténuée du rayonnement du Feu. Quand vous pensez à la Lumière, vous vous ouvrez automatiquement à la vie de cet élément, dont la Lumière de Vie en représente l'expression divinisée.

Afin d'éclairer votre exploration dans les mondes finis, le Grand Constructeur a parsemé cet espace de sources d'inspiration : les Soleils. Leurs formes densifiées sont une boule de Feu et leur essence subtile porte la vie tout autant que n'importe quelle autre planète. Bien sûr, leurs résidents ne vibrent pas au même taux et ne connaissent pas l'incarnation comme vous. Leur rôle consiste à vous soutenir et à maintenir la vie dans un secteur d'activité déterminé. Chaque vague d'étincelles de Vie pénétrant l'espace d'une juridiction solaire fait étape sur le Soleil et se présente dans une zone leur étant réservée. Chacune déposera son code solaire (résumé de ses précédentes expériences et réalisations) et, après enregistrement, recevra le statut de résident du système solaire en référence. Ainsi, elle aura le droit de poursuivre son exploration.

Toute division solaire est porteuse d'une particularité de l'énergie du Feu. Aussi, plus une étincelle de Vie cheminera à l'intérieur de bon nombre de secteurs solaires, plus elle deviendra une source de rayonnement intense. Certaines étincelles de Vie ne cherchent pas à retourner à leur Source première avant d'avoir pu acquérir plusieurs bandes de fréquences solaires différentes (les mouvements descendant et ascendant réagissent de la même manière).

Le Soleil et son rayonnement ne sont qu'une représentation simplifiée de votre propre énergie. Chaque plan de ses expressions est en résonance avec vos entrées d'énergie (chakras). Ses réalités cachées pénètrent par les cônes de rayonnement d'entrée des chakras situés à l'arrière de votre dos, et ses réalités visibles, par les cônes placés à l'avant de votre corps. Tous vos vortex d'énergie participent à l'ancrage de ces informations. La vie de ces centres réagit ainsi à plusieurs sollicitations. Tout est complémentaire et fait en sorte d'équilibrer les diverses sources à l'intérieur de l'enveloppe physique. Ici, le dense et le subtil s'unissent dans une parade de sons offrant un support matriciel au voyage du Souffle de Vie à la recherche de lui-même.

Le Feu s'ignore afin de se reconnaître. Étrangement, une étincelle de Vie trop éloignée de sa Source de Lumière (le Feu subtil) rencontre au cours de son extériorisation dense (incarnation) le Feu dans sa forme lourde. Cette étincelle pourra même périr par son Essence si elle a engendré des lourdeurs telles qu'elle ne peut plus avancer dans sa reconnaissance de sa demeure divine : le Feu.

L'éloignement de votre source d'être ne pose aucun problème nourriciel majeur. Le Feu agit à chaque instant de votre vie. Il vous apaisera ou substantera toutes vos particules corporelles et subtiles sans se faire remarquer. Votre descente dans la matrice n'entraîne aucune carence séquentielle de lumière ; seuls vos blocages en sont à l'origine. Plus votre culpabilisation, votre peur, votre autopunition seront fortes, plus vous empêcherez votre source, le Feu, de remplir son rôle. De protecteur, il deviendra destructeur, attendant le jour où votre conscience reprendra contact avec la réalité première. Alors, les Maîtres du Feu viendront se positionner autour de vous et vous guideront dans votre retour à la pleine maîtrise du partenariat conscient entre le Feu et vous. Même au sein de celui-ci, les couleurs et les sons revêtent une grande importance. Chaque tonalité et chaque séquence spectrale ouvre un état d'être.

Un Être réalisé aborde une couleur sous la forme d'une ceinture, d'un cordon autour du cou ou d'une pierre. Ainsi, il montre à la communauté son choix de résidence solaire, son expression de service. Au sein de ce choix, il retiendra sa note musicale et son parfum. Ces trois éléments représentent l'expression trinaire de sa réalisation solaire.

Les gardiens de l'identité fluidique du Feu sont les Dragons, nos amis et Maîtres généticiens. (Rassurez-vous, leur apparence ne ressemble que très peu à vos images mythiques de dragons terrestres. Pourtant, une similitude existe.) Dans ce Super-Univers, ils occupent cette fonction. Au cours de vos retrouvailles avec votre Essence fluidique, votre regard croisera le leur. À l'ultime étape de votre retour à la conscience christique, l'intégration de leur rôle sera nécessaire. Vous aborderez la reconnaissance de cette grande famille (déclinant plusieurs robes d'expressions extérieures ou corps physiques). Non seulement votre centre d'énergie, le sacré, deviendra-t-il une source d'études conscientes mais vous allez réapprendre à distinguer tout votre circuit fluidique des eaux s'y rattachant. Le simple fait de travailler en partenariat respectueux avec votre kundalini soulèvera les voiles d'oubli sur cette famille.

Nous, les Pléiadiens, avons concouru à cet événement ;

nous avons été les premiers Créateurs communs de votre véhicule d'exploration à accepter de perdre notre supériorité sur votre vie et à entreprendre une éducation propre vous donnant accès à la maîtrise du secret de la Création.

Notre famille pléiadienne avait aussi accepté de jouer le rôle de révélatrice du Noir et du Blanc et de vous montrer le chemin vers la Lumière de Vie. Aujourd'hui, votre acceptation de notre présence et le début de votre amour pour nous que nous commençons à enregistrer ouvrent la deuxième phase : faire place à la deuxième famille de Créateurs. Ceci est donc le début de votre découverte du rôle séparé des sept familles créatrices dans votre vie individuelle ou collective. Le Feu est le siège vivant des forces de la famille des Dragons. Bientôt, eux aussi fouleront le sol de cette planète. Quand les enfants de vos Père-Mère créateurs accèdent au même rang que celui de leurs parents, une période de vie se présente afin de tester les deux pôles (parents et enfants). Une harmonisation s'avère également indispensable, le terrain idéal se présente sur la matrice d'accueil ou planète des enfants. Généralement, les Père-Mère, ou Créateurs, n'ont pas imposé une domination totale sur leur progéniture comme nous l'avons fait. Dans ces cas, répertoriés dans les bibliothèques des Univers, un point commun est enregistré : la réticence des apprentis maîtres créateurs ou enfants de Créateurs. Aujourd'hui, nous allons devoir regarder cette réalité et la préparer en espérant éviter des réactions mémorielles démesurées. Pour cette raison, nous avons choisi une approche douce et graduelle vous permettant de percevoir et de reconnaître tous les aspects de notre histoire commune. Ni vous ni nous ne pouvons nous dérober à cette rencontre. L'amour que nous éprouvons envers vous nous a fait envisager tous les aspects possibles de ce rendez-vous déjà inscrit dans vos cellules depuis la première seconde de votre existence. Il est évident que toutes vos blessures émotionnelles mal identifiées et mal travaillées seront la source des réactions engendrées au moment de ce vis-à-vis.

Si les trois autres éléments Terre, Air et Eau ne sont pas apaisés, alors le quatrième, le Feu, siège de votre demeure divine, sera attisé par tous les reliquats des sacs mémoriels encore présents. Mais ce jour à venir peut aussi devenir celui de notre guérison commune, c'est-à-dire la vôtre et la nôtre. Le souhaitez-vous ? Nous, oui !

Pour l'instant, cinq de vos Créateurs parmi le groupe des sept ont définitivement accepté de faire la paix avec vous et d'entrer volontairement dans un partenariat. Le temps apportera aux deux autres Créateurs la joie de la réconciliation et des œuvres réalisées ensemble. Nous ne doutons pas que cela incitera ces deux autres partenaires à franchir le pas. Nous sommes les premiers à commencer ; il en faut bien, n'est-ce pas ?

À chaque retour de la conscience d'une des sept familles de Créateurs, le Feu se libérera et prendra toute sa dimension. La logique aurait voulu que la famille des Dragons vienne vous revisiter en dernier. Toutefois, comme ce secteur de vie est une source de bouleversements des lois évolutives en cours, cet anachronisme devient presque naturel !

De toute façon, depuis le début, rien ne se déroule selon les voies préétablies. Alors, acceptons encore et encore de remettre en cause nos prérogatives de Créateurs ! Merci.

HUIT

L'ÉTAT DE CRÉATEUR

Avec l'ouverture des circuits fluidiques de votre corps, les Maîtres du temps accueillent les Maîtres de l'espace. Ces derniers sont un de vos sept Créateurs, tout comme les Maîtres du temps. Doucement, les verrous des mémoires cessent de fonctionner ; pas à pas, je vous restitue votre Identité. Ce volume vous permet de reprendre contact avec quatre de vos concepteurs : les Pléiadiens – Maîtres d'information, les Dragons – Maîtres du Feu, les Anauchay – Maîtres de l'Espace et les Élohim – Maîtres du Temps.

Dans les laboratoires des Univers, un groupe de neuf Créateurs se réunit aujourd'hui afin de construire un autre prototype susceptible de contenir des étincelles de Vie. Les leçons tirées de votre évolution servent de base à ce projet. Votre humanité se compose d'une grande majorité d'étincelles de Vie des mouvements descendant et ascendant et d'un petit nombre d'entités en provenance de chaque groupe de Créateurs. Ainsi, certains d'entre vous ont-ils des affinités avec l'une ou l'autre des particularités de ces Maîtres.

Les Anauchay refusent encore de vous accepter dans le cercle des Créateurs. Ils reconnaissent tous vos efforts et les ouvertures dégagées par vous. Ils identifient leur part d'erreurs lors de la construction porteuse de l'énergie de Vie mais, pour l'instant, ils refusent d'aller plus loin, estimant que vous n'en êtes pas à des pensées-actions maîtrisées et, pour cette raison, vous considèrent comme un prototype en cours d'essai et non comme un véhicule parfait. Ils ne se sont point ralliés à l'idée proposée de changer d'attitude et de vous faire une place parmi nous en vue d'engager un partenariat conscient. Il est vrai qu'actuellement vous ne présentez, malgré tous vos exploits, que très peu d'intentions fraternelles et encore moins d'amour inconditionnel. Aussi, les portes de l'espace risquent-elles de rester closes pour vous pendant un temps non discernable à cette heure. Ainsi deux groupes de Créateurs émettent les mêmes objections, jugeant votre passé de troubles immédiat comme suffisant pour maintenir leur veto. Les cinq autres Créateurs se sont réunis dans une même idée, de manière à proposer une guérison profonde de la mémoire commune. Notre espoir réside dans les germes qui, nul doute, vont éclore entre ce groupe de Créateurs réunis et vous.

Depuis le début de cette aventure, un petit nombre de représentants de chaque groupe créateur s'incarnent à l'intérieur des prototypes humains, de façon à enregistrer des données scientifiques et à être présents sans soulever de réactions contrariantes en raison de leurs aspects originels. Les étincelles de Vie créées et intégrées aux mouvements descendant et ascendant développent quant à elles une idée germe reçue à la naissance. L'ADN respectif de ces deux mouvements est différent, la spirale ou hélice solaire comprenant au début douze filaments. Vos scientifiques pourront un jour enregistrer et reconnaître cette différence. Bientôt, les enfants qui naîtront porteront plusieurs filaments supplémentaires dans leur ADN. Votre travail actuel permet cela. Pour l'instant, une activation des informations contenues dans votre ADN se prépare. Il ne faut pas croire que vous travaillez avec la totalité de celles-ci ; il y a les données apparentes et les autres. Ces dernières sont cachées dans un sac mémoriel situé dans un espace entre deux informations. Ces sacs retiennent entre autres la mémoire d'appartenance. En acceptant notre présence et notre vie, vous vous êtes permis de les ouvrir et d'en lire le contenu.

Aujourd'hui, nous pouvons aborder l'histoire de la genèse de votre création.

Il y a fort longtemps, nous avons été conviés à une séance extraordinaire où tous les départements de la Création étaient représentés. Une demande émanant du Grand Constructeur nous fut lue, un projet de Vie allait prendre naissance.

Dans un secteur très éloigné, à la périphérie du grand Univers, une matrice d'évolution porterait des étincelles de Vie créées dans le but de développer un archétype nouveau de la volonté de service. La Fleur de Vie en mouvement dans notre région universelle serait modifiée par elles dans l'avenir. Les Créateurs devaient se pencher sur ce germe évolutif de la pensée du Grand Architecte et construire un véhicule offrant toutes les possibilités de réalisations nécessaires au bon déroulement de ce projet. Notre réunion dura l'équivalent d'un mois de votre temps. À la fin, il fut décidé de créer plusieurs prototypes ayant des particularités différentes. Certains Créateurs décidèrent de tenter seuls l'élaboration d'un corps. Les Dragons suggérèrent de se réunir ; nous avons adhéré à cette proposition, puis d'autres nous ont rejoints. Quatre groupes de Créateurs se formèrent : deux de cinq membres, un de quatre et un de sept. Puis le lieu fut choisi. Notre groupe opta pour le laboratoire de Vie des Anauchay. Au total, dix-sept corps prirent naissance dans ce but et tous furent expérimentés afin que nous puissions apporter les modifications nécessaires.

Le jour de la présentation des dix-sept créations, nous étions tous réunis. Tous les Créateurs passèrent d'un groupe à l'autre, évaluant sincèrement les possibilités de mouvement interréactionnel de chaque prototype ; aujourd'hui, ils sont tous en service.

Comme vous le savez, notre prototype reçut l'agrément pour ce secteur et vint alors la deuxième phase : la réception des germes d'idées à implanter dans des sacs mémoriels. Nous avons découvert l'ampleur du plan et, par conséquent, notre responsabilité engagée. C'est après cette découverte que nous avons décidé de vous maintenir sous notre autorité et de vous diriger. Cette décision déclencha en réaction l'impasse dans laquelle nous nous sommes trouvés. Nous avons appris à nos dépens que vouloir trop bien faire nous éloigne radicalement de notre objectif. Certes, à l'origine, notre volonté était de vous diriger pas à pas vers l'éclosion finale du but envisagé initialement. Or, avant même la présentation de ce but, nous avons dû répondre à un excès d'autorité. Le plan prévoyait une présentation graduelle de votre responsabilité et l'ouverture progressive de la cellule mère porteuse de votre trajectoire. En raison de notre attitude, nous vous avons poussés vers un repli de personnalité, bloquant ainsi la bonne fluidité de la reconnaissance de votre mission. Le lien qui nous unit nous a retransmis ce blocage et, comme nous ne pouvons échapper à la loi de causes à effets, nous nous sommes retrouvés confrontés à un grave problème. Les Dragons reconnurent également la même erreur et appelèrent les six autres Créateurs en séance de réflexion afin de rétablir les voies de communication. Cinq d'entre nous acceptèrent aisément leur erreur ; les deux autres (dont les Anauchay) maintinrent leur attitude initiale.

Depuis, à l'intérieur du groupe, nous cherchons une solution satisfaisante pour tous. Nous avons proposé une visite dans le futur de notre devenir, cherchant avant toute chose à harmoniser les énergies à l'origine de la naissance de ce prototype porteur de Vie. Nous nous sommes engagés totalement dans cette aventure, conscients d'aller à la rencontre de nous-mêmes et de pouvoir changer notre vision de Créateurs. Les Pléiadiens sont avant tout des Êtres en mouvement ou qui l'expérimente. On recherche notre présence dans les projets innovateurs d'ouverture de mondes. Comme nous avons implanté les informations dans les espaces entre vous tous et que nous avons créé une cellule mère porteuse du plan originel, nous nous retrouvons dans la position d'intervenir afin de rétablir un flux sans à-coups, ou sans blocages, dans la lecture de votre source de nourriture. Quand vous aurez de nouveau accès à cette source lumineuse dans sa totalité, votre corps physique et vos corps subtils manifesteront une santé parfaite, car ils seront à l'unisson avec l'émanation solaire. Vous vous êtes éloignés de votre centre et de votre identité, certes, mais nous reconnaissons être à l'origine de cet éloignement même si, initialement, les meilleures intentions nous habitaient. Présentement, notre retour s'impose de lui-même, et si deux Créateurs ne veulent pas intervenir, cela ne remet pas en cause la nécessité de notre présence dans votre quotidien. La Vie profite de ce retour pour implanter un nouveau programme d'expansion. Alors, tout est bien.

J'aimerais préciser qu'aucun Créateur du groupe à l'origine de la création de ce corps ne vit en mésentente avec les autres. Non ! Nous nous respectons par rapport à chacun de nos choix et aux raisons avancées déterminant nos actions. Notre groupe créateur se réunit régulièrement et échange ses impressions. Dans ce contexte, nos décisions sont généralement unanimes, sauf lorsque nous voulons vous accorder les mêmes droits que nous.

Aller dans le futur suggère une assise intérieure solide et une volonté bien ancrée. Nous avons choisi des Êtres répondant à ces deux critères. Un jour, nous retournerons vivre dans notre séquence réelle. Cette incursion dans le temps sera la source d'un développement pour notre peuple resté, quant à lui, dans sa réalité temporelle. Pouvez-vous comprendre que l'obligation d'un désir de paix et de progrès pour soi et les autres doit être le moteur d'une telle décision ? Un esprit mercantile se brûlerait dans l'exploration des temps. Vous vous préparez à redécouvrir ces couloirs de navigation. Aussi, l'esprit de groupe sera votre passeport. Si celui-ci est mû par des désirs de pouvoir, de possession, vous risquez de vous perdre totalement dans un jeu aliénant votre grandiose destin à venir. Certains des visiteurs qui franchissent les sas d'approche de votre planète répondent à ces critères peu lumineux. Le travail effectué pendant la décennie en cours sera déterminant. Pendant ces dix années, vous allez émettre un nouveau taux vibratoire. Votre humanité attirera ou repoussera ainsi d'autres humanités. La qualité de votre futur taux vibratoire laissera ou non passer ces visiteurs. Parallèlement, vos désirs d'expérience fourniront un terrain idéal pour eux, s'ils y répondent naturellement. Alors dix années, cela représente un laps de temps très court quand on comprend l'importance que peut revêtir cette période. Je ne vous cache pas que dans l'espace sidéral naviguent des explorateurs ne répondant pas toujours à des schémas évolutifs positifs. À vous d'attirer par vos choix les navigateurs recherchant la sagesse et la paix. Vos sas de pénétration peuvent être programmés pour sélectionner l'idée porteuse des visiteurs. Tout progrès d'un être, d'un groupe, d'une humanité ou d'un ensemble plus grand encore repose sur le choix d'une idée maîtresse. Je vous ai parlé de l'importance du regard-sentiment-pensée ; il s'applique dans tous les secteurs de vie. Afin de repousser les limites territoriales de votre espace sidéral dévolu, la pénétration de celui-ci par d'autres peuples sidéraux devient nécessaire et même obligatoire. Votre humanité a pris un mauvais pli de réaction. Elle réagit dans l'urgence, ayant oublié la prévention, la réflexion et l'établissement d'un programme évolutif. À force de répondre à l'urgence, vous en avez pratiquement fait une loi de réaction. Alors, maintenant que vous vous trouvez devant une période d'expansion sidérale, vous attirez ce même type d'événement. Or, dans ces moments-là, il n'y a guère de place pour la sagesse en général et vous colmatez simplement les brèches, entretenant ainsi un état peu épanouissant. Soit vous continuez de la sorte, soit vous choisissez de nouvelles attitudes engageant la sérénité, la paix et la sagesse, sans oublier le respect de chaque individu. Attardons-nous un peu sur cette notion qu'est le respect de chacun.

Si nous-mêmes cherchons ici cette assise, sans vouloir être pessimistes, nous ne la trouvons guère. Cette idée est dépourvue de racine. C'est tout juste une nébulosité qui suscite des sourires de complaisance. Sincèrement, retrouver votre mémoire de Créateurs vous place devant l'obligation de vous réapproprier cette attitude. Regardez un peu vos gouvernements officiels et officieux ; vous constaterez que le respect du peuple ne fait pas partie de leurs préoccupations. Et vous qui faites partie de la population, portez-vous les germes du respect de chacun ? Oui ? Tant mieux pour vous. Non ? Alors, ne vous plaignez plus et agissez ! Réinstallez en vous cette priorité et donnez-lui du corps et des racines. Vous êtes des milliards d'individus à vivre dans un espace commun. Vous devrez revoir cette notion : le respect des idées de chacun et des idées de l'ensemble, le respect de la planète, de l'espace sidéral que vous violez actuellement et celui des autres humanités sidérales. Cela ne sous-entend nullement que vous devez tout accepter. Non. Vos choix devront être respectueux de la Vie.

La notion de Créateur émergeant peu à peu dans votre conscient, vous allez obligatoirement vous retrouver confrontés à toutes les idées et attitudes, et à tous les devoirs l'accompagnant. Jusqu'à aujourd'hui, tout vous a été permis. Les grands Sages attendaient des germes de réalisation. La présente période sera trouble ; passer d'une liberté extrême à une attitude responsable ne sera pas tous les jours un exercice facile. C'est dans ce passage que l'humanité déterminera les êtres aptes à évoluer dans les notions supérieures de l'état divin et ceux demandant encore du temps pour y parvenir. Les chimères déployées par l'ensemble communautaire vont s'effondrer les unes après les autres. Ou vous trouverez la force de vous projeter dans les hautes sphères évolutives, ou les anciens terrains de jeux vous retiendront. Dans le premier cas, cette partie de l'humanité parcourra des espaces intérieurs et extérieurs jamais ouverts jusque-là. Elle a besoin d'acquérir une base solide de bon sens et d'intégration à la vie lumineuse. Elle découvrira des réalités de vie surprenantes, des formes, des couleurs, des senteurs n'appartenant pas à un concept de vie connu. La sagesse primordiale exige une intégration des volontaires dans les cercles évolutifs ouverts à leur découverte, et non le contraire. Ces êtres devront se fondre dans les mouvements spiralés et concentriques.

Dans le second cas, ils resteront accrochés aux angles de la vie et répondront encore à l'appel binaire du bien et du mal.

La Vie offre des terrains de jeux. Les premiers à s'ouvrir laissaient agir une approche éloignante. Répondre aux angles, aux carrés, à la vibration binaire entraîne les participants loin de leur centre d'amour et de sagesse. Pas de jugement ici : tout terrain de jeux est bon à explorer. Il y a seulement un temps pour tout. Il faut savoir quitter un lieu et apprendre les lois rattachées aux autres lieux de découverte. Vous vous trouvez précisément dans cette situation. Vous êtes en sécurité dans les schémas ayant trait à votre vie au sein de l'attitude binaire, mais il est vrai que la Vie vous propose désormais d'étudier les lois trinaires.

Nous essayons en ce moment d'intégrer de nouveaux mots dans vos langues et de briser le carcan empêchant les échanges. Les échanges, voilà un centre d'expression n'ayant plus cours sur cette planète. Voyez comme vos dirigeants orientent les réunions : celles-ci ne sont point créatives. Tout rentre dans un même moule : l'intérêt, le profit, le fait de ne pas perdre son pouvoir, sa notoriété, et de masquer la vérité pour que sa propre vérité devienne LA vérité. Ces actes, nous les avons connus et traversés dans l'antiquité de nos civilisations. Pour être reconnus et acceptés comme Créateurs, nous devons laisser derrière le seuil des bas instincts, dépassant ainsi le cercle primitif.

Je crains de ne pas vous faire plaisir en vous disant que vous êtes encore dans ce cercle. Nous vous appelons, mais à vous de le franchir et de venir dans l'autre : celui du pouvoir créatif. La clé la plus importante, je vous l'ai donnée dans mon deuxième livre (*Maîtrise du corps ou Unité retrouvée*). Il s'agit du regard-sentiment-pensée. Grâce à elle, vous traverserez les obstacles qui vont se dresser sur votre parcours. D'apprentis sorciers, titre que vous portez avec gloire, vous allez devenir des créateurs conscients. Cela suppose toutefois l'intégration des valeurs extérieures et intérieures, mais vous n'en êtes pas à ce stade actuellement. Afin que vos Créateurs participants vous acceptent et vous reconnaissent comme Créateurs, il est urgent pour vous de cesser de jouer aux apprentis sorciers.

Au moment où je transmets ces mots à ma partenaire, l'Amérique vient de vivre les attentats à New York et à Washington. Savez-vous que le président George Washington avait eu la vision de ces événements ? Il avait eu le privilège de voir les trois grandes étapes douloureuses de ce pays avant qu'il ne consente enfin à entrer dans la sagesse. La troisième, celle qui vient de débuter, plongera l'Amérique dans une crise de conscience de grande profondeur. Elle offre la possibilité de reconnaître ses erreurs passées et d'émettre des sentiments nobles au service des autres. Le fera-t-elle ? L'heure a sonné. Elle doit se prononcer ; son avenir dépend des heures présentes et proches. Espérons que l'orgueil et son besoin de supériorité ne l'emporteront pas.

Vous êtes des créateurs, et chacune de vos idées semences vous emmène dans des tourbillons de réactions. Les choix anciens sont dorénavant matures. Cette Terre va vivre un dilemme : l'arrivée des conséquences des vieux schémas d'idées en même temps que l'émergence d'embryons d'idées fraternelles. Votre humanité entre dans la période délicate et fragile que tout créateur a connue. Tendez-vous vers les nouvelles idées et, malgré les événements à traverser pendant ces dix ans à venir, accrochez-vous à votre vision élargie de la fraternité. Éloignez-vous du clivage religieux et des guérillas intestines. Tournez votre regard vers les hauteurs de l'Esprit, votre seul refuge tout au long de ce parcours chaotique. Ne revenez pas en arrière et luttez pour imposer votre nouvelle vision de la Vie. Seulement à ce moment-là, vous gagnerez votre noblesse d'âme, gage de votre ascension personnelle et de groupe. Cette Terre s'élève dans sa destinée.

Il y aura ceux qui refuseront d'élargir le concept humain et fraternel et ceux qui, au contraire et malgré les apparences, voudront encore élargir ce qui a été entrepris. La séparation aura lieu à ce moment également. Le tri annoncé se fera individuellement ou en groupe, au sein de la famille terrestre et de la famille sidérale. Vos choix vous orienteront vers les vibrations similaires. Si vous désirez mériter le titre de Créateurs conscients, dégagez les pensées et les actions correspondantes. Pour l'instant, vous faites partie du groupe de créateurs endormis. Ce qualificatif est attribué à tous ceux qui agissent sans utiliser les bases essentielles des Créateurs, c'est-à-dire la conscience, le discernement, la sagesse, l'amour et le respect de tous. Vous êtes encore tous des créateurs endormis ! Des Dieux endormis ! Des apprentis sorciers ! Votre potentiel créateur reste à l'état embryonnaire, sinon à peine dégauchi chez certains. Voilà pourquoi je passe tantôt des louanges et de la reconnaissance de votre divinité à la prudence et au souhait de votre réveil. Vous avez tout à

démontrer. La maîtrise demande une attention de chaque
instant. Or, vous la manifestez par à-coups avec, ici et là, de
grands moments de relâchement. Vous devez réduire ces
moments d'oubli et augmenter ceux qui sont reliés à la
conscience de votre état divin. Notre présence, de plus en plus
rapprochée de vous, permet de stimuler votre organe de
conscience. Elle aide à l'émergence définitive de votre
pouvoir créateur en incarnation. La trame des informations
transmises tend vers ce but suprême. Afin de vous faire une
place parmi nous, vous devez sortir de l'état comateux que
vous affichez. C'est lui qui incite deux de vos Créateurs à ne
pas changer d'attitude envers vous. Nous les comprenons.
Leur prudence devient honorable au regard de votre manifestation incarnée. Pourtant, tous vos sept Créateurs attendent
des réalisations inédites de votre part. Alors, engagez-vous,
pariez votre destin et conservez une attitude noble au cours
des événements à venir. Vous n'appréciez peut-être pas le
mot « pariez » ? Pourtant, au même titre que nous, vous êtes
joueurs. Sans cette ouverture d'esprit (le jeu en procure une),
vous n'auriez pas accepté dans les temps reculés de venir ici
dans l'épaisseur de l'Ombre et avec autant de voiles d'oubli.
Certes, vous aviez des épreuves à traverser pour gagner votre
titre de Créateurs conscients. Alors, aujourd'hui, vous êtes
placés devant l'épreuve. C'est maintenant. Vous n'avez plus
de temps pour vous préparer ; c'est l'heure de l'examen.
Allez-y, vous êtes prêts. Nous avons confiance en vous et
espérons que beaucoup de candidats l'emporteront.

La fraternité n'est pas un vain mot et on ne peut jouer
avec elle longtemps. Un jour, on doit émettre la lumière
correspondant à l'idée que l'on en a. Les épreuves, tests ou
examens ne servent à rien d'autre qu'à émettre une lumière
maîtrisée. Devenir, c'est être. Vous énoncez des mots et
émettez des embryons d'idées, alors il est temps de passer
aux actes, à la Lumière qualifiée. Les Maîtres d'information

et autres ne sont que des Créateurs ayant maîtrisé les rayons lumineux et sachant les diriger pour le bien de la communauté ; aucun désir égotiste ne les anime. Servir les autres exige l'oubli de soi. Vous qui êtes des apprentis maîtres, commencez à émettre la lumière accordée à vos pensées, à votre regard et à votre sentiment. Vous allez sortir des pièges que vous vous êtes tendus. Saurez-vous devenir des funambules, de façon à atteindre votre but suprême ? Aller plus haut nécessite d'emmener à la fois notre intérieur et notre extérieur. L'heure présente propose une élévation individuelle et de groupe ; dans les deux cas, le lieu qui vous accueille s'élève avec vous. Il est vrai que certains souhaitent quitter cette Terre et n'y jamais revenir. Pourtant, nos plus beaux espoirs résident en ceux qui espèrent améliorer l'état de cette planète. Nous, nous devons poser nos pieds sur votre sol. Aussi, un peu plus de lumière vous fera le plus grand bien et favorisera l'implantation des progrès du *Soleil Central*.

Ce vaisseau spatial que représente Urantia Gaïa sera un lieu de haute pensée évolutive. Il faut bien amener cela. Vous êtes les artisans de ce changement. Vous vivez des moments historiques à l'échelle planétaire, grâce à la possibilité d'une émergence de relations sociales alignées sur les sentiments nobles, et, à l'échelle extraplanétaire, avec l'affluence de relations interstellaires grâce auxquelles les sentiments nobles ouvriront les portes des hauts lieux d'échanges. Soit vous parvenez à extérioriser ces sentiments suprahumains et glissez alors dans l'exploration de la vie du cosmos aux côtés de navigateurs confirmés, soit le contraire se passe et vous êtes alors mis sous la tutelle totale de vos frères galactiques. Le choix sera aussi celui-là. Mais, attention, il n'y a plus moyen de tricher, car le jeu change de visage. Nous voulons un partenariat fraternel. Et vous ? Vous serez les grands créateurs de ces futurs échanges. Ne vous cachez pas derrière des mots et des sentiments frustrants. Je vous rassure, ce n'est pas notre famille qui vous imposerait une tutelle ; vous portez déjà dans vos flancs ces êtres assoiffés de pouvoir. Ils suffiront pour cet exercice. Nous attendons le moment adéquat pour inaugurer nos relations avec vous sur le plan physique.

En résumé, si vous parvenez rapidement à vous installer dans des sentiments nobles et à agir en conformité avec eux, nous pourrons venir rapidement. Si votre choix se porte sur les vieux schémas égotistes, vos visiteurs sortiront tout simplement de leurs bases souterraines construites par vous et, sur ce point, l'Amérique est une des plus grandes instigatrices. À vous de choisir la Lumière ou l'Ombre.

Si la Lumière de Vie vous tente, alors vous nous trouverez sur votre chemin. Nous portons les germes de Vie en relation avec la Lumière de Vie, ses Chartes et ses Lois. Notre erreur ancienne nous a permis de nous prononcer et de clarifier nos actions de manière à centrer notre être sur le but retenu et sa réalisation. Des Créateurs sont de retour vers vous, mais vous nourrissez secrètement une humanité friande de terreur qui vous offrira une technologie déshumanisée. Vous n'avez jamais été aussi prêts de perdre l'infinie notion de l'humain que vous avez pourtant obtenue avec beaucoup d'efforts. En bref, les heures futures seront divines ou robotisées et empreintes de terreur.

Plus que jamais, vos choix détermineront votre avenir.

NEUF

LES CONSÉQUENCES

Il est bon d'aborder les conséquences des émanations psychiques de votre humanité.

Les événements en cours sur votre Terre dégagent des vibrations très nocives non seulement pour vous-mêmes, mais également pour l'ensemble de la communauté. Comme vous agissez encore en enfants turbulents et irresponsables, la communauté galactique n'a pas d'autre choix que de se réunir et d'envisager des interventions. Avant de me rendre à une séance extraordinaire dont vous êtes à l'origine, je tenais à ouvrir ce chapitre. Les actes dits terroristes ont toutefois le mérite d'être pratiqués au grand jour. Bon nombre d'autres actes sont autant nocifs, mais ils se jouent dans l'ombre. Américains – malgré tout l'amour que j'éprouve pour vous et pour le reste du groupe humain –, je vous invite très sérieusement à regarder votre passé. Les actes d'aujourd'hui sont malheureusement le juste retour de vos attitudes anciennes. Nous n'avons aucune autorisation afin d'intervenir pour vous ou pour les organisateurs de ces violences. Par contre, nous aurons peut-être le droit d'influencer l'ensemble de ce corps communautaire dans le but de le diriger vers un peu plus de sagesse.

Pause.

Je reviens de cette séance extraordinaire. Les probabilités ne sont pas réjouissantes quant à votre avenir immédiat. Les velléités, dues à l'effondrement du sentiment d'impunité de cette grande nation, vont être le ferment d'autres actes difficiles. Ainsi, vous avez écarté des scènes apocalyptiques pour en vivre d'autres. Voyant les conséquences de tout cela sur l'ensemble de la fraternité communautaire, nos interventions équivaudront à des appels vous incitant à retrouver une attitude sereine et à comprendre pourquoi de telles scènes peuvent encore avoir lieu. Ces vibrations inharmonieuses partent en effet dans le cosmos et atteignent d'autres sphères de vie. La quarantaine de votre planète se terminant, nous et les autres humanités devons étudier la meilleure attitude à adopter dans le but de ne pas recevoir de plein fouet ces énergies perturbatrices.

Examinons la genèse de la création des États-Unis d'Amérique : les premiers colons ont initialisé une mémoire de conquête et d'appropriation de biens ne leur appartenant pas, et ce rail mémoriel se perpétue maintenant hors du territoire national. Se présenter avec une volonté de tout régenter entraîne des conséquences quand les autres intéressés ne reconnaissent pas cette autorité. Voilà pourquoi, aujourd'hui, les États américains vont se retrouver confrontés à tout ce qu'ils ont engendré depuis le début de leur création. À cela, je dirais qu'il n'y a ni bien ni mal en soi, mais simplement une nécessité de vider le sac mémoriel de leur naissance avant de découvrir leur identité. Une condition sera pourtant incontournable : la reconnaissance respectueuse de la légitimité de la Vie dans sa pluralité et des autres territoires mondiaux. On ne peut indéfiniment convoiter, puis instiguer des guérillas afin d'avoir accès aux biens d'autrui et autorité en la matière. Aujourd'hui, ce peuple devra répondre de ses erreurs passées et adopter de nouvelles attitudes.

Votre Terre, enfin ses habitants, aborde une phase où elle se présente devant son identité. L'humanité devra se tourner vers son passé, admettre son orgueil de conquérant et accepter de faire la paix entre chaque membre la constituant. L'acceptation de sa diversité d'expressions au sein de ses groupes deviendra la première marche solide d'une humanité unie et respectueuse. La deuxième marche vous amènera à abandonner tout désir égoïste enrichissant l'un des groupes au détriment des autres. Un gouvernement mondial pourra prendre naissance à ce moment-là. Avant cela, toute tentative ne serait qu'un pâle reflet d'une telle volonté et, surtout, cacherait un besoin d'imposer sa loi. Dans le même ordre d'idées, votre banque mondiale répond à un besoin très poussé de pouvoir et l'exerce avec fougue, imposant ses conditions et même ses lois à tous les gouvernements actuels. Le travail consistant à s'alléger de ses conditionnements antérieurs est la même trame pour un individu, un groupe, un pays et la totalité de l'humanité. Le retour conscient des énergies solaires oblige ce corps communautaire à entrer en période de travail. Une gestation et un accouchement se préparent. De cela découlera votre position au sein de la communauté stellaire, où chaque membre occupe une place et où sa voix est écoutée. Nous prenons d'ailleurs les conseils de chacun avec sérieux afin de maintenir l'harmonie collective. Au fil de la trame événementielle à venir, vous allez définir vous-mêmes votre position au sein du groupe confédéré. En ce moment, votre avenir immédiat n'est pas seulement en cause mais aussi votre grand avenir.

Vous allez redécouvrir toutes les lois interactives de la personnalité humaine, d'une planète comme entité divine, des quatre éléments Terre, Air, Eau et Feu, des minéraux, des végétaux, des animaux puis de votre environnement stellaire. Vous devrez apprendre à gérer vos sentiments de façon à respecter toutes les formes d'expression de la Vie, à vous couler à l'intérieur de ces personnalités divines et à vous défaire de vos airs supérieurs, attitude commune à toutes vos nations. La notion d'identité s'élargit, vos points de repère s'effondrent et toutes vos croyances actuelles vont peu à peu mourir, vous projetant devant l'inévitable : vous n'êtes pas la seule espèce vivante dans le grand sidéral et vous faites preuve d'une mentalité arriérée. Sans compter que votre comportement immédiat ressemble aux premiers pas d'un bébé belliqueux. Reprendre place en son centre et au centre des énergies divines exige une gymnastique de l'esprit. Mes frères et moi-même travaillons à faciliter votre réinsertion stellaire, tous les mots dirigés vers vous ayant pour but l'ouverture de chemins vierges d'idées préhumaines. Nous espérons bientôt vous dénommer Humains. Reste encore à voir si cela est votre souhait. Sept grands pas se profilent pour vous à l'horizon : l'ouverture de vos frontières planétaires, votre arrivée à l'aube de l'état humain, votre entrée dans la grande fraternité stellaire, votre prise de conscience d'être des Dieux, la proclamation de vos droits de Créateurs, vos échanges communautaires et votre grande exploration des champs vierges.

Dans l'intervalle, vous vivrez des moments de remise en question puis viendront les prises de position. L'émergence de la conscience du JE SUIS suscitera les actes en concordance avec tout cela. Le *Soleil Central* prend appui sur votre Terre ; bientôt, sa force lumineuse l'embrasera avec tous ses habitants. Deux possibilités s'offrent à lui : soit il retient sa puissance pour la faire passer graduellement, soit il la laisse affluer totalement d'un coup. La première option vous permettrait de franchir ces sept pas en douceur et en prenant beaucoup de temps. La seconde risquerait de vous précipiter dans une séquence de quelques années seulement. À ce jour, le *Soleil Central* ne nous a pas communiqué sa position. Quoi qu'il en soit, les soubresauts actuels sont dus à sa présence, vous sollicitant dans vos retranchements. L'Identité solaire devant émerger, vous seuls déterminerez si cela se passera avec douleur ou en douceur. La présence du *Soleil Central* au centre de votre Terre se révélera en même temps ; avec ce retour de conscience, sa force sera de nouveau active sur vous. Jusqu'à cette heure, ce Soleil n'agit qu'en voilant sa lumière. Par conséquent, son impact sur votre structure moléculaire est volontairement amoindri. En vue de vous autoriser à regagner vos attributs de créateurs, ces deux sources solaires doivent vous nourrir à parts égales. Toutefois, leurs influx resteront de nature subtile. Seul votre Soleil physique agit sur cette contrepartie humaine. Or, votre passage vous menant à la quatrième dimension, la force solaire doit être *trine* (j'emploie encore un terme nouveau afin de conserver à vos mots trinité ou trinitaire leur conception d'une idée sous-jacente). Votre corps, dans sa globalité, doit recevoir trois sources solaires ou trois pulsations électriques, sollicitant ainsi les trois circuits nerveux contenus dans votre corps aurique (dont un, bien connu dans votre corps physique). Votre cerveau répondra à ces trois influx nerveux et il restera la centrale de réception et de transmission de ces trois forces bien distinctes. Parallèlement, votre cœur harmonisera ces pulsions solaires. Votre corps ne réagira pas aux formes spiralées mais aux cercles. Bien que votre hélice d'ADN modifie sa configuration et devienne alors une suite parfaite de cercles alignés, elle restera une ligne transmettrice de la personnalité. Le reste des informations et des lignes géométriques contenues dans vos atomes (ainsi que le rapport entre elles) deviendront aussi circulaires. La friction entre chaque cercle sera la source de votre lumière atomique, celle qui est représentée autour de la tête des saints, par exemple. Je voudrais aussi vous signaler que cette friction atomique n'entraînera pas une montée de la température du corps, car celle-ci restera identique à celle d'aujourd'hui. Néanmoins, advenant le cas où un individu jouera à l'apprenti sorcier et induira une expérience hâtive de l'accélération atomique, l'Identité solaire se retournera contre lui. Le Feu solaire lâche à ce moment-là sa puissance non maîtrisée et détruit le corps concerné par une montée de chaleur. Il est recommandé d'agir par paliers avec ses guides, jamais seul. Cette force intelligente demeure au service de la Lumière solaire. Un individu incarné doit donc impérativement gravir les marches de son retour à la force solaire les unes après les autres.

Dans le cas présent, le décret du *Soleil Central* de reprise de la gérance de cette Terre accélérera le processus de cette maîtrise. Pourtant, vous ne pourrez pas échapper au fait de transformer votre identité géométrique personnelle de manière à la voir prendre la forme du cercle comme référence identitaire. Avez-vous remarqué que les Fleurs de Vie sont toutes construites avec des cercles plus ou moins élaborés ? Avez-vous songé que la réalisation de votre Terre répondra au schéma d'une Fleur de Vie ? Par déduction, les entités résidentielles de cette planète devront elles aussi émaner de cette Fleur de Vie qui, inutile de vous le rappeler, n'est toujours pas concrète et active sur cette sphère. La Fleur de Vie est un sceau d'Identité solaire. Votre recherche vous rapproche d'elle. Vous franchirez une étape décisive quand votre conscience acceptera et reconnaîtra votre Soleil interne. Les humanités intraterrestres vivent en résonance avec la Rosace de Vie. Chaque cercle de vie intraterrestre développe un des sept niveaux de conscience attachés à ce symbole solaire. Les formes géométriques délivreront leurs secrets afin de vous aider. Beaucoup d'enseignements seront transmis, faisant en sorte de favoriser l'intégration de cette somme d'informations nécessaires au retour du couronnement du cercle. Votre regard a-t-il retenu la similitude d'énergie entre le cercle de lumière représenté autour de la tête des saints, la couronne des rois, le cercle d'amis, etc. ? (Vos regards extérieur et intérieur bien sûr !)

L'intérieur de votre Terre est creux ; un Soleil y réside, permettant la vie comme sur la croûte extérieure de cette planète. Chaque humanité vit dans une des réalités physiques d'Urantia Gaïa. Suivant le cercle d'influence atomique, certaines peuvent avoir des relations directes et physiques avec le peuple extérieur, vous. Ainsi, parmi les survols d'ovnis, quelques-uns sont imputables aux intraterrestres. L'harmonie interne de votre sphère d'accueil subirait des interférences si ces êtres n'intervenaient pas dans votre évolution. Il n'est pas rare que les scientifiques internes surveillent les travaux des vôtres, les aidant même en laissant des formules dans la matrice des ordinateurs ou en envoyant l'un des leurs se fondre au sein de votre multitude. Certains occupent des postes importants dans votre société, contrôlant ainsi les progrès, en favorisant certains ou en écartant d'autres, mais en tenant toujours compte de votre degré d'ouverture d'esprit, de vos faiblesses, de vos points forts et du maintien de l'équilibre du centre de la Terre. Parfois, des documents disparaissent, étant jugés sortis trop tôt, pour réapparaître dans une séquence plus appropriée. Il est temps de trouver un point de rencontre conscient entre eux et vous. Seule votre volonté de développer un échange sain, fraternel et respectueux entre chaque ethnie concrétisera cette rencontre. Pourtant, les habitants de l'intérieur de la Terre n'ont jamais été aussi ouverts à une telle éventualité. Votre conscience sera touchée par des informations révélant autant la vie stellaire que la vie intraterrestre. Il est même possible que certaines portes d'accès du centre de la Terre s'ouvrent à quelques-uns d'entre vous afin qu'ils puissent témoigner de la réalité de leur existence. Votre grand visionnaire et prophète Jules Verne vous a préparés aux ouvertures de ces temps nouveaux. Rapidement et étrangement, vous pourriez éprouver comme une surdose d'informations, déstabilisant ainsi vos croyances établies et fragilisant vos tendances à vous accrocher aux lois actuelles. Cela pourrait être un formidable tremplin sauf si, à la dernière minute, au lieu de lâcher vos dernières attaches, vous vous fermiez à nouveau comme une

huître ! Nous ne perdons pas de vue cette éventualité. Nous
agissons toujours en équilibristes, incertains de vos réactions.
Les frontières s'ouvrent, laissant passer les influences ; votre
mentalité fermée devra réagir elle aussi. Le dedans et l'extérieur bougent. Si cela est une loi interactive, pouvez-vous
accepter que la même réaction régisse l'ensemble communautaire ? L'extérieur vous sollicite et vous invite à vous
ouvrir à toutes les influences ; il vous demande de jouer le
rôle d'intermédiaires auprès des forces intérieures. Le centre,
c'est aussi cela et pas uniquement votre centre intérieur. Les
deux plateaux de la balance représentant les forces du centre
doivent s'équilibrer. Les couloirs de l'espace vous amèneront
alors dans l'espace sidéral et dans l'espace de votre corps et
du centre de votre Terre. Votre ADN réagira également à cet
alignement mais, auparavant, vous devrez comprendre votre
rôle quant à l'harmonie de la communauté. Vos émanations
psychiques égotistes et votre envie de pouvoir dans sa forme
très négative modifient en permanence les marées du centre
de la Terre. De ce fait, ses habitants doivent continuellement
surveiller la force de leur habitacle. Vous avez été plongés
dans une grande isolation extérieure. Or, le même phénomène
a eu lieu dans la réalité et les frontières intérieures, vous
contraignant ainsi à évoluer dans un périmètre restreint. (Pour
ne pas vous entraîner vers la confusion, les flancs de la Terre
abritent un reliquat d'une humanité extra-terrestre ne faisant
pas partie des sept cercles de vie intraterrestres.)

Ces humanités intraterrestres émettent en permanence un
bouclier lumineux de protection. Ainsi, vos émanations ne
peuvent pas pénétrer leur intimité. Elles canalisent ces flots
dysharmonieux et les régulent de manière à éviter une trop
grande accumulation à la périphérie du bouclier protecteur.
Elles agissent de la même façon que la communauté stellaire.
Sans ces interventions extérieures et intérieures, vous seriez
déjà parvenus au seuil intolérable de l'implosion de cette

planète. En raison de votre extrême liberté et de l'exploration sans limites afin de créer de nouveaux germes d'expansion, bon nombre d'Êtres lumineux voient, incognito, à vous empêcher de commettre l'irréparable.

Aujourd'hui, vos continents entrent dans une période où leurs sacs mémoriels respectifs vont se vider. Les intraterrestres comme les extra-terrestres seront en alerte constante, prêts à intervenir dans l'ombre ou en plein jour afin d'éviter une catastrophe irrémédiable. Le *Soleil Central* nous a donné l'autorisation de pénétrer plus ouvertement votre espace en cas de gravité extrême. Certes, les frontières, internes comme externes, s'effritent mais avec une vigilance accrue. Pour nous, cela signifie une somme de travail considérable. Un jour, vous, habitants de cette planète, devrez reconnaître cela. Jusqu'ici, les interventions des deux mondes (intraterrestre et extra-terrestre) ont agi sur la matrice de l'Ombre, dans l'ombre. Nous commençons maintenant à rééquilibrer la matrice de la Lumière en pleine lumière. Voilà pourquoi votre espace sera pénétré par les deux mondes avant que vous ne les visitiez. Votre présence est donc installée dans un cercle de vie à la périphérie des mondes de Lumière et à celle des mondes souterrains.

L'infiniment grand, l'infiniment petit, vous connaissez ? Mis à part les scientifiques, peu de personnes se sont penchées sur ces données. Alors, gageons une grande surprise de la majorité des résidents de cette surface devant la découverte des cercles de vie. L'interpénétration des différents cercles de vie déjà existants constitue la plus grande et la plus complexe Fleur de Vie. Ce schéma est évolutif. Le cercle est la géométrie divine. Les autres formes géométriques sont contenues dans la vie du cercle et représentent une section de la Vie divine. Chacune répond à des lois strictes et à une mémoire fragmentée de la pensée du Grand Architecte. Chaque cercle de vie renferme toutes les formes géométriques. Les minéraux portent en eux ces desseins (et dessins) ainsi que les plantes et les fleurs. La Nature devient matrice vivante, mémoire et gardienne de la pensée primordiale de la création de ces figures.

Les intraterrestres articulent les ondes de force dégagées par ces configurations pour l'équilibre de la communauté. Ces humanités disposent donc d'un grand savoir géophysique au service du vaisseau spatial Urantia Gaïa. Quant à nous, nous utilisons les émanations lumineuses obtenues par les positions des planètes formant des structures géométriques, donc des forces. Votre astrologie et votre astronomie ont relevé la cartographie de votre environnement immédiat de planètes visibles. Les configurations dégagées par elles sont des forces au service de la matrice cosmique, et nous sommes autorisés à nous en servir afin de réguler les flots émotionnels engendrés par les humanités de ces lieux.

Nous employons toujours avec une sensation de grande dilatation aimante le nom de Grand Architecte. Effectivement, chaque fois, cela nous rappelle son grand dessein primordial. Redevenir conscients vous amènera à comprendre que, finalement, toute forme géométrique exprime la LOI. Vous retrouverez également la compréhension que vos émanations sont « l'eau » actionnant la Loi, soit les formes géométriques. Pouvez-vous maintenant cerner l'influence de toutes vos pensées, de vos actions et de vos sentiments sur les rouages mécaniques des configurations stellaires et internes ? Tout étant intimement lié ! Pouvez-vous aussi accepter l'idée selon laquelle la Pensée est une FORCE incommensurable capable de déplacer des planètes, isolément ou en groupe ? Pouvez-vous bien saisir que maîtrise et maître désignent l'état conscient dirigeant la loi ? Lorsque vous, habitants d'Urantia Gaïa, abondez en pensées, en sentiments vers les lieux de discorde et de violence, nous nous réunissons uniquement en vue d'envisager les conséquences sur l'harmonie de la géométrie sacrée et, par cela, de la Loi. Nous décidons des énergies à émettre afin de rééquilibrer ce à quoi vous portez préjudice et réaccordons nos interventions dans vos moules d'action (votre vie et votre lieu). La fluctuation permanente et impermanente de votre regard-sentiment-pensée sert de terrain innovateur certes, mais pour cela, un nombre considérable d'Êtres établis dans la Lumière doivent œuvrer en continuité pour contenir vos débordements velléitaires. Ainsi, par l'état de vos émanations présentes, plus que jamais votre Terre ressemble à une gigantesque poudrière prête à exploser. Comprenez-vous alors que, parfois, nous sommes alertés par vos comportements qui suscitent de notre part des réactions visant à garantir une paix à la communauté stellaire ?

Avant de vous accueillir dans nos rassemblements, la nécessité faisant office d'obligation, nous nous devons de vous fournir les bases rudimentaires des interréactions sur les mondes et les êtres vivants. Bien que nos données soient transmises par diverses sources ou communications par voie de channeling, aucune clé essentielle ne vous est livrée. Nous abordons seulement la périphérie des informations, et heureusement ! Au fur et à mesure de la démonstration de votre volonté d'engager des liens fraternels et respectueux entre vous, nous élargirons ce centre de données. Tout est juste. En attendant, et au même titre que les humanités intraterrestres, nous exercerons un contrôle permanent sur les boucliers de protection posés à la périphérie de votre cercle d'influence. À cela, j'ajoute qu'il y a deux zones de contrôle : la première entre vous et le secteur stellaire, la seconde entre vous et les mondes internes. Tout en reprenant conscience des lois géométriques et du fait que celles-ci représentent la base de toute interinfluence de pénétration des mondes, vous vous positionnez comme aspirants voyageurs stellaires. Pour l'instant, vous explorez la section limitée d'un secteur immédiat, sans avoir le pouvoir de pénétration des mondes habités.

Là aussi, nous exerçons un contrôle. Comme votre passé tumultueux s'avère très significatif quant à vos actions égotistes primaires, nous nous devons d'être prudents pour vous. Chaque pas évolutif de votre humanité, et qui se révèle être une clé d'ascension, entraîne par conséquent des réactions des humanités intraterretres et stellaires. La première humanité intraterrestre, ayant une structure biologique guère éloignée de la vôtre, intervient souvent et rapidement en envoyant des êtres occuper des postes majeurs. Ainsi, soit ils agrandissent les données existantes, soit ils les amènent volontairement dans des impasses. Très souvent, ce sont les secteurs scientifiques qui accueillent à leur insu ces visiteurs. Inutile de dire que le département des recherches atomiques fait l'objet de grandes surveillances, surtout depuis votre arrivée dans la fission de l'atome. Leur présence est renforcée dans les années actuelles par quelques êtres stellaires répondant à vos critères physiques. Je voudrais attirer votre attention sur un autre groupe d'entités agissant comme régulateurs au sein même de votre zone d'influence. Ces êtres ont atteint la pleine conscience des Êtres réalisés et ascensionnés, et y vivent. En vue de tempérer les voyages de vos émanations psychiques, ils résident sur votre sol sans distinction particulière ; leur travail très efficace consiste à éviter l'accumulation et la rencontre entre les différentes causes de ces émanations. Ainsi, tout en ayant une grande liberté, votre Terre est soutenue par des aides attentifs à ne pas la voir atteindre un seuil irréversible. Plusieurs groupes d'individus conscients demeurent sur votre sol et interviennent différemment. Certains conservent des mémoires, d'autres gardent les portes d'accès entre les mondes et d'autres encore protègent des documents. Votre humanité vit hors de la réalité des Lois Divines, de son passé et ainsi ignore son avenir, entretenant chez plusieurs la croyance du néant après la présente incarnation. Avec les changements à venir, toute votre humanité prendra conscience de sa croyance en de fausses valeurs. Ici, nous vous indiquons que le 14 août de l'année 2001, une spirale d'énergie est entrée en action afin de déloger et de détruire toute fausse valeur de vos modes de pensée et d'action. Cela étant, toutes vos créations vous éloignant de votre centre de pouvoir et de réalisation ont commencé à s'effondrer. Cela affecte autant votre manière de vivre que de penser. Les abus de pouvoir sont depuis touchés et anéantis. Je vous invite à observer tous les événements. Certains revêtent des apparences dramatiques. Nous voilà rendus à l'année 2002 qui entame avec vigueur l'égrenage des dix dernières années avant l'enregistrement final de tous les paramètres utiles aux évolutions des futurs mondes.

Après, la Loi Divine vous ramènera, avec ou sans douceur, en son sein. Vous ne posséderez plus autant de liberté ! Aujourd'hui, toutes les humanités tournées vers vous souhaitent votre retour rapide dans la conscience des influences de votre monde sur les leurs, car ceci leur occasionnera moins de travail d'harmonisation et moins de tension en vue de se protéger contre vous. Les conséquences existent bien entre les mondes. Notre erreur passée fut la source de votre révolte lointaine et encore présente à ces heures. Certes, elle a pris un autre visage, mais elle est au cœur de vos actions. Aussi, vos créations actuelles ne reposent nullement sur la volonté d'expanser la Vie pour le bien de la communauté. Le grand réveil vous placera devant cette conscience, comme vous vous retrouvez aujourd'hui confrontés à votre abus de pouvoir sur votre peuple. Malheureusement, les événements du 11 septembre survenus aux États-Unis risquent d'être le début d'une série si vos dirigeants n'accordent pas plus de valeur au « peuple ».

La base de cette humanité étouffe en raison de cette mainmise et se révolte à son tour, cherchant dans son inconscient des hommes, des femmes acceptant de créer des actions afin de déstabiliser et de détrôner les pouvoirs en place. Ou vos gouvernements politiques et religieux font une place respectueuse à l'humanité et lui accordent le droit de vivre et de penser décemment, ou le conflit perdurera dans le temps et sera douloureux. Vous entrez en crise d'identité et celle-ci risque d'être de grande envergure.

Aujourd'hui, vous devez prendre conscience que votre regard-sentiment-pensée génère des conséquences à l'échelle individuelle, collective, sur et à l'intérieur de la Terre, dans le système universel immédiat et les systèmes universels voisins. L'amour de la Vie, tel devrait être votre but. Dans la charge émotive soulevée présentement, la Vie vous incite à redéfinir votre pensée humaine et divine. Voilà où vos pas hésitants vous conduisent, vers des horizons nouveaux. Seulement, les leçons tirées des anciennes expériences seront des marches solides si vous en gardez la quintessence positive.

Les conséquences dépassent de loin votre entêtement actuel. Oui, vos frères de Lumière vivant hors de votre zone d'action (intraterrestre et extra-terrestre) sont vos amis et vous tendent leurs mains dans le but de vous hisser sur les hauteurs de l'Esprit. Bien sûr, il y aura des paliers à franchir, de façon à vous permettre d'intégrer progressivement les informations puis d'émettre les états d'être correspondants. Pourtant, bien que le choix primaire de rester ou de redescendre dans le noir total existe encore, nous voulons garder uniquement en nous les germes de lumière développés au siècle dernier. Ce XXIe siècle, lui, engendrera un éclatement de tous les points de repère cartésiens en fournissant des études scientifiques. Aujourd'hui, les probabilités nous livrent des informations. Gageons que votre avenir nous en livrera de plus lumineuses encore.

DIX

LES FRONTIÈRES À BANNIR

Les êtres au centre de la Terre ont une double origine. La première découle de vos anciennes civilisations et constitue trois cercles de vie. La seconde vient d'anciens visiteurs stellaires ayant adopté ce sol et travaillant à l'harmonisation de tous les lieux d'accueil de la Vie ; ils forment les quatre autres niveaux internes. À leur arrivée au centre de la Terre, tous avaient un point en commun : ils avaient quitté la surface extérieure afin de conserver le savoir de la Vie universelle. Cependant, ils n'ont pas tous pénétrer le centre de cette sphère en même temps. De grands intervalles se sont écoulés entre chaque période de repli, d'éloignement des civilisations décadentes de ces époques. Ainsi, cette pénétration étalée a favorisé l'installation de ces groupes dans cette zone vierge de vie humaine. L'adaptation dans ce milieu a nécessité des mutations atomiques et, progressivement, ces êtres sont devenus invisibles aux yeux des humanités extérieures ; seules les deux dernières venues répondent encore à votre fréquence vibratoire. De leur plein gré, ils ont souhaité rester assez proches de vous afin de garder la possibilité d'entrer dans votre espace d'évolution et d'intervenir si nécessaire dans le cours de votre développement. Par contre, les sept cercles se rencontrent les uns les autres, de manière à échanger leurs sentiments à votre propos et à maintenir ainsi un seuil d'harmonie tenant éloignées les perturbations de leur centre de vie. Au fil du temps, chaque groupe a développé une spécificité et l'a mise à la disposition du Soleil. De façon à demeurer à l'intérieur de la Terre sans visiteurs provenant de la surface, il fut décidé que toutes les portes d'accès aux mondes souterrains seraient défendues par des gardiens. Ceux-ci font partie de l'humanité, de groupes ethniques. Plusieurs portes d'accès sont disséminées à la surface de cette Terre. Dernièrement, vos satellites et vos astronomes ont pu constater la dilatation des pôles qui sont parmi les entrées des mondes internes. Celles-ci sont plus spectaculaires, car pulsatrices, les autres étant permanentes et bien cachées. Il est intéressant aussi de savoir que chaque entrée donne sur un secteur différent du monde souterrain.

Le Cœur de Jade bat avec la radiance des sept cercles de vie. Les fondateurs de vos religions, pour la plupart, se sont retirés au centre de la Terre afin de continuer à être plus proches des autorités religieuses[8]. Certes, ce ne sont pas eux qui prennent directement contact avec vos dirigeants. Afin d'intervenir parfois dans leur création religieuse, un groupe a été retenu dans le deuxième cercle de vie, très proche de vous. Ainsi, après chaque échange du Cœur de Jade, des émissaires sont envoyés en vue de donner des impulsions visant à desserrer l'étau posé par vos chefs religieux. Ce Cœur de Jade est la mémoire vivante de la mémoire ancestrale solaire.

Vos prophètes ne furent pas tous nés dans des familles résidant sur Urantia Gaïa. Certains, sinon la majorité, sont issus de groupes extra-terrestres descendant du groupe des Confédérés de ce Super-Univers.

---

8. Il est bien clair que les fondateurs de vos religions ne sont pas les mêmes que ceux qui ont maintenu votre personnalité sous un joug aliénant. Ces fondateurs ont créé une voie expérimentale pour développer une idée d'approche de la réalité cosmique. Dans la continuité de ce travail, ils sont descendus au centre de la Terre afin de rester relativement près de la surface et de sa réalité pour insuffler régulièrement une énergie afin de guider les explorateurs de cette voie et, le temps venu, pour sortir de celle-ci. Régulièrement, ils essaient d'amener le corps religieux dit responsable et les dirigeants d'une religion à retrouver le premier Souffle de la voie proposée.

Ici, je vais profiter de l'occasion qui m'est offerte pour vous dire ceci : « Tous vos dieux et déesses mythologiques furent des visiteurs de l'espace en mission temporaire sur votre sol. » Leur histoire demeure encore vivante dans vos livres en ce qui a trait à leurs manifestations passées. Votre mémoire présente range ces existences anciennes dans une catégorie que vous appelez ironiquement mythe. Si votre mémoire ancestrale conserve le souvenir plus précis de ces dieux et déesses, elle n'a pas retenu tous les êtres vivant autour d'eux et en provenance des mêmes étoiles. Chaque grande épopée accompagnant les humanités a vu atterrir les vaisseaux voyageurs que vous désignez actuellement par le mot *ovnis*.

À ce sujet, il y a fort longtemps que votre Terre n'accueille plus de visiteurs de l'espace consciemment et en instituant des échanges. Vous vous apprêtez toutefois à renouer avec une de ces époques. Les précédentes ont d'abord connu une phase d'essor entre les intéressés, puis une autre de dissension entraînant enfin un repli des visiteurs stellaires. Le dernier repli fut à l'origine de la décision de la pose des cercles d'isolement. Le départ de chaque vague de visiteurs a aussi entraîné une période de décadence de l'humanité résidente. Sur l'Atlantide, ce fut l'amorce de la disparition physique de cette portion de terre et de la décision d'une partie de ses habitants d'entrer dans les entrailles de cette planète. La dernière civilisation à adopter la même attitude fut, du temps de l'Égypte, au faîte de son histoire. Actuellement, vous n'en étudiez que la phase décadente ; les pharaons installés dans l'aisance des communications et des échanges entre le ciel et la Terre n'ont pas laissé de traces.

Régulièrement, nos amis intraterrestres viennent visiter certains sites géographiques de votre surface. Des sites stratégiques ayant une influence entre les points d'entrée des mondes subtils et les vôtres, ajoutant des signes afin de vous engager dans une recherche précise. C'est ainsi que vous trouvez de nouveaux endroits marqués de pictogrammes dits anciens. Au fil de ces traces laissées volontairement, ils vous content l'histoire de vos civilisations anciennes. Pour entrer en communication avec vous, ils recourent à la télépathie, à l'intégration des leurs dans votre société, à des échanges avec les gardiens des portes d'accès et à des inscriptions dans et sur votre sol. La télépathie étant en fait employée pour ensemencer d'enseignements vos matrices subtiles, rares sont ceux qui entrent en contact direct par ce biais. En tout cas, c'est un privilège certain, car user de ce mode de communication avec eux ne peut avoir lieu que dans les moments exceptionnels. Ces civilisations attendent toujours l'arrivée de la conscience de l'humanité résidente sur le cercle normal de la conscience humaine[9]. Vous êtes toujours intégrés au schéma des civilisations décadentes et encore sur ce cercle d'identification puisque votre esprit réagit par des pulsions plus basses que celles des mondes animal et végétal. Vos derniers efforts signalent le début de votre retour dans le cercle d'identification du monde humain. Aujourd'hui encore, les Urantiens ne peuvent prétendre à ce titre malgré leur divinité certaine ! Ironie des contrastes ! Cette quarantaine mise en place vous sert également de révélateur. Sans elle, vous ne seriez pas aujourd'hui aussi prêts de reconnaître votre filiation dans les troubles créés pour d'autres buts[10]. Rarement, nous pouvons autant constater la profonde sagesse du Grand Créateur de laisser une partie de ses enfants engendrer des minirébellions au sein d'un univers réservé à

---

9. Le cercle normal de la conscience humaine correspond à des normes et à des données précises. Votre cercle de conscience en mouvement est en dessous de cette norme.

10. Des buts d'éloignement de votre reconnaissance d'enfants solaires, de votre couronnement et, par conséquent, du couronnement de la Terre.

l'exploration de celles-ci et de leurs contrastes. Je m'explique : de petits groupes, volontaires pour vivre de telles expériences, se sont révoltés contre l'idée idéale de la reconnaissance des contrastes – révolte ou obéissance –, créant des tourbillons déstabilisants à l'intérieur de ces espaces retenus. Ces tourbillons sont toujours actifs et entraînent les êtres rencontrés sur leur passage. Ainsi, ces passages d'énergie non rattachée à l'idée primaire d'exploration de la révolte ou de l'obéissance deviennent-ils des fertilisants pour les entités mal ancrées dans leur volonté de servir l'un ou l'autre des deux pôles. Ces êtres sont imprévisibles dans leurs réactions tant physiques qu'émotionnelles. Nous pouvons dire que des êtres s'insurgent contre la matrice d'étude *révolte/obéissance*, se retournant contre leur Créateur en refusant de jouer le jeu retenu dans ce secteur spatial. Ils ne sont ni révoltés ni obéissants mais se présentent pourtant comme des révoltés ! Cette situation ambiguë génère de nouveaux terrains de reconnaissance d'identité. Afin d'éclaircir ce concept, vous pouvez le résumer en ces mots : il y a des êtres qui refusent de jouer le rôle de révoltés ou celui d'êtres obéissants. Vous pouvez classer deux des humanités intraterrestres dans cette catégorie.

Ainsi, vos sept cercles de vie intraterrestres abritent cinq groupes souhaitant initialement conserver le savoir universel (un groupe appartenant à la famille résidentielle de la surface de cette planète, quatre autres étant issus d'humanités extraterrestres reliées à certains groupes de vos anciens dieux et déesses mythiques) et deux groupes terrestres refusant d'entrer dans le jeu contrasté de révolte/obéissance. Ne vous y trompez pas, ces deux cercles de vie sont à l'origine d'une autre approche de la reconnaissance de la filiation divine et de la proclamation de cette identité. Il reste seulement à vider les réservoirs d'énergie liés à leur travail. Votre humanité actuelle aura la lourde responsabilité de cette tâche, car elle sera la première bénéficiaire de ce travail. Dès lors, les perturbations dues au changement de la grille magnétique seront amplifiées afin d'assurer cette épuration. Depuis peu, nous enregistrons l'amorce importante de l'ouverture d'un sac mémoriel lié à cette mémoire ancienne, et ceci nous plonge dans une vigilance accrue. Notre attention est retenue de manière à diriger nos énergies pour vous apporter toute l'aide nécessaire durant ce travail. Ce sont là des moments historiques pour votre humanité. Plusieurs points sont abordés : la position de chacun (rester ou partir) à l'intérieur des groupes à constituer, la fin du test en 2012, l'ouverture des frontières spatiales, le retour de votre Identité solaire, la rencontre avec d'autres humanités, la possibilité de siéger dans le groupe de Confédérés, la création des écoles pilotes sur votre Terre, l'ouverture de votre bibliothèque aux autres intelligences, l'épuration de vieilles mémoires encombrant depuis des millénaires l'éther de votre Terre et, surtout, la proclamation de votre Terre dans sa réalisation future et ses interventions dans les mondes à venir. Jamais, au grand jamais autant de points n'ont convergé en même temps sur aucune terre habitée. À cette lecture, prenez-vous conscience de l'importance des heures présentement vécues ? Vos chercheurs scientifiques et vos astronomes sont à la veille de grandes découvertes liées à ce potentiel. Les réactions enregistrées au sein de votre regard-sentiment-pensée laissent entrevoir l'émergence d'un nouvel état citoyen plus ouvert. Vos événements actuels travaillent aussi à vous repositionner en tant qu'habitants de cette Terre et non plus seulement de telle ou telle ville, tel village, tel département ou secteur géographique restreint de la planète. Vos lois, vos gouvernements vont élargir leur conception limitée et accepter d'introduire la notion de citoyen d'Urantia Gaïa. L'humanité devra poursuivre ses efforts en privilégiant, dans un premier temps, la reconnaissance du biotope de ce milieu naturel puis intégrer l'homme à l'intérieur de cette sphère de vie. N'oubliez pas ceci : à chaque cercle franchi extérieurement, vous devez rééquilibrer le cercle intérieur en fournissant le même effort. C'est pourquoi, avec le retour de la conscience de la vie extra-terrestre, vous devez intégrer aussi la vie intra-terrestre, car c'est ainsi que vous trouverez votre vraie place dans la chaîne de la Vie. Vous pourrez d'ailleurs comprendre la loi suivante : on peut vivre *dans* une cellule de vie, mais aussi *autour* de celle-ci et *sur* elle. Une planète en est une ; tout événement, toute action ou pensée participe de cette loi. Vous pouvez alors employer les mots nébulosité, superficialité et pénétration, qui reflètent la profondeur de cette loi. Comme vous le constatez, trois notions ressortent de tout cela, indiquant le monde trinaire dans lequel vous vivez. Bientôt, une nouvelle approche de ce mode de mouvement s'ouvrira à votre exploration. Pour l'instant, intégrez ces trois manières d'aborder la Vie. Beaucoup d'entre vous commencent à « poser leurs pieds sur la Terre ». Jusqu'à maintenant, très peu l'ont fait, préférant rester dans la zone nébuleuse de l'esprit de la Terre. Voilà pourquoi vous prenez peu à peu conscience que cette sphère est un être vivant ayant ses lois interactives. Tout désordre entraîne des conséquences sur l'ensemble planétaire interne et externe. Nous insisterons encore sur l'interpénétration de ces trois modes de vie par la zone intermédiaire, en l'occurrence vous. Votre responsabilité est grande. Seule cette prise de conscience évolue, car, pour le reste, rien n'a changé dans l'immédiat.

Afin de vous aider à intégrer ces mondes intra et extra-planétaires, des rencontres sont prévues à cet effet. Ne vous étonnez pas de la publication éventuelle de livres relatant celles-ci. Les mots, c'est bien ; les actes, c'est encore mieux ! Comme une partie de cette humanité travaillera à construire une harmonisation entre nos trois mondes, les échanges doivent s'installer non pas officieusement, mais officiellement, la première approche conduisant à la seconde. Cet événement occasionnera de grands remous dans vos sociétés. Les gouvernements ont bien du mal à cacher leurs relations avec une humanité extra-terrestre éloignée de son centre d'amour. Ils seront confrontés à l'explosion de leur silence et aux dialogues avec d'autres formes de vie. Gageons que vos chefs nationaux passeront des nuits d'insomnie et se feront des cheveux blancs, leur crédibilité étant détruite ! Une période très instable s'annonce désormais dans le monde émotionnel.

Si les États-Unis ne changent pas d'attitude guerrière et continuent à imposer leur supériorité, ils vivront des instants très difficiles. Ils risquent même de se retrouver seuls, sans aucune oreille attentive pour les écouter. Rassurez-vous, je n'ai rien contre ce pays ; il se trouve simplement qu'il cristallise tous les vieux instincts. Et ces réactions risquent d'être encore amplifiées par un adversaire aussi déterminé et prêt à recourir aux mêmes armes pour démontrer sa ferme détermination à vivre sur son propre sol selon ses aspirations. Votre planète offre une diversité d'expressions qui perdurera dans le temps. Vous êtes présentement devant la nécessité de cette reconnaissance. *Un état gouvernemental mondial deviendra viable le jour où cette pluralité sera acceptée dans sa totalité et envisagée comme richesse.* Alors, vous verrez siéger à une table commune tous les représentants de cette multitude. Le gouvernement mondial, tel que nous l'entendons, pourra alors voir le jour. Quand le respect de la Vie circulera sur toute la surface du globe terrestre, vous pourrez envisager une monnaie unique. Vos tentatives actuelles de mondialisation sont basées sur le profit et le servage de l'humanité accompagné d'une nouvelle forme d'esclavage. Celui-ci n'est pas physique (bien que…) mais émotionnel et financier. Avant la fin de ce demi-siècle, tous les travers de personnalité vont exploser, montrant l'horreur totale de la perversion humaine.

Oui, l'année 2012 représente une date importante. Avant celle-ci, vous avez tout loisir d'attitudes ; après, il vous faudra réintégrer les valeurs sociales communautaires de cette section spatiale, votre Super-Univers. La périphérie du cercle atomique présent doit émettre les valeurs divines vers le cœur atomique de la Création. Votre présence à cette extrémité stellaire ne vous laisse aucun choix ; vous devez à tout prix intégrer les attitudes divines puis les rayonner autour de vous. Alors, le retour des échanges entre le *autour*, le *sur* et le *dedans* d'une cellule de vie favorisera l'ancrage de votre Identité divine et solaire. Le pôle Ombre a été vécu par votre humanité, qui se propulse désormais dans la partie Lumière puis s'installera dans la Lumière de Vie.

Laissez-moi ici vous préciser ceci : au fur et à mesure que vous franchirez intérieurement les cercles de compréhension, votre corps physique se rapprochera du rayonnement atomique des cercles de vie intraterrestre et solaire. Ce qui était jusque-là invisible à vos yeux humains deviendra alors visible. Cela aussi sera source de contrariétés puisque vous découvrirez à ce moment que d'autres entités vivent depuis fort longtemps en même temps que vous ; que vous partagez déjà la surface extérieure avec d'autres groupes de vie. Vous qui pensiez être les seuls dans l'immensité stellaire ! Vous devrez accepter de partager votre espace avec d'autres. Vous ne pourrez plus revendiquer la possession de cette terre. Les frontières tomberont. Plusieurs mondes s'ouvriront : l'intérieur de la Terre avec ses sept cercles de vie, la surface avec ses différents mondes, le vôtre correspondant à la vibration la plus lourde, et, enfin, l'extérieur d'Urantia Gaïa avec sa multitude d'expressions. Je vous conseille alors de reconnaître vos propres frontières de personnalité (émotionnelle, mentale et autre) et de vous engager dans la fluidité de la Vie. La plus grande surprise sera le constat suivant : vous étiez les seuls à ignorer la présence des autres et à ne pas respecter leur environnement. Vous étiez devenus des spécialistes dans la destruction. Toutefois, par rapport à ce dernier élément, il vous reste encore une marge d'action, heureusement non franchie ! En somme, malgré vos prouesses indéniables, vous agissez encore avec vos pulsions les plus lourdes. Il devient nécessaire pour vous de réduire les écarts entre celles-ci et vos émissions les plus lumineuses. Le juste milieu en toute action signale l'émergence du point de rencontre avec la sagesse divine. De la sorte, la Vie vous attend non pas sur les hauteurs de l'Esprit mais bien dans vos gestes quotidiens, dans vos rencontres à venir. Si vous n'avez pas assez travaillé votre paix, nul doute que vos frontières personnelles seront un grand handicap. L'émergence de la pluralité de ces mondes vous sollicitera dans la plus infime partie de votre être. La Vie vous propose un grand balayage dans votre monde conceptuel. Vous qui lisez ces lignes êtes nombreux à être dérangés par cette somme d'informations, et cela est bien. Ici, avec notre clarté des événements à venir, nous sommes devant une nécessité : vous bousculer de façon à vous pré-parer à vivre au mieux ce qui s'en vient. Notre conscience et notre pénétration du passé, du présent et de l'avenir nous sollicitent en permanence. Impossible alors de ne pas réagir ou intervenir quand cela s'impose. Pourtant, nous respectons chaque loi solaire de tous les secteurs de vie. Sur votre monde, la principale loi est le libre choix. Aussi, prenons-nous en compte ces paramètres dans nos actions. Bien que cette liberté d'expression ne soit pas remise en cause, vos moules de vie deviennent caducs au regard des aventures que le *Soleil Central* vous demande de vivre à présent. En effet, comment pourrait-on aller de l'avant en gardant bien ancrés les vieux schémas réactifs ? Vous devez autant ouvrir vos portes intérieures qu'extérieures et regarder les paysages existants au-delà de vos croyances. Jusqu'ici, vous viviez dans le monde des suppositions. Or, vous voilà dorénavant propulsés dans le monde des réalités. Le choc sera au rendez-vous de chacun si vous maintenez toutes vos restrictions sur le mode d'interpénétration de la Vie *dans* la Vie, *sur* la Vie et *autour* de la Vie.

Dans le ventre de votre Terre demeurent sept cercles de vie lumineux. Seule une humanité s'étant égarée dans la supertechnologie, oubliant son centre d'amour, a établi des bases souterraines dans la croûte terrestre de votre planète, soit très près de votre monde évolutif. Quand la vérité éclatera au grand jour, ne confondez pas alors tout cela avec les civilisations du centre de votre Terre qui, elles, ne vivent que pour l'Amour divin et ses lois d'harmonie. Votre technologie et tous les progrès de ces dernières cinquante années proviennent de cette humanité rescapée de sa propre terre d'accueil. Ces êtres continuent à fonctionner d'après leur mode de vie conceptuel, reproduisant les schémas à l'origine de la destruction de leur planète. Maintenant, je vous avertis encore une fois : vous allez devoir observer un éventail de supports de Vie, certains lumineux, d'autres plutôt gris sinon noirs. Dans votre déniement, vous avez voilé votre l'esprit de manière à ne pas vous remettre en cause et à continuer à faire confiance à une élite se proclamant esprit directeur. Heureusement, au siècle dernier, une poignée d'hommes et de femmes a secoué ce joug pour faire réagir l'ensemble de l'humanité. Si nous pouvons vous dire que vous avez effectué un bon travail, celui qui se présente aujourd'hui est de taille. Aussi, ne vous endormez pas. Vous qui commencez à vous réveiller et à solliciter vos frères et sœurs, vous devrez faire preuve de lucidité au cours des événements se profilant. En effet, vous risquez d'être confrontés à toutes ces réalités de vie en même temps. Le discernement sera obligatoire, vos gouvernements risquant de vous imposer comme une grande bénédiction la sortie au grand jour de cette humanité rescapée et logée dans la première couche terrestre, rejetant et fustigeant ainsi les autres arrivants. À vous de parler, de comprendre et, une fois encore, de faire place à la Vie solaire et plurielle. Le langage du cœur sera le seul point de repère efficace. Les grandes promesses seront peut-être, quant à elles, l'égarement souhaité par vos dirigeants et ces êtres à la recherche du pouvoir. Bien que nos mots viseront à vous affranchir et à vous rendre votre liberté suprême, nous nous devons de vous avertir que vous êtes très près de la perdre, et cette fois-ci sur votre grand cercle d'expression. Vous avez été prisonniers sur votre planète d'un gouvernement occulte ; vous pourriez l'être maintenant par votre élite, sans qu'elle s'en cache. Les cercles de vie en service et amoureux de la Vie sont tous attentifs à cela, sachant que si une telle période s'amorçait, vous devriez alors rassembler toutes vos forces en vue de l'avènement de votre liberté sous toutes ses formes. Il est donc encore possible de voir parmi vos autorités un égarement dû à la confusion entre abus de pouvoir et responsabilité. Aussi, nul doute que vos humanités intra-terrestres s'impliqueront encore un peu plus dans votre société afin d'agir à la fois dans l'ombre et en pleine lumière.

En attendant l'explosion de vos limites conceptuelles de la Vie, un laps de temps court, certes, sera le théâtre d'une rare intensité. Soyez attentifs à tous les événements éclatant sur la surface de la Terre. Observez les luttes d'intérêts ; elles vous livreront des informations sur les enjeux secrets de vos gouvernements. Les déniements et les invitations subjectives contenus dans les médias ou les discours de vos dirigeants deviendront une source très éducative ayant trait à une réalité savamment cachée.

Je vous demande de vivre en accord avec vos certitudes intérieures et de vous engager dans le travail visant à recon-naître toutes les barrières mentales érigées par vos sentiments et à faire de la place pour vivre en pleine fraternité avec la Vie. Je vous invite surtout au discernement afin de ne pas être trompés au cours des luttes intestines de vos gouvernements, de garder à l'esprit que l'Ombre/Lumière est une matrice active dans les Univers et que le plus grand danger se situe déjà au sein de la duperie gouvernementale d'Urantia Gaïa. Ainsi, vous pouvez vous préparer sereinement à tout ce qui se présente à vous afin de l'étudier avec objectivité, en sachant que votre couronnement ne peut avoir lieu que par vos actes, vos pensées et vos affirmations.

Les formes d'évolution extra ou intraterrestres peuvent vous servir de modèles. Dans tous les cas, aucune d'entre elles ne recevra le droit d'amputer votre liberté. À cela, vous reconnaîtrez celles qui sont enclines au service du *Soleil Central* et les autres, amnésiques quant à leur Identité solaire et à la fraternité. N'oubliez jamais ! la vie entre les humanités d'origines diverses commencera ici, sur votre Terre. Afin que chacune trouve la paix, elles devront toutes se côtoyer dans le respect et avec fraternité. Si l'une d'entre elles voulait dominer les autres, alors la volonté du Grand Constructeur ne serait pas respectée. Bien que vous apprendrez à vivre dans la multitude des formes de vie, votre humanité restera le pôle dirigeant de cette planète. N'acceptez aucune domination.

Reconnaître la Vie dans sa grandeur ne veut pas dire devenir les esclaves de la pluralité. L'échange deviendra le moteur des futures réalisations communes. Quoi qu'il en soit, vous êtes l'humanité résidente et en charge des responsabilités gouvernementales d'Urantia Gaïa. Une autre sollicitation se prépare pour vos études de maîtrise, soit l'abolition des frontières sous toutes leurs formes. Ce sera là un test décisif.

Préparez-vous et, pour cela, seul l'ancrage dans la conscience d'être responsables de l'harmonie planétaire d'Urantia Gaïa vous servira pleinement. Attention aux pièges de l'affectivité qui pourraient vous pousser à accepter béatement toutes les idées des futurs visiteurs. N'oubliez pas :

vous êtes urantiens et allez accueillir des voyageurs ; ceux-ci resteront les visiteurs et, vous, les résidents responsables du devenir d'Urantia Gaïa.

RESPONSABILITÉ NUCLÉAIRE

Oui, la joie de vivre vous manque. Vous émettez des flamm-mèches troubles traduisant un mal-être, vous vous agitez, créant et « décréant » sans cesse vos idées. Vous êtes perdus dans un brouillard de sentiments contradictoires vous éloignant régulièrement de votre centre. Cette humanité se cherche dans une trame extérieure à elle-même, imposant ses conceptions sans intégrer la réalité. Or, voici qu'elle se retrouve confrontée à l'intensité de la profondeur de la Vie. Ce retour de conscience va pointer les barrières posées que celle-ci croit infranchissables. Comprendre la superficialité de ces concepts en vigueur sera un choc sans précédent dans son évolution. Aussi, tous les « *docteurs* » viennent aujourd'hui à votre chevet afin de vous assister pour ce pas où vous perdez vos points de repère sans pouvoir en créer d'autres. Votre humanité doit simplement accepter l'immensité des voies d'exploration et les utiliser. Ces mots dirigés vers vous sont un remède proposé à votre conscience. Bientôt, leur reconnaissance concrète éliminera vos doutes, laissant place à la certitude à partir de laquelle vous aurez le plaisir de retrouver la joie d'être les enfants de la Vie, à son service et à celui de vos frères et sœurs. La navigation entre les mondes annonce le retour de votre fluidité. Pour cela, votre lumière doit se stabiliser sur une expression plus élevée afin d'identifier votre retour dans l'état christique. Cette qualité lumineuse représente votre demeure, l'intégration dans l'Identité solaire, l'état d'Amour divin et de la sagesse primordiale.

Bientôt, des entités fouleront votre sol afin d'être le

rappel vivant de votre origine. Ainsi, vous serez invités à redevenir ce que vous étiez avant de vous engager sur une voie d'exploration très éloignée de votre archétype initial. De manière à vous préparer aux différents degrés de manifestation de cet état, nous vous mettons peu à peu en garde contre la réalité suivante : toutes les humanités vivant sur les mondes finis ne sont pas installées dans leur centre d'amour. Elles sont, comme vous, à la recherche du chemin les ramenant à cette identité. Votre planète devient école pilote. Aussi, ses habitants doivent-ils rapidement passer leur maîtrise afin de recevoir, de guider et d'instruire ensuite ces élèves à la recherche d'eux-mêmes.

Les Lois solaires naviguent vers vous et vous allez les ancrer. Durant les étapes à venir, vous ferez de grandes découvertes sur votre Soleil physique et vous vous apercevrez que vos idées actuelles sont du même ordre que l'idée émise au Moyen Âge voulant que la Terre était plate ! Vos scientifiques devront reconnaître qu'ils sont tout juste arrivés à l'aube de découvrir les lois fondamentales. Jusqu'ici, ils ont déblayé le fatras de leur conception de la Vie. Si, enfin, ils acceptent cela, de grands pas seront franchis dans le monde de la création. Votre Soleil n'est peut-être pas ce que vous voyez. La chaîne solaire est aussi un lieu de vie ayant des constructions aussi solides que vos bâtiments. J'insiste en revenant régulièrement sur certains sujets afin de procéder à des ouvertures dans vos modes de réflexion. Dans cette chaîne résident toutes les grandes portes des mystères. En vous intégrant dans l'Identité solaire, vous retrouverez toutes ces portes et leurs trésors. Vos scientifiques y découvriront de nombreux sujets d'études, dont le fait qu'il y a plusieurs forces et formes atomiques, vos centrales nucléaires étant une de ces représentations. Actuellement, vous vivez en exploitant une forme dense et à haut pouvoir destructeur. Dans l'avenir, vous pourrez expérimenter d'autres noyaux atomiques moins agressifs pour la vie humaine. La Force solaire est aussi une force atomique nucléaire.

À propos d'énergie nucléaire, il est bon de connaître les dégâts occasionnés par vos essais sur et dans la croûte terrestre. Vos études ont modifié les structures géométriques des noyaux atomiques, induisant des mutations nucléaires dans le mouvement spiralé de la Vie. Ceci entraînera des perturbations dans tous les secteurs d'ordre minéral, végétal, animal et humain. Parfois, en cours d'évolution, de tels incidents deviennent favorables mais, en ce qui vous concerne, vous avez réveillé des forces méconnues de vous et que vous ne pouvez donc contrôler. Selon vos scientifiques, cela n'entraîne pas de modifications sur le noyau de la Vie, mais ce raisonnement est totalement faux. Les années à venir vous le démontreront.

Les familles résidant au centre d'Urantia Gaïa ont dû travailler pour minimiser les réactions en chaîne qui en ont découlé. Certaines de ces réactions sont contenues jusqu'au moment où votre connaissance des lois fondamentales vous permettra d'agir, limitant les perturbations. Car, il s'agit uniquement de contenir ou de dévier les forces et, éventuellement, de s'en servir de façon à instaurer un nouvel équilibre. Allègrement, vos scientifiques transgressent les lois propres aux groupes de vie.

Les essais nucléaires émettent une onde de choc bouleversant l'ordonnancement des créations solaires initiales. La cellule atomique génératrice de la Vie sur cette planète est ainsi atteinte, sa forme géométrique indique désormais une réaction désordonnée et oscille en créant des mini-ondes sismiques que la matrice de ce lieu de vie enregistre et reproduit à grande échelle. Dans les années qui viennent, un grand nombre de tremblements de terre et d'éruptions volcaniques seront imputables uniquement à vos essais nucléaires. Votre Terre était prête à entrer dans une période d'accalmie géophysique, mais par vos études atomiques, vous l'avez repoussée et avez enclenché un redoublement d'activités. Bien des morts dans ces futurs événements seront dues à votre irresponsabilité. DIEU n'est pas en colère ; vous avez détraqué l'horloge biologique de l'Être vivant, Urantia Gaïa, votre Terre.

Vos tentatives ne s'inscrivent nullement dans la force solaire. D'autres expériences sont en train de déstructurer la cellule protectrice placée autour de votre zone de vie. Non contents de détruire l'équilibre physique, vous portez aujourd'hui atteinte à l'éther de votre sphère. Cette gangrène invisible va éclater dans votre quotidien et aucun corps vivant ne pourra se protéger des retombées radioactives dues aux manipulations non contrôlées de vos apprentis sorciers.

Urantia Gaïa est un être vivant répondant à une loi d'harmonie. Toutefois, celle-ci présente tellement de symptômes d'affolement bioélectriques que vos corps physiques devront ingérer ces désordres puis les digérer. Beaucoup de nouvelles maladies apparaîtront, causant la consternation dans le milieu médical. Une seule consolation existera pour vous : vous serez tous égaux devant ce phénomène. Vous allez découvrir que l'on ne joue pas avec la Vie, et cela à vos dépens. Votre planète est la cristallisation d'une idée solaire, donc un archétype précis ayant des lois d'évolution uniques à ce milieu de vie. Jusqu'ici, vous avez vécu sur ce sol en le bafouant, rejetant toute forme de respect envers ses Créateurs et cette création. Alors, vos tentatives dénuées d'amour pour l'atome nucléaire ne peuvent révéler l'étendue de ces activités. Vous avez oublié votre place dans la chaîne solaire. Aussi, les portes de cette dimension ne peuvent-elles s'ouvrir.

Vous devez d'abord réapprendre à situer vos atomes au sein de la Vie universelle, regarder comment vos actions dans cette section universelle ont un effet dans votre corps, reprendre conscience que vous êtes liés à toute cellule vivante et, enfin, que votre corps est le reflet total de votre environnement. Ce faisant, vous entrouvrirez les portes des lois interactives de la Vie. Il devient nécessaire pour vous non seulement de retrouver votre place dans la Vie, mais votre propre rôle sur cette Terre, dans votre système solaire et dans cet univers local qui, lui, englobe tout être vivant tel un grand corps. Vous êtes une cellule de vie de votre univers local. Or, l'atome de vie que vous représentez émet un mouvement désordonné qui induit une onde déstabilisante favorisant la naissance d'une cellule cancéreuse. Oui, nous pouvons dire que votre humanité se conduit actuellement comme une cellule folle, hors de son archétype primordial. Et voilà pourquoi tous les médecins du Ciel sont à votre chevet. Vous êtes tous malades ! Vous avez affaibli les défenses naturelles d'un périmètre d'influence dans ce grand corps universel. L'inquiétude règne en ce moment chez nous. Nous vous savons atteints, et les frontières de la zone de quarantaine vont disparaître. Nous cherchons une solution, de manière à opérer une amélioration dans votre organe de pensée, lui-même à l'origine de votre défaillance actuelle. Votre section universelle (votre sphère de Vie) manifeste des signes de troubles dans sa signature nucléaire. Avez-vous pensé que chaque être vivant n'est rien d'autre qu'un atome nucléaire inerte et que son couronnement vient juste après sa fission ? Tout être vivant porte en lui une étude nucléaire afin, le jour venu, d'aider à l'embrasement d'un secteur universel plus grand. Chaque Cercle de vie atomique deviendra un jour (lointain pour l'instant) un atome en fission. Toutefois, cette fission atomique naturelle ne donne lieu à aucune force destructrice ; vos essais nucléaires n'ont nullement fait appel au respect du noyau vivant de l'Être. Ne vous étonnez donc pas d'une recrudescence de cancers violents et inguérissables, d'autres formes de sidas et d'une réactivation des vieux virus.

Votre humanité traversera une période difficile et fera

face aux conséquences d'une défense immunitaire amoindrie, et ce, à grande échelle. Vous devrez reconnaître vos erreurs d'actions sur tous les secteurs de vie. Les événements vécus aujourd'hui ont aussi le rôle de vous renvoyer à vos manipulations de tout ordre. Au départ, votre égoïsme tentera de réfuter toute responsabilité et de reconnaître le caractère lymphatique de l'ensemble de l'humanité. Le réveil sera douloureux. TOUS, VOUS ÊTES RESPONSABLES de l'ensemble des essais tentés sur les différentes familles de vie (minérale, végétale, animale, humaine et universelle). Il est vrai que vous avez déjà du mal à admettre vos responsabilités envers vos compagnons de vie immédiats ; alors, votre vue intérieure n'intègre pas la cellule de vie universelle. Une prise de conscience majeure va éclore dans votre quotidien, mais à quel prix ! L'atome solaire est nucléaire. Vous êtes un atome nucléaire ; c'est là une grande vérité. Vous êtes reliés à une cellule vivante par une appartenance nucléaire. Ce que vous avez fait à votre Terre, c'est à vous-mêmes que vous l'avez fait. La fission nucléaire représente l'activation de l'archétype solaire contenu chez tous les êtres vivants, petits ou grands. Le rayonnement dû à l'activité accrue du noyau nucléaire renvoie chaleur et lumière.

Aussi, vos scientifiques supposent une température élevée autour du noyau atomique du Soleil. Or, celle-ci n'excède jamais plus que votre température normale, soit 37,6°. Votre corps reflète l'exacte réplique des données solaires. Votre Soleil communique aussi avec vous de cette manière. Oui, le noyau solaire ne représente aucun danger ; seul le rayonnement des frictions atomiques amène une zone de radiance supposément à haute température. Là aussi, de grandes découvertes seront faites. Pourtant, malgré cela, les portes du Soleil ne s'ouvriront pas avant longtemps pour votre corps physique. Il faudra attendre votre passage dans l'étude des trois chakras supérieurs pour l'emmener sur la surface de votre Soleil et découvrir les merveilles de ce monde. Vous ferez alors connaissance avec les lois fondamentales rattachées à chaque chakra et leurs mondes associés. Ainsi, chaque élévation dans l'Identité solaire ouvre des voies de communication, de navigation, d'espace, de temps, et des mondes nucléaires. En retrouvant la vie intraterrestre, la mémoire solaire délivrera son savoir des mondes s'emboîtant les uns dans les autres.

La fission nucléaire abrite un royaume de Vie où seule la pureté de l'âme permet de franchir les portes, mais avant cela, la destruction des mondes denses est systématique. Ici sur terre, le nucléaire ne signifie rien, alors qu'il est à la base de toute création, de tout rayonnement, de toute lumière et chaleur, de tout froid, de toute dissociation du spectre lumineux et de toute activation ou diminution de la fréquence de rotation, tout cela étant imputable à sa force et à sa puissance créatrice. Il est temps de prendre conscience que le *Soleil Central* a extériorisé toute vie à partir d'un prélèvement d'une cellule atomique et nucléaire. L'émergence de la Vie découle de ce fait et uniquement de cela. Alors, en jouant aux apprentis sorciers avec les forces de la Vie, vous actionnez des réactions nucléaires qui, pour l'instant, échappent totalement à votre bon sens et à la maîtrise humaine. Aussi, un peu de sagesse et moins de manipulations anarchiques vous aideraient grandement dans votre retour à votre divinité consciente.

Vous manifestez une désinvolture d'une rare gravité dans vos actes présents. J'espère que les derniers accidents au sein de vos centrales atomiques vous inciteront à agir désormais avec plus de prudence, car, voyez-vous, ceux-ci ont engendré des perturbations qui atteignent maintenant le Soleil responsable de votre univers local. Obligatoirement, la Vie s'articulera différemment, modifiant les lois de causes à effets. Certaines fréquences lumineuses ne répondront plus jamais à leur archétype initial. Certes, ceci apportera des ouvertures pour notre futur, mais notre présent à tous devient source de soucis et d'interventions permanentes. Le spectre lumineux, tel que vous le connaissez, ne répondra plus à son identité primaire. Vos essais nucléaires, la bombe sur Hiroshima et les accidents dans vos centrales nucléaires (celle de Tchernobyl est toujours cause de radiations) sont les créateurs d'un nouvel agencement dans la géométrie des noyaux nucléaires de votre planète, qui enregistre les ordres récents et restituera un jour les émanations et les radiations correspondantes. De ce fait, toute cellule vivante ici-bas s'alignera afin d'être en résonance avec le lieu d'habitation. Cela entraînera une modification de la Fleur de Vie de cette Terre ; aussi, les êtres ne pouvant répondre à cette mutation se trouveront dans l'obligation de quitter leur corps d'adoption. En plus du tri effectué dans l'alignement de la pensée, vous avez vous-mêmes créé un tri secondaire qui, lui, est anarchique et touche n'importe quel être. Ceci perturbe actuellement les ouvertures souhaitées lors de la descente en incarnation et aura un impact dans l'avenir. Non seulement, vous interférez sur le monde fini mais également dans le monde subtil de l'Être. Ainsi, un certain nombre d'entre vous devront aller se reconstituer dans des sphères de soins avant de prétendre reprendre le chemin de l'incarnation.

Malheureusement, vous n'êtes pas la seule planète à effectuer de telles tentatives d'approche du noyau nucléaire. Afin de répondre efficacement aux dégâts occasionnés, nous avons créé dans les mondes subtils des sphères d'activité (planètes) où tous les blessés nucléaires sont isolés pendant une longue période et reçoivent des soins consistant à réagencer leur schéma géométrique personnel. Seuls les germes mutants environnementaux ne sont pas remodelés, car, obligatoirement, ces entités retourneront aussitôt après leur sortie de ces centres sur la planète où le choc atomique a eu lieu et y resteront plusieurs millénaires de suite pour guérir leur mémoire. En effet, les chocs atomiques occasionnent des troubles psychologiques graves de la personnalité. Remerciez les humanités intraterrestres d'avoir agi immédiatement sur les personnes atteintes de radiation. Ces humanités ont émis un rayon à haute fréquence lumineuse, de manière à apporter les premiers soins et à endiguer les effets pervers des radiations atomiques. Ceci permettra une attente moins longue dans les sphères de soins et un retour non traumatisant sur cette planète. Quant aux gènes mutants déjà installés dans les corps physiques, ils montreront peu à peu l'étendue des problèmes. Certes, vous avez pu constater les dégâts physiques aussitôt la radiation atomique émise, mais le temps a dorénavant permis une maturation des mutations, dont quelques-unes vous seront profitables. Cependant, la majorité vous plongeront dans le désarroi. *On ne joue pas* avec la cellule atomique nucléaire ; *on l'approche avec respect et dévotion*. En agissant sur ce noyau, vous touchez à la Création primordiale.

Avant d'entrer dans ces études, il faut connaître et respecter les desseins de Vie en vigueur dans un système universel. Vos recherches ont contrarié le plan primordial du Grand Constructeur. Savez-vous que certaines manipulations nucléaires déclenchent une réaction en chaîne conduisant à la destruction totale d'une planète ? Cela s'est déjà produit dans le passé. Comprenez-vous pourquoi l'excès de technologie éloignée de l'énergie de l'Amour pourrait irrémédiablement causer votre perte ? Comprenez-vous pourquoi nous vous suggérons d'encadrer vos scientifiques afin de leur rappeler sans cesse les limites à ne pas franchir ? L'éthique devra être développée pour vous garantir la cessation d'activités des apprentis sorciers. Vous devez jouer le rôle d'une cellule de raison pour ces chercheurs qui ne vivent que pour la découverte, oubliant souvent le respect de l'Être. Bien sûr, ils sont nécessaires, mais doivent demeurer *encadrés*. Aucune exploration scientifique ne devrait avoir lieu sans le consentement de la population qui, pour l'instant, est prise en otage par les pouvoirs financiers quels qu'ils soient.

Aussi, à vous qui les pointez du doigt, je dis : « Vous êtes responsables. Réveillez-vous et prenez-vous en main. » Le devenir de cette Terre ne vous appartient plus, ni dans sa trajectoire d'Être ni dans sa réalité physique. Vous avez démissionné sur tous les plans afin de vivre sans responsabilités, vous éloignant ainsi plus sûrement de votre maîtrise. Vous vous êtes placés seuls dans cette situation et, malgré de nombreuses interventions extérieures, vous êtes obligés de vous secouer et de réémettre les bases primordiales du contrôle primaire du noyau de la Vie, la cellule atomique. La solution réside en vous et vous pouvez appliquer ces quelques mots à chaque rencontre ou étude. Dans votre noyau cellulaire, vous avez une somme considérable d'informations prêtes à être consultées. Alors, il faut vous pencher sur le livre que vous possédez depuis votre naissance. Toutes les humanités au service de la vôtre attendent cela. Car nous devons vous apporter des éléments au sujet de l'atome et du nucléaire, soit l'Identité solaire. Tant que vous n'engendrerez pas des groupes d'encadrement en vue de maîtriser tous vos pôles d'expériences, vous ne recevrez pas d'informations majeures. Nous resterons à la périphérie des données.

Actuellement, le laisser-aller général de cette humanité nous oblige à vous encadrer, à enlever les notes traitant de découvertes majeures, à retirer les livres sur les réflexions de l'esprit quand ils sont rédigés trop tôt et à retarder certains progrès qui, actuellement, seraient aussitôt utilisés comme armes de guerre. Contrairement à ce que vous voulez, où que je regarde, vous n'êtes pas libres malgré la jouissance du libre choix. En réalité, il y a plusieurs millénaires que celui-ci ne remplit plus son rôle. Vous vivez l'illusion parfaite du libre choix. Ayez le courage de le reconnaître afin de reconquérir votre droit de naissance. Bientôt, au nom de la liberté, vous serez marqués comme le bétail et ne serez plus qu'un numéro. Réveillez-vous ! Votre code-barres est l'arme la plus terrible contre l'humanité. Un projet existe et prend rapidement de l'importance : celui de vous implanter une puce sous la peau afin d'identifier tout individu mais, surtout, de surveiller ses moindres mouvements. Parallèlement à cela, un autre projet est en germe où on vous implantera une puce qui émettra une décharge vous obligeant à être inoffensifs pour la société. Quand oserez-vous créer une cellule de supervision visant à contrôler tous les desiderata de la gent politique, scientifique ou religieuse qui approuve et appuie les expériences privant l'humanité de son libre arbitre ? Si ces deux événements se concrétisent, alors vous, cellules atomiques et nucléaires, serez en grand danger. L'environnement étant déjà gravement atteint, cela amène un éloignement de son archétype primordial. Alors imaginez ce que pourrait devenir votre vie si votre cellule ne se reconnaissait plus ? Tous, vous seriez atteints d'une forme de cancer, condamnant ainsi l'humanité entière à brève échéance. Votre tort a été de croire que seuls les pouvoirs en place avaient le droit de regard sur l'ensemble de la communauté. Vous qui êtes appelés le peuple, je vous engage à comprendre que vous êtes les seuls a avoir la charge de réguler les excès d'expériences, le droit de regard et de veto sur cette autre partie de vous-mêmes qui s'égare.

Tous les secteurs d'activité devront répondre à une Charte sur la bioéthique et s'engager à respecter la communauté. D'ici là, j'espère que tous les livres transmis par l'ensemble de la fraternité galactique vous aideront à reprendre conscience de vos responsabilités dans tous les secteurs de vie. Si votre atome devait être atteint et manipulé, cela constituerait un désastre qui affecterait un vaste secteur universel, et ceci est une grande réalité. N'oubliez pas la loi de résonance. Puisque votre univers local parvient à un cercle d'harmonisation supérieur, nous voici devant un fait qui pourrait l'en éloigner, remettant à plus tard le franchissement de ce cercle. Certes, l'humanité était ancrée dans un état primitif de l'esprit et vous avez effectué un prodigieux progrès, mais vous êtes devant une arme de guerre insidieuse et terrible : la mainmise sur le corps humain. Le projet de cloner l'être humain entre aussi dans la catégorie des armes de guerre. Si vous pensez que les dirigeants militaires sont pacifiques, alors, laissez-moi vous dire à quel point vous êtes de grands naïfs. Ils représentent en fait un gouvernement dans le gouvernement et la deuxième branche dirigeante de cette Terre. Ils sont dans l'ombre de la première et détiennent plus de poids sur votre vie. Votre Terre est dirigée par trois groupes se partageant le pouvoir : une première branche politique, scientifique et religieuse ; une deuxième branche, l'armée ; une troisième, la finance.

Malgré la présence du pouvoir en place de la première branche, c'est sans conteste les deuxième et troisième qui manipulent la première. Aussi, vous devrez exercer votre pouvoir de contrôle dans tous les secteurs (politique, scientifique, religieux, militaire et financier). Votre laisser-aller vous oblige aujourd'hui à reconquérir toutes ces voies d'expression. Plus tard, un équilibre s'instaurera où, enfin, vous vous respecterez tous et irez dans la même direction : l'harmonie planétaire. Mais comme vous vous êtes désintéressés de cette forme de pouvoir, vous vous trouvez dans l'obligation d'intervenir dans ces milieux et de leur dire : « Attention, votre rôle consiste à offrir des voies d'exploration et non d'esclavage. » Car il s'agit bien de cela à l'heure actuelle, puisque vous êtes bel et bien les esclaves de ces groupes dirigeants. Et cela étant, vous avez formé d'autres groupes pour faire exploser ces clivages au sein de la communauté humaine. Quand, enfin, la fluidité retrouvera tous les chemins possibles d'expression, la paix s'installera durablement entre vous. Il est certain aujourd'hui que celle-ci est gravement menacée, tout comme l'identité primaire et votre cellule atomique nucléaire. Ce chapitre a été conçu afin que vous preniez conscience de votre intérêt commun : rétablir la sagesse dans votre approche des lois nucléaires, donc de votre vie.

Ici, sur cette planète, vous êtes une expression de la vie nucléaire. Nous vous avons expliqué comment, tout en étant éloignés de l'Île Centrale (atomique), vous renvoyez les informations obtenues au cours de vos expériences. Il est bon d'envisager que cela est tout autant valable pour les ouvertures de conscience que pour les éloignements dangereux de l'identité primaire. Les troubles occasionnés sur et dans la croûte terrestre de votre planète voyagent bien au-delà de vos frontières. Bien que nous filtrons toute sortie de votre périmètre d'influence, les résultats enregistrés dans votre organe de pensée parviennent au cœur du noyau solaire initial. L'esprit se trouble en étudiant ces données et occasionne des retours parfois difficiles vers le lieu émetteur, de manière à rééquilibrer les planètes en perdition. La perdition n'a rien à voir avec une décadence des mœurs ; elle a plutôt à voir avec l'anéantissement avancé de la liberté de l'identité primaire nucléaire. Or, vous êtes en train de l'approcher dangereusement. Heureusement, l'arrivée du *Soleil Central* comme régent de votre planète vous aidera à ne pas franchir ce seuil. Malgré qu'il vous reste dix petites années pour toutes vos folies, déjà nous enregistrons dans l'aura de votre Terre les premiers effets de sa présence. Tous les hommes et toutes les femmes souhaitant sincèrement rétablir l'équilibre du biotope naturel de cette sphère de Vie et de ses habitants seront fortement soutenus.

Nous attendons donc la création, par vous, de cellules de surveillance de l'éthique de la Vie [où l'ensemble de l'humanité aura son mot à dire et non seulement les groupes en mal de profit]. Ce pas franchi annoncera votre volonté d'éprouver et d'émettre du respect pour chaque expression de la Vie, signe du début de la sagesse retrouvée et de votre arrivée dans la plurialité des humanités.

« Nous respectons la Vie. »

DOUZE

L'IMPORTANCE DE L'EAU

Vous vivez dans un monde où l'eau sert de matrice de Vie. Sur les autres planètes, nous avons retenu d'autres facteurs de support. En fonction de l'élément choisi pour véhiculer la structure nucléaire, une planète sera conçue différemment. Votre corps et celui de votre Terre portent l'eau en majorité en leur sein. Ainsi, votre moyen d'expression se résume à ce mot : fluidité. Où que vous irez après avoir quitté l'étude liée à ce lieu de vie, vous resterez en affinité avec ce mode de relation, la fluidité. Sur le chemin de votre retour vers l'Île Centrale, vous retrouverez d'autres groupes qui auront vécu leur moment fort sur une planète possédant une structure moléculaire nucléaire répondant à un critère différent. Bien que tout au long de ces retrouvailles vous abolissiez les différences, un petit quelque chose restera qui fera dire : lui, il est fluide, ou ceci, ou encore cela... La personnalité de l'esprit ne se désolidarise pas de l'empreinte acquise au moment de son aventure finale. Il en sera de même pour l'influence du féminin/masculin. Certains esprits ou étincelles de Vie visitent plus facilement l'un des deux pôles que nous appelons ordres. Quand vous arrivez aux portes de sortie du Super-Univers, vous quittez définitivement ces modes d'expression et redevenez chacun androgyne primordial. En effet, vous allez réintégrer, par degrés, l'androgynat primaire. En quittant chaque section universelle afin de passer dans un secteur plus grand, votre Identité solaire s'ouvrira de la même manière. Pour entreprendre ce voyage, il vous faut ici vous glisser au centre de cette énergie. La Terre est votre dernière étape dans le monde fini et la première de votre ascension. Ici, vous finissez la descente et entamez la remontée. Cela suppose la nécessité de déposer tous les lests de la personnalité et de vous habiller du vêtement de la Lumière de Vie. Dans le but de faciliter votre réinsertion dans l'Identité solaire, nous ne pouvions pas ne pas aborder cette vérité.

Durant son voyage de reconnaissance de son état solaire de naissance, l'étincelle de Vie descend dans les mondes finis jusqu'à sa dernière demeure, située sur une planète à haut caractère dans la plus petite section universelle. Aujourd'hui, il devient capital de reprendre conscience qu'être un habitant ou un résident d'Urantia Gaïa est un honneur et un moment extraordinaire dans sa propre histoire d'entité divine. Chaque résident d'Urantia Gaïa sait combien il est difficile d'obtenir l'autorisation d'aller sur une planète capitale comme la vôtre. D'autant plus que celle-ci est une sphère de Vie unique parmi les terres habitées à caractère déterminant.

Votre Terre, Urantia Gaïa, fait partie d'un groupe de sept planètes conçues comme portes de l'espace. Jusqu'ici, seuls les trous noirs permettaient de passer d'un secteur universel à un autre. Une expérience nouvelle sera amorcée avec la mise en fonction de ces planètes alignées sur le même fonctionnement que les trous noirs. Comme la périphérie extérieure de ce Cercle atomique de vie établira la frontière avec le Cercle atomique à venir, le *Soleil Central* a souhaité voir ces planètes devenir les portes intercercles de vie atomique. Nous ignorons les répercussions que cela entraînera, mais il est sûr que nous allons vivre des aventures jamais rencontrées ! Ainsi, tout voyageur des mondes finis et subtils se verra dans l'obligation de pénétrer les nouveaux espaces par l'une ou l'autre de ces sphères. Nous savons que chacune d'elles revêtira une énergie d'approche spécifique des nouvelles matrices de vie. Votre Terre, proche de la périphérie extérieure, créera un sas d'approche de l'espace stellaire en formation. Donc, une plate-forme d'atterrissage de vaisseaux de navigation sera obligatoirement construite en amont de votre planète et votre humanité deviendra la gardienne des portes menant à cette plate-forme d'atterrissage et des portes d'accès, ou sas de pénétration, de l'autre Cercle atomique. Je veux toutefois attirer votre attention sur un point : on ne pénètre pas un Cercle atomique avec la même aisance qu'un secteur universel au sein du même Cercle atomique.

Les portes d'accès entre l'Île Centrale et votre cercle de vie sont en fait sept sas de pénétration dans l'espace stellaire. Les trous noirs remplissent le rôle de portes d'accès libres entre chaque formation universelle, c'est-à-dire non gardées. Toute pénétration d'un Cercle atomique nécessite des autorisations particulières. Votre humanité se trouve devant un autre test au cœur même du test en cours. Un groupe se détachera afin d'occuper cette fonction (celle de gardien). Inutile d'ajouter combien une volonté ferme de service est nécessaire dans ce cas. Aucune intention personnelle ne peut intervenir dans l'ouverture des portes du sas. Par ailleurs, il y a des postes clés dans la vie d'un Cercle atomique de vie et votre Terre occupera l'un d'eux. À ceux qui penseraient : « Encore nous ! Naturellement cela tombe sur nous. Pourquoi pas sur une autre terre ? On ne mérite pas cela… » je répondrai que la qualité de l'humanité résidente n'a pas déterminé ce choix. En réalité, nous pensons que ce choix a été fait avec l'idée initiale de la création de ce cercle de vie et que la naissance de votre Terre annonçait cet événement.

Les sept planètes concernées occupent un emplacement idéal à la périphérie du cercle de vie. Seules des modulations dans l'intensité des responsabilités inhérentes à chacune changent. La détermination d'accorder la supervision des forces communes des sept planètes à Urantia Gaïa revient à l'histoire de votre humanité. Les sept planètes ont toutes la même particularité : leur matrice de vie est l'Eau. Cela suppose une étude de cet élément dans le deuxième Cercle atomique, élément qui sera très certainement le support principal de Vie. Nous assisterons probablement à la naissance d'une majorité de planètes recouvertes d'eau ; en effet, dans votre Cercle atomique, tel n'est pas le cas. L'élément Eau n'y constitue pas la base majeure de l'évolution. La fluidité de l'Être demande encore un approfondissement et le Grand Créateur nous a remis des plans d'exploration que nos grands Sages mettent en équation pour les futurs germes.

La présence des grands Sages ayant été abordée, précisons ceci : chaque planète, porte des mondes nouveaux, recevra un groupe de sept Sages afin de superviser les mouvements dans les secteurs de vie à venir. Une telle présence engendre des attitudes responsables chez les résidents. Autant vous avez jusqu'ici expérimenté la liberté dans son extrême, autant, dans le futur – les probabilités nous livrent des images sur les sentiments animant votre peuple –, la conscience extrême sera au rendez-vous. En attendant, vous entrez en mutation sur tous les plans et par rapport à tous les sentiments. Au fur et à mesure des paliers d'attitude franchis, votre entourage accueillera des êtres de plus en plus lumineux à titre de résidents et de visiteurs. Puis, dans un second temps, un cercle administratif viendra enrichir la base mise en place. Plus les échanges et les voyages spatiaux seront ouverts, plus votre planète s'installera dans son état de planète couronnée. Aussi, plus que jamais, il vous faudra être fluides dans votre conscience afin de glisser en permanence dans la fleur d'expression qui se dessine déjà dans vos atomes. Toute expression forme une modulation géométrique. Alors, je vous le dis : « Votre fluidité va cristalliser une fleur d'expression qui sera la base de tout mouvement sur la surface de cette sphère. » Quand une stabilisation sera enregistrée, les portes de l'intramonde s'ouvriront et les autres humanités terrestres vous accueilleront chez elles. Il faut préciser que votre Terre vivra d'après le mode suivant :

- à sa surface extérieure, il y aura les écoles, les pistes d'atterrissage, les centres administratifs et les centres d'hébergement. Tout ceci sera encadré par des groupes d'Urantiens ;
- au centre de la Terre, 65 % d'Urantiens résideront sur le premier cercle de vie ;
- autour de votre planète, on disposera des plates-formes de pénétration des espaces des deux cercles atomiques qui auront l'apparence de miniplanètes. Rien à voir avec vos stations métalliques.

Quand votre humanité atteindra le cercle de la sagesse, le premier cercle de vie de l'intramonde se videra alors de son humanité présente pour vous céder la place. Toute planète habitée possède une cavité interne ainsi que son Soleil approprié. Il n'y a rien d'exceptionnel à cela, votre planète étant simplement alignée sur un modèle universel. En réalité, la création même de la planète amène cette formation. Au moment de l'éjection du noyau solaire, cette boule en fission s'éloigne de son Père-Mère, entraînant des particules sur son passage. Une fois sur l'orbite prévue, les particules s'agglomèrent, constituant progressivement, autour du noyau, une autre sphère. La distance entre le noyau (Soleil intérieur) et cette nébuleuse de particules varie et correspond à un schéma très précis élaboré avant l'émission du noyau solaire. Toute planète répondant à une demande de création d'accueil humanitaire se réalise ainsi. Le Soleil interne de votre sphère est le noyau propulsé par votre Soleil. Ce que vous appelez Terre représente simplement un agglomérat de particules stellaires. Ceci permet aux humanités d'explorer les germes d'idées. Au fur et à mesure de l'évolution en cours sur un lieu d'accueil, le centre de la planète abrite des êtres issus de ces périodes successives. Il est bon de préciser également que votre Soleil intérieur est habité. Alors, abordons maintenant le paysage interne d'Urantia Gaïa. On y trouve de grandes prairies fleuries, des lacs, des mers, des montagnes et des fleuves. Ce biotope est d'une grande beauté sereine et riche de ressourcement. Les constructions (il y en a) ne revêtent pas la lourdeur de vos habitations, les matériaux empruntent l'aspect cristallin du minéral et les formes s'approchent du rond, de l'ovale. Vous ne trouvez pas d'angles en ces lieux de résidence. Je ne crois pas nécessaire d'en ajouter davantage sur les énergies utilisées, toutes non polluantes. Le bruit est banni, considéré comme une vexation de l'esprit. Quant au peuple animal, il se rapproche de celui vivant à la surface de votre planète. On peut tout de même préciser que l'on trouve des espèces anciennes tels les mammouths, mais que ceux-ci sont moins grands.

La densification de l'Eau répond à une volonté précise et inscrite dans le noyau du Soleil interne, tout comme le fait de respirer pour les humanités. Il n'en va pas de même sur toutes les planètes habitées. J'aimerais que cette conscience s'installe en vous. Ces deux éléments, l'Eau et l'Air, ne sont pas retenus systématiquement sur les créations des sphères habitables. Ainsi, déterminent-ils considérablement les créations invitées sur ces terres d'accueil. Urantia Gaïa répond à un schéma préétabli qui ne se retrouve pas partout. Parfois l'Eau est retenue sans l'Air, et inversement ; parfois ni l'un ni l'autre n'y figurent. Vous vivez dans un Cercle atomique qui expérimente des atmosphères différentes pour les futurs Cercles atomiques. Voilà pourquoi il était départagé en sept Super-Univers. Avec l'avènement du deuxième cercle, le premier se réunifiera, gardant sept zones d'expériences (sept planètes relais dont la vôtre). Ceci est la raison pour laquelle ces sept sphères seront les portes des Univers à venir. En attendant, ces planètes entrent obligatoirement dans une phase d'unification interne. Alors, je vous le dis, de gré ou de force, vous serez amenés à instituer la paix sur la surface externe de votre sphère de résidence puis à décontaminer celle-ci et à lui rendre sa beauté.

Je pense qu'avec ce troisième volume, vous comprenez désormais pourquoi une sélection s'opère actuellement au sein de votre humanité. Seuls des sentiments nobles pourront être développés et prendre racine ici. Votre vision rétrécie de la matrice de Vie devient caduque. Tout comme vous vous êtes habillés d'un vêtement de chair lourd, votre vision a suivi le même chemin, et les autres sens également. Aujourd'hui, afin de participer à la nouvelle aventure, le choix des participants s'impose. Il est vrai également que des candidats hautement évolués se préparent à venir au sein de votre humanité. Alors, vous les anciens, pas encore ancrés dans les sentiments nobles, allez être déplacés par les ouvertures d'esprit qu'ils apporteront afin de donner une direction décisive à votre communauté. La génération qui prend jour deviendra le moteur des changements. Une poignée d'hommes et de femmes soucieux de garder une mainmise sur le pouvoir dictatorial de la surface de cette planète sont parfaitement au fait de la venue, depuis fin 1970, d'enfants porteurs de nouveaux schémas de société. Et savez-vous ce qu'ils ont fait ? Ils ont répandu des drogues à l'échelle planétaire afin de perdre ces générations. Dans un premier temps, ils ont cru atteindre leur but par la fourberie ; seulement, c'était sans compter sur la création d'un réseau informel d'êtres diffusant la Lumière. Aujourd'hui, nous pouvons vous révéler qu'un groupe d'entités a accepté de centraliser sur eux ces sentiments lourds et aliénants, permettant ainsi l'éveil de cette toile lumineuse. En ce moment même, je peux vous affirmer que le plan a parfaitement réussi. En effet, cette toile de lumière bien ancrée autorise un autre groupe à faire sauter les barrières mentales. Aussi, ne vous étonnez pas de voir actuellement fleurir enfin des sentiments nobles à l'état embryonnaire. Derrière les dernières escarmouches des vieux guerriers, un peuple pacifique naît. Alors, regardez bien comment les vieux sentiments vont servir de tremplin aux nouveaux, comment l'Eau densifiée va se fluidifier. Les sentiments appartiennent à cet élément. Parmi les sept planètes relais, vous êtes la seule à explorer la forme éthérée de l'élément EAU. Les autres explorent les formes éthérées des trois autres éléments. Cela ne signifie pas que les sentiments nobles ne s'expriment pas ailleurs ; cela laisse tout simplement entendre que votre planète est devenue le laboratoire des sentiments afin de trouver des applications inexistantes à ce jour et qui seront développées sur le deuxième Cercle atomique. Votre planète matrice, baignant dans des océans recouvrant en majorité sa surface, offre un support idéal à cette étude.

L'année 2012 clôturera cet exercice. Les points d'appui trouvés seront transférés sur les matrices de vie à venir. À présent, votre communauté doit rentrer au sein de la confrérie des enseignants du premier Cercle atomique. Seuls des élèves iront développer vos thèses ; vous, vous devrez reprendre votre habit de lumière afin que votre étude serve ailleurs. Vous deviendrez les superviseurs des futures matrices d'exploration et, pour cela, serez dans l'obligation de revêtir les sentiments nobles. J'aime parler en termes de *revêtir* ; devenir Un avec un sentiment ressemble à une union parfaite avec lui et cela « colle à la peau ». Dans votre éloignement, vous avez oublié cette sensation. Pourtant, quand on choisit de s'immerger dans une action ou dans un sentiment, l'impression ressentie est bien celle d'entrer *en dedans* de son choix, comme pénétrer dans un corps masculin ou féminin. Ceci fait aussi partie de la fluidité. De notre côté, nous parlons plutôt d'entrer dans un ordre ou d'endosser une robe. Ceci entretient d'une manière exquise la compréhension de nos actes et de nos choix. Quoi que l'on fasse, la compréhension de nos mouvements d'être est indispensable à la réussite du but fixé et, vous, humanité d'Urantia Gaïa, manquez cruellement d'objectifs et de buts communs. Certes, vos dirigeants, eux, en ont, mais ils ne sont pas forcément adaptés à vos besoins. Quand vous, humanité, créerez-vous des rencontres au sommet afin de définir vos aspirations et de leur donner enfin une direction commune ? Pourquoi est-ce fait seulement par vos hommes politiques ? Avez-vous oublié à ce point votre pouvoir de décision ? Bien des scandales vont éclater afin de vous forcer à réagir, et d'autres actes terroristes auront lieu. Quand allez-vous enfin réagir ? J'insiste sur le mot *réagir* de façon à vous réveiller.

L'eau circule en vous ; redécouvrez son pouvoir. Car, nul doute, elle diffuse dans votre corps une somme de savoirs et de possibilités à réutiliser mais, pour l'instant, vous ne faites pas un avec elle. Vous vivez à côté de l'eau, alors que l'eau est votre support de vie premier. Bientôt, vous réaliserez que chaque élément (l'Eau, la Terre, le Feu et l'Air) possède sept portes de manifestations ou sept niveaux vibratoires qu'il vous faudra aussi réintégrer. L'unité se fera au sein de chaque élément de Vie. La paix, l'amour sont les marches à gravir pour votre retour à l'unité solaire. Remarquez comme je n'emploie pas le mot *christique*, qui, lui, s'inscrit dans l'Identité solaire véhiculée par l'eau sur votre planète. Au cœur même de cette fluidité, de grands mystères résident, cachés là depuis la longue nuit de votre Terre.

Certes, vos scientifiques parleront de cellules, de microbes, d'évolution bactériologique ; nous, nous invoquons plutôt l'expulsion commandée et intelligente de la matrice de l'Eau pour influencer le cours de l'évolution du schéma de Vie. Oui, tous les schémas et concepts de Vie retenus pour la lente ascension de cette sphère sont contenus dans la septième dimension de l'Eau. Mais voici que vos yeux humains contemplent uniquement la densité de cet élément aquatique et vous placent dans la nécessité d'explorer les six autres afin de lire les merveilleuses pages de ce livre de Vie. Pouvez-vous concevoir enfin le simple fait que l'intelligence se décline sur sept niveaux d'approche et se sert de la porte densifiée (le monde physique) afin d'ancrer ces concepts subtils et non palpables aux mains physiques ?

L'Eau, source de vie pour vous, subit la pollution de vos émanations éthérées. Certes, vos pollutions denses l'atteignent, mais cela n'est rien en comparaison des six autres niveaux d'expression. La portée des miasmes subtils entraîne des interréactions d'autant plus perfides que ces miasmes agissent sur l'ensemble des corps de manifestation de l'Eau. Votre Terre est EAU. La Terre, le Feu, l'Air sont les serviteurs de ce quatrième élément, le premier dans l'ordre d'importance du cours de la vie ici-bas. Toutes vos pollutions denses et subtiles sont des poisons efficaces sur le noyau de la Vie implanté au cœur de la manifestation plurielle de l'Eau. En vous invitant à pénétrer ce concept, je vous donne la possibilité de regagner vos lettres de noblesse en désincrustant la mémoire de l'Eau. N'oubliez pas ! l'eau circule dans les autres éléments sous forme d'une de ses sept manifestations ou niveaux d'expression. En concentrant votre attention sur l'importance de cet élément, vous vous réapproprierez votre pouvoir autonettoyant et guérisseur au service de la Vie.

Avant de pénétrer l'espace dense d'un lieu, nous demandons toujours l'autorisation à l'élément porteur du schéma évolutif du lieu en question de nous ouvrir ses portes. En venant dans la zone d'influence de votre monde, nous avons donc interrogé l'Eau dans le but de connaître son intention à notre égard. Cette intelligence de Vie peut ouvrir son espace sur un ou plusieurs de ses niveaux d'être. En l'occurrence, nous avons la chance de recevoir la permission de parcourir tous ses états d'être. Notre travail en sera grandement facilité.

Même en détenant un plan de Vie pour l'humanité résidentielle d'une planète habitée, nous pouvons n'être que
tolérés sur certains des corps subtils de l'élément initiateur de
Vie. Car, à n'en pas douter, l'élément détenant le schéma de
Vie sur une planète est aussi le gardien de la mémoire du
passé, du présent et du futur. Il a une grande responsabilité
dans l'horloge du temps des réalisations. Alors, écoutez-moi :
l'Eau est le gardien du temps de votre réalisation et des séquences d'ouverture des progrès dans la conscience humaine.

Voici pourquoi, dans vos anciennes prophéties, il est dit
que durant cette période particulière, l'Eau et le Feu seront les
éléments purificateurs et initiateurs des nouveaux visages de
cette Terre. L'Eau, puisque votre conscience réapprend sa
force vitale, le Feu parce que le *Soleil Central* réactive le
circuit solaire de cette planète. Il est vrai que cette prophétie
est encore d'actualité, bien qu'atténuée dans sa violence fort
heureusement. Plus vous vous positionnerez pour émettre la
paix, l'amour, la sagesse, moins il y aura de soubresauts dans
l'autorégulation de la fluidité de l'Identité solaire. L'Eau sera
initiatrice, purificatrice et destructrice à ses heures. Ceci afin
d'engendrer les supports susceptibles d'aider les membres de
la famille humaine à se fluidifier. Au cours des années à
venir, beaucoup d'ouvrages reprendront le mot *fluidifier*
comme un détonateur de la conscience divine. Je vous ai
emmenés faire un voyage dans les cercles de vie et, dans les
années qui viennent, vous ne pourrez, sans fluidité, permettre
à votre corps dense, physique, de parcourir l'impalpable, les
mondes de l'Eau. Quand, enfin, vous retrouverez l'usage
simple de cet élément, les portes des autres éléments vous
laisseront passer dans leurs manifestations. Ainsi, vous aurez
accès à toutes les voies possibles porteuses de Vie. Pour
l'instant, votre support de Vie est aqueux et il vous faut vous
familiariser de nouveau avec ses possibilités d'expression. Ne
négligez nullement vos émotions, qui sont en quelque sorte la

manifestation la plus dense de cet élément. En en redevenant maîtres, vous poserez enfin un pas concret dans un monde informe à vos yeux.

La magie vit en vous mais, à chaque instant pourtant, vous avez préféré l'illusion, lui attribuant plus de pouvoir que la magie. Celle-ci n'est plus source d'émerveillement mais de sourires à peine indulgents envers ceux et celles qui lui reconnaissent sa force et sa beauté d'action. La magie illustre parfaitement l'usage des dons divins. Non, je ne parle pas de la magie jouée dans des cirques ; j'entends plutôt celle des instants où tout arrive, où tout est possible. Ces moments-là représentent des ouvertures dans vos carapaces de rigidité et de non-être. Vous savez, l'instant où vous souriez à l'intérieur de vous, où l'espace devient accessible, où les rêves se réalisent, où l'enfant intérieur a le droit de s'exprimer, cela s'appelle magie. Je laisse les adeptes de la magie blanche et de la magie noire s'éreinter à réussir leur volonté. Nous, nous dirigeons notre regard vers les enfants que vous êtes et qui ne s'expriment pas. Oui, cet enfant-là a plein pouvoir sur la Vie, sur la fluidité de la Création, donc sur le pouvoir de l'Eau, maîtresse d'Urantia Gaïa. Alors, j'espère amener votre regard au-delà des formes et à redécouvrir les six autres niveaux d'expression de cet élément. Quand les assoiffés de pouvoir céderont leurs prérogatives, nous vous instruirons plus complètement sur tous les niveaux de vibration et de vie des quatre éléments. Car, à ce moment-là, vous aurez accès à la totalité de la Création.

Graduellement, nous vous dirigeons vers les hauteurs de l'Esprit en vous incitant à laisser derrière vous les scories encombrantes de votre âme accumulées au cours de votre visite dans ce système solaire. Il est bon tout de même de préciser que votre système solaire, lui, a été construit avec l'élément Air, d'où vos complications d'émergence puisque votre planète ne répond pas à la même matrice créative. Mais, parallèlement, cette contradiction est à l'origine de tous vos succès récents et également le support idéal au développement de votre futur – sur une réalisation peu fréquente de l'esprit. Dans vos voyages à venir, n'oubliez jamais que chaque pénétration d'un espace temporel répond à la structure d'un des quatre éléments, l'éther étant l'eau cosmique soutenant vos bateaux de l'espace et les vaisseaux appelés terres ou planètes. Quand votre conscience acceptera enfin d'identifier chaque planète comme un vaisseau de navigation, alors vous ferez de grandes découvertes. Urantia Gaïa, vaisseau de l'espace, se meut selon des règles ou lois précises de navigation répondant elles-mêmes à des lois de gravité, les forces centripète et centrifuge, sous la responsabilité d'un Être comparable, dans votre monde, à un amiral ou un commandant. Vous lui devez tous respect et devez aussi coopérer avec lui. Assurément, vous aviez une mission particulière à remplir, mais cela n'empêche nullement un partenariat avec celui qui vous emmène dans l'espace galactique et s'efforce de maintenir en bon état le vaisseau spatial *Urantia Gaïa*. Si vous voulez totalement réinstaurer votre place, il serait bon de saluer enfin celui qui a la charge de la vie de ce bateau cosmique. Vous en êtes l'équipage ! Ce grand Être vous amènera dans les eaux subtiles des six autres manifestations quand vous honorerez son travail et sa charge. Pour l'heure, il n'ouvre pas ses portes, car vous n'êtes pas prêts. Oui, une planète tourne sur un axe prédéfini pour elle, mais cela n'empêche nullement de visiter cet axe sur sept niveaux d'expression ! Bien des réalités vous attendent. Aujourd'hui, vous pouvez douter de ces mots, mais demain, vous sourirez de vos enfantillages. Vous avez fermé les accès à ces réalités et vos yeux enregistrent le niveau le plus dense de la Vie. Pourtant, bientôt, vous retrouverez tous le mode d'accès aux autres formes de la Vie. Notre enseignement cherche simplement à vous diriger à la fois avec douceur et fermeté jusqu'à vos cadenas et à vous montrer où vous avez caché les clés correspondantes.

Vos scientifiques essaient de rationaliser et d'expliquer avec les termes appropriés des expériences vécues sur les autres plans de la conscience. Ici, je m'adresse à eux par ces mots : « Le jour où vous accepterez toutes les manifestations de l'Esprit – ce jour-là seulement –, votre science sera respectable. On ne peut parler, avec des mots appartenant à la forme dense de l'Esprit, des second, troisième ou sixième accès de celui-ci. Tout ce qui vit répond à cette simple loi : la Vie fournit sept corps d'exploration et leurs portes d'accès afin de trouver une réponse complète à une donnée X. Une main enregistre une information sur sept niveaux d'intelligence, votre mémoire possède sept bandes d'enregistrement, et ainsi de suite. Le cerveau est un ordinateur centralisant d'abord les messages reçus et les dirigeant ensuite vers l'un des sept secteurs mémoriels. Partant, vous, scientifiques, devez ouvrir votre laboratoire à ces champs de manifestations. Vous ne pouvez continuer à tout classifier et à ranger les données dans le monde rationnel, qui est un excellent fourre-tout, pour rester aveugles et croire que vous possédez toutes les clés. Ce faisant, vous ne trompez que vous-mêmes, car l'humanité, elle, ne s'y trompe plus et vous perdez ainsi sa confiance. Bientôt, si vous, scientifiques, ne cessez vos enfantillages, vous serez accusés de charlatanisme et mis au pilori. C'est aujourd'hui que vous devez reconnaître la véracité de la plurialité de l'Esprit et travailler enfin sérieusement en acceptant votre méconnaissance de la Vie. Vous ne pouvez plus ignorer l'accession de l'humanité à une zone de l'Esprit qui lui renvoie l'image d'apprentis sorciers imbus de pouvoir, car vous n'êtes rien d'autre pour l'instant et ne faites aucune preuve de respect et d'écoute envers l'humanité. Vous, scientifiques, vous comportez comme une secte et rien d'autre. Défaites-vous de vos prérogatives et de vos fausses illusions de savoir, car je vous le déclare, vous n'en êtes qu'à la lettre A de votre alphabet.

La fluidité de la Vie avec ses sept zones d'influence reste à démontrer et à comprendre. Chaque palier de compréhension réagit selon des lois. Si vous ne voulez pas être dépassés, scientifiques, reconnaissez votre ignorance et appliquez-vous à cette étude avec déférence et respect pour tous les êtres qui vous fournissent des éléments d'approche. L'Eau véhicule un savoir immense détenu dans ses sept manifestations, l'eau dense étant le dernier maillon de son évolution. Quand, enfin, vous accepterez que vos yeux ne contemplent que l'expression lourde d'une manifestation, vous aborderez alors – et à ce moment seulement – la connaissance. L'Eau véhicule toutes les qualités divines et la lumière. Aussi est-elle la matrice la plus importante et la plus difficile d'approche. Pourtant, dès que vous deviendrez humbles et simples en esprit, scientifiques, ses portes s'ouvriront. Quant à vous, amis lecteurs, vous résidez sur une planète où cet élément détient toutes les clés de l'évolution, dont la vôtre. En maltraitant l'Eau, c'est à vous que vous infligez cette maltraitance, et les conséquences ne peuvent qu'amplifier vos troubles, vos désarrois. Vos maladies, vos désordres psychologiques, affectifs et autres symptômes d'éloignement de votre Source sont en relation directe avec votre manque de respect vis-à-vis d'elle. Vous bafouez en permanence la mémoire de l'évolution. Je ne peux que vous mettre en garde contre vos agissements peu responsables de cette identité.

L'Eau étant l'élément le plus important de ce lieu de Vie, ses réactions sont toujours spectaculaires quand elle doit rétablir l'harmonie. Amicalement, je vous en conjure : « Arrêtez de provoquer l'Eau avant qu'elle ne se déchaîne. »

TREIZE

PROPHÈTES ET INTERVENANTS

Les grands prophètes vous ont de tout temps guidés sur ce chemin de reconnaissance de la Lumière de Vie, distribuant des clés avec parcimonie afin de vous amener à franchir les étapes du retour vers le centre de votre Être. Ils ont presque toujours voyagé de part en part des régions orientales de votre Terre. Encore une fois, l'un d'entre eux se prépare à venir mais, cette fois-ci, l'Occident sera honoré. Le Maître Jésus ayant préparé cette voie, vous allez redécouvrir l'impact d'une telle visite. Toutefois, rien n'est moins sûr quant à l'issue de son intervention. L'Occident n'a jamais été autant policé, réglementé et sournois. Plus que jamais, cet Être de Lumière sera calomnié, ridiculisé et mis au banc des accusés. Les religieux en place seront peut-être la réplique exacte des autorités équivalentes des temps anciens, renouvelant leur triste exploit. À vous, humanité, qui allez revivre une telle période, de garder votre cœur et votre âme purs, prêts à recevoir directement ce Guide des sphères d'intervention. Son message primordial clôturera l'ancienne ère et ouvrira la nouvelle. Il en est toujours ainsi à chaque fin de cycle mineur et majeur.

Les cycles sont des périodes marquées par l'influence d'une énergie déterminée nourrissant une partie de votre être pour vous aider à commencer votre ascension. Et à chaque fin de cycle, les planètes de votre système solaire distribuent des rayons spécifiques. La fin du présent cycle revêt une importance capitale, car elle est alignée sur la fin d'un cycle de votre système solaire et de votre univers d'appartenance, ce qui survient très rarement. Les énergies qui descendent afin de préparer le nouveau cycle seront donc essentielles, et les sources de régénération aussi. Il est vrai que nous nous répétons quelque peu, tant nous vous instruisons sur l'aspect exceptionnel de cette période, mais il en est bien ainsi et il est bon que vous en preniez vraiment conscience de manière à vous immerger dans ce flot qui ne se représentera pas de si tôt. C'est là aussi une des raisons de l'engouement des âmes en transit vers votre planète en ce moment. D'ici une vingtaine d'années, ce vortex d'énergie sera clos et les candidats à la réincarnation feront moins la queue pour recevoir l'autorisation de visiter votre sphère. Pour celle-ci, un allégement du fardeau humain débutera à ce moment-là.

La responsabilité de l'Être responsable de la cohésion des particules de cette sphère de Vie s'allégera, et celui-ci pourra souffler un peu tant sa charge actuelle est grande. Savez-vous qu'en ce moment, les planètes habituellement très sollicitées par les candidats à l'incarnation sont délaissées en faveur de votre Terre ? Ce temps de repos offert à ces autres lieux de vie est en relation étroite avec les événements exceptionnels que vous vivez. Dans ce voyage guidé de la Vie au sein de la communauté galactique, je ne pouvais conclure ce document sans souligner cette réalité. Votre secteur universel permet d'explorer toutes les situations souhaitées. Chaque vaisseau spatial (planète) accueille un type précis d'énergie et de couleur. Aussi, chaque candidat peut ajuster avec précision ses choix d'études en fonction du degré subtil de l'épreuve. Oui, on peut dire que chaque incarnation représente une épreuve, le creuset où l'esprit se libère du lest recueilli lors de son éloignement de sa Source solaire d'origine. Avant tout, vous êtes attachés à ce secteur universel ; ainsi, au cours de votre voyage dans celui-ci, toutes les sections ou tous les systèmes solaires vous sont ouverts, car ils portent en eux des spécificités nécessaires à l'ascension des êtres. Des visiteurs de systèmes solaires voisins sont venus agrandir l'unité d'étincelles de Vie issue de ce système solaire. La plurialité de la Vie est retrouvée également ici. Le voyage des entités candidates à la résidence sur Urantia Gaïa oblige celles-ci à émettre une volonté centrée sur leur but de réalisation. Seules les âmes bien ancrées dans leur objectif se verront attribuer le droit de fouler le sol de votre sphère de Vie. Les temps présents, sources de grandes ouvertures et d'une progression, sont désormais très convoités. Toutes ces âmes connaissent l'ampleur des difficultés, mais rien ne les rebute, car elles sont soucieuses de retourner à leur Lumière initiale. Toutes savent le creuset de ce lieu de Vie en pleine ébullition. Aucun obstacle ne les dissuade. Ces entités acceptent toutes les propositions ; pour elles, naître sur votre Terre en ce moment devient une bénédiction. Oui, elles ont raison. Les énergies puissantes en mouvement dans ce secteur sont le gage d'une expérience réussie. Nulle part actuellement dans le grand sidéral vous ne rencontrerez un lieu de vie permettant une aussi vaste étude sur le comportement émotionnel parmi les autres corps. Chacune peut évaluer les idées germes dans l'un ou l'autre des lieux de la personnalité (corps physique et corps subtils).

En effet, avec la plurialité en mouvement ici, tous les schémas évolutifs trouvent une matrice adéquate pour se développer et recueillir des informations précieuses sur les réactions déclenchées après une confrontation directe des uns avec les autres. Certaines des âmes en présence ici ont connu des impacts que d'autres n'ont pas connus. Je pense à la visite de prophètes sur des planètes éloignées de votre système solaire. Alors, ces idées germes grandissent au cœur des idées germes déposées par les prophètes de cette planète. L'oscillation ainsi mise en résonance entre toutes développera un état d'être assurant une osmose en guise de tremplin à l'Identité solaire.

L'Être solaire viendra vous visiter. Il ne sera pas à l'extérieur de vous mais en vous. Aussi, tous les supports d'évolution deviennent des trésors de réalisation et les Frères aînés installés dans la Lumière de Vie choisissent de réunir toutes les conditions favorables à l'arrivée de l'Être solaire. Jusqu'à maintenant, vous avez lu beaucoup d'enseignements portant sur l'état christique, et les années à venir verront fleurir de nombreux documents relatant l'état solaire. De cette façon, vous atteindrez l'état christique en conservant en tête le but suprême : atteindre ensuite l'état solaire. C'est ainsi que les Instructeurs procèdent : quand une humanité parvient à un cercle de réalisation, ils l'instruisent aussitôt sur le cercle suivant. L'Être solaire sera l'étape décisive dans votre retour à l'unité ouvrant les portes du « paradis », l'état christique étant l'étape sacralisant votre sortie des « enfers ». Alors, afin de faciliter votre réinsertion dans votre cercle solaire, les prophètes nouveaux seront des guides d'une rare clarté, obligeant, par leurs paroles, les résidents de la surface de la Terre à repousser leurs ténèbres et à rechercher la Source de Vie. Les mots écrits ou prononcés seront d'une telle intensité que les yeux humains s'ouvriront sur la demeure solaire.

L'ouverture de la nouvelle ère touchant plusieurs secteurs universels sera source d'énergies de grande puissance. Pendant environ 1 500 ans, les rayons cosmiques adombreront l'ère nouvelle de votre univers et poursuivront leur route jusqu'à vous. Aussi, les possibilités contenues en leur sein viendront éclairer le genre humain de cette Terre. Après cette période, votre système solaire sortira de cet alignement de secteurs. Des portes se fermeront et vous retrouverez une intimité déjà connue, puis viendra le moment où votre système solaire ne nourrira plus de sa force les rayons qui vous sont destinés, de manière à recréer une période de maturation propre à votre Terre. Ainsi, les bombardements de particules atomiques inhérents à cet alignement et à l'ouverture de l'ère conjointe à trois secteurs universels commenceront leur travail de déstructuration et de reconstruction en vue d'amener tous les corps vivant dans la zone concernée à répondre au rayonnement contenu en eux. Ceci étant une loi solaire immuable. Tout d'abord, un rayon spécifique descend donc sur un lieu donné, puis il y a déstructuration des schémas évolutifs en place devenus caducs, et enfin, une reconstruction s'opère en accord avec la volonté nouvelle. Voici pourquoi les êtres trop sensibles aux vieux schémas en place répondent avec d'énormes difficultés à l'enseignement ouvrant une période riche en réalisations hors des anciennes résonances.

Les prophètes sont des étincelles de Vie bien ancrées dans leur volonté de service. Leur qualité lumineuse atteinte leur ouvre les portes de tous les secteurs des systèmes solaires de leur univers d'appartenance. Ainsi, pendant leur visite sur une planète circulent autour d'eux les vibrations des secteurs où leurs pas les ont conduits. Ils travaillent à implanter la Lumière de Vie et à instaurer une progression sûre de tous les systèmes solaires. Avant votre entrée dans une zone isolée de vos frères et sœurs, l'avancée de ces sections universelles englobant des milliers de systèmes solaires était régulière. Puis, vint la période de troubles où ce secteur universel fut freiné au cours de son ancrage dans la Lumière de Vie. Mais le paradoxe était celui qui a été rencontré sur votre sphère, car dans ce retranchement, vous avez fait éclater le cercle lumineux acquis. Ce faisant, avec la réouverture de votre zone de Vie, votre progression fulgurante et tout à fait exceptionnelle rejaillira sur l'ensemble communautaire. En cela, vous êtes les fomenteurs d'une trajectoire de lumière obligeant les autres systèmes à émettre cette qualité d'Amour et de Volonté qui vous est propre. Généralement, ce travail d'exploration au sein de la forme d'Amour est remis à la section la plus ancrée dans la volonté solaire. Depuis le début de votre isolement, votre attitude stupéfie tous les instructeurs, les plaçant dans l'obligation d'orienter leurs études dans des zones de l'Esprit non explorées jusqu'ici.

Ce Cercle atomique de vie trouve enfin sa « vocation ». Il est jeune et sa base d'identité reste à se structurer. Avec cette avancée de l'Esprit, enfin, il se positionne dans la nature de sa volonté de service. Après la stabilisation devenue nécessaire en raison de votre retour dans la conscience communautaire, le développement de sa nouvelle nature prendra forme. Je n'irai pas jusqu'à dire que vous allez faire partie d'une équipe spéciale, non ! Seulement, votre intégration au sein de l'équipe en place viendra enrichir considérablement l'acquis passé.

Je vous ai parlé de *kamikazes*, et cela a contrarié plusieurs d'entre vous. Ce mot vous fait en effet songer à une période douloureuse de votre histoire passée mais récente. Pourtant, quand nous l'employons, nous songeons plutôt à la force de hardiesse contenue dans les actes de ces êtres qui s'investissent dans l'ombre. Sans eux, dans notre Univers (le grand, oui), les Êtres de Lumière s'enliseraient dans une routine évolutive qui pourrait s'avérer néfaste autrement. Dans l'avenir, vous aurez recours à leur prouesse pour rétablir l'harmonisation dans tous les secteurs visités. Pour l'instant, vous ne connaissez que l'aspect négatif de ce mot, et je l'adopte sciemment afin de vous faire connaître sa force positive. Quand vous devrez gérer les désordres (obligatoires) dans les nouveaux mondes, vous serez bien aise de faire appel à ce groupe. Alors, si la pudeur et l'hypocrisie règnent encore en vous, ce mot ne sera pas employé et vous lui préférerez *pionniers* ou *explorateurs* pour cacher ostentatoirement votre recours à ce groupe d'intervenants.

Les prophètes possèdent une bonne dose d'intrépidité les rapprochant de ce groupe. Eux aussi viennent dans un monde afin de faire éclater les structures en place, choisissant volontairement le sacrifice de leur vie sur l'autel de l'ignorance. Mais vous préférez béatifier, sacraliser et oublier leur volonté similaire à celle des kamikazes. Les mots vous font peur. Alors, je suis heureuse de vous renvoyer à cette manifestation, car vous ne pouvez pas vous avancer plus avant sans apaiser ce sac mémoriel. Dans le contexte présent, votre attitude intérieure retrouvera sans complexe les vieilles réactions. Et quand la vague qui s'en vient apportera avec elle de nouveaux prophètes, vous les ridiculiserez, n'hésitant pas à recourir à des méthodes peu honorables pour les faire taire. Vous n'hésiterez pas à les conduire à la mort, de manière à éviter tout examen de conscience. Si vous croyez que les temps actuels sont différents des périodes passées, vous vous leurrez. Les personnages du passé sont incarnés en ce moment et le seront encore à chaque période porteuse de la venue d'un prophète. Alors, inutile de s'illusionner, ils réagiront pareillement mais avec les moyens en cours : la chaise électrique, une injection de poison, une contamination bactériologique, la pendaison. Quelle fin allez-vous donc réserver aux nouveaux prophètes ? À moins que vous n'inventiez un autre jeu fatal ? Les prophètes sont sans illusion quant aux actes noirs rencontrés lors de leur visite. Pourtant, l'Amour solaire motive leurs interventions. Ils vont droit vers leur but, agissent en fonction de l'objectif à atteindre, et rien ne les fait reculer. En cela, ils se rapprochent parfaitement des kamikazes.

Et vous, avez-vous des buts et des objectifs clairs ? Je l'espère, car sans cela, vous ne trouverez jamais votre Famille de Lumière, celle qui vous attend afin d'œuvrer par votre intermédiaire. Comme vous n'avez point déterminé la force de votre trajectoire, les prophètes réactivent votre détermination. Dans cette ordre d'idées, nous sommes des prophètes en attendant l'arrivée sur votre sol de ce groupe d'intervenants. N'oubliez pas que la trajectoire des mondes en évolution est en permanence modifiée de façon à maintenir le gouvernail du vaisseau spatial sur la route prédéfinie. Voici pourtant le moment de vous en rendre la maîtrise. Aussi, tous les intervenants se précipitent autour, sur et dans votre sphère pour permettre l'ancrage de vos énergies.

Oui, vous avez bien travaillé au siècle dernier. Malgré tout, notre présence devient encore plus que nécessaire. Si vous pouvez vous réjouir des ouvertures obtenues, vous n'avez pas ancré celles-ci et nous nous devons de vous aider afin que vous ne perdiez pas le bénéfice de vos efforts. Alors, dans la décennie à venir, nous allons vous instruire sur les différentes méthodes d'ancrage. C'est là une des raisons qui me motive et m'incite à user des forces déstabilisantes et reconstructrices. Vous constatez peut-être que tous les intervenants n'ont pas agi de la sorte. Ce moteur d'énergie bouscule avec détermination les sources nourricielles en place. Généralement, nous nous attelons à cette dimension quand une humanité dégage déjà des notions de responsabilité. Malgré votre retard de pénétration sur ce cercle d'action, les germes d'esprit et d'intention émis nous autorisent à employer ce moteur. Voilà pourquoi vous ressentez la force et la puissance derrière les mots. Chaque groupe d'intervenants – dont vos prophètes font partie – détient une palette considérable de choix d'approche. En l'occurrence, j'ai quant à moi choisi la force de nettoyage. Les mots cachent une idée de l'approche des concepts en cours.

Mon ami Kryeon, lui, a choisi le moteur de l'Amour. Son message en est donc fortement imprégné. Mon abord étant différent, les énergies dirigées viennent s'emboîter dans les siennes, et ses ouvertures favorisent les miennes. Nous nous complétons. Son travail prépare le mien et, depuis notre association, nous agissons toujours ainsi. L'énergie masculine dépêche le rayon d'Amour et l'énergie féminine poursuit l'œuvre entamée en ciselant la Volonté. Depuis notre partenariat, mon ami et moi avons enregistré des résultats puissants. Alors, nous ne doutons ni l'un ni l'autre du devenir de votre sphère de Vie après notre passage. Malgré la longue durée de ma présence ici, je céderai un jour ma place à d'autres. Pour l'heure, ma force d'intervention prépare la venue d'autres intervenants, tels le Maître Cristal et des citoyens résidents des sphères de soins. Le plus long à concrétiser a été la mise en action de la chaîne fraternelle.

La Fraternité Blanche que vous connaissez a réussi le maintien du souvenir. Dans votre descente et votre exploration de l'Esprit en milieu confiné, ses membres furent vos gardiens immédiats, restituant progressivement la mémoire d'appartenance à la Famille céleste. Aujourd'hui, les prophètes et les instructeurs des hautes sphères sont de retour. Ce qui vous semble encore appartenir au domaine du merveilleux laissant place aux doutes et au repli possible deviendra, dans les années proches, un état naturel.

Dès lors, vous n'emploierez plus le mot prophète !

Voici un nouveau paradoxe : un mot que vous rangez dans l'énergie positive vous paraîtra enfantin et à réfuter à tout prix. En ce moment, vous travaillez à nettoyer vos pensées et votre sphère affective. Eh bien, vous poursuivrez dans le même sens jusqu'à votre langage terrestre, en vous assurant de restituer l'exactitude des énergies à chaque mot. Cela occasionnera un grand progrès. L'Inquisition demeure encore dans les énergies subtiles de votre expression. Comme les autorités en place n'oseraient pas aujourd'hui allumer des bûchers, elles pourraient être tentées d'exercer un pouvoir abusif en envoyant un maximum de personnes en prison et, à l'occasion, de les forcer à consommer des boissons douteuses. L'Inquisition se trouve encore activée par une poignée d'individus, sous une forme plus dissimulée. Il est bon d'en être conscient afin que vous, êtres en plein réveil, ne nourrissiez plus cette énergie. Il suffit de dire non et de devenir pleinement réceptifs aux ouvertures à venir. Seuls vos doutes, vos hésitations et vos besoins de punition pour avoir regardé dans une direction interdite par les religieux sont à neutraliser. Alors, vous avancerez en pleine lumière, libres de vos actes, sans éprouver le besoin vital d'en rendre compte. N'oubliez pas ! individuellement, vous avez force et loi pour appeler vos bourreaux et vos châtiments. Je vous invite expressément à clarifier votre intention et à définir votre besoin d'être jugés. Travaillez alors à désamorcer cette force destructrice en vous, de façon à avancer dans la clarté de votre esprit et dans votre demeure divine. À ce moment-là seulement, il n'y aura plus d'obstacles dans votre cheminement et vous changerez la nature de vos tests. Vous seuls avez institué la violence de la répression comme quelque chose de légitime. D'ailleurs, ceci appartient uniquement à cette humanité résidente d'Urantia Gaïa. L'obscurantisme revêt d'autres formes sur les planètes habitées.

Au sein du groupe des prophètes, une hiérarchie s'est créée. Elle a trait à la qualité des résultats obtenus. Régulièrement, ils se sont incarnés dans les divers groupes religieux de façon à redonner une pulsion d'unité. Actuellement, un grand visionnaire se prépare à intégrer les rangs d'un mouvement « athée » ; un autre ira vers le milieu de la politique et un autre encore, dans le domaine scientifique, où il sera un chercheur avisé. Progressivement, chaque groupe et sous-groupe de votre société sera visité en vue d'amener la communauté humaine à prendre naissance. Ce siècle sera celui des grands débats, des bouleversements dans la structure de l'esprit et de la prise de position ferme du peuple humain, obligeant ainsi les têtes dirigeantes à s'orienter vers le respect et l'intégration de la Vie. Bien des discours contradictoires seront entendus. Au bout du compte, les énergies dominatrices en cours s'élimineront pour finalement disparaître. À vous qui, aujourd'hui, reprenez vie dans l'énergie solaire, de maintenir vos forces dans cette direction. Ceci constitue votre test d'appartenance à l'un ou l'autre des groupes d'intervention sur les planètes en difficulté. C'est en incarnation que vous vous orientez vers des états de service. La difficulté même et l'oubli favorisent les prises de position et la préférence d'ancrer celles-ci dans une couleur particulière. Lors de votre descente, vous avez formulé des desiderata d'action et émis des vœux de soutien envers tel ou tel Être réalisé. Pourtant, sans le passage dans le monde fini, ces derniers ne prennent pas de l'importance. Pour cela, la précision et la définition de votre vœu de service doivent être prononcées. Seulement, à cet instant-là, votre carte d'identification devient complète ; votre future route d'initiés, d'intervenants se dessine et vous prenez enfin toute votre ampleur.

Au cours de son périple, chaque étincelle de Vie choisit sa demeure d'action. Alors, bien évidemment, un grand nombre d'éléments est requis afin que chacune puisse s'accomplir sans en gêner une autre. Certes, des groupes se forment à partir d'une affinité de volonté. Le voyage que vous avez entrepris depuis l'instant de naissance primordiale vous encourage à vous identifier, à vous proclamer et à choisir le feu d'action vous correspondant le mieux. Il y a autant de chemins de service que d'étincelles de Vie. La résonance permet de former des cercles de vie ayant chacun une spécificité vous réunissant en fonction de cette résonance. Ainsi se créent les sphères de soins, d'informations, etc. L'aisance du mouvement au sein d'une énergie détermine la joie du service. Aucune sphère de service n'est plus importante qu'une autre. Seul le mode d'intervention revêt des auréoles particulières. Voilà pourquoi, en incarnation, vous résonnez plus fortement quand un Être en service vient d'une sphère christique, solaire plutôt que d'une sphère de musique. Vous ne lui attribuez pas le même *charme*. La connotation religieuse vous attire plus sûrement, le mystère vous magnétise toujours autant ; c'est vous qui dotez certains intervenants d'un pouvoir plus fort, car ici les forces sont égales. Votre regard-sentiment-pensée fait la différence et teinte d'une béatitude les sphères de service répondant au mysticisme. Quand, globalement, vous aurez rééquilibré vos sphères intérieures, vous comprendrez l'importance de toutes les sphères d'intervention. Elles répondent en fait à la nécessité de rééquilibrer les deux plateaux de votre balance Ombre/ Lumière. Votre arrivée dans la Lumière de Vie vous fera sourire devant vos réactions enfantines. La pluralité d'expressions se joue également dans les états de service afin de multiplier à l'infini les possibilités pour chacun d'attraper le fil d'Ariane conduisant à son centre.

Les prophètes et les intervenants agissent tous de la même manière, mais il en découle parfois des portées diamétralement opposées. Ils pointent l'endroit où chacun retrouvera sa route initiatique, sa couleur d'expression, sa musique d'épanouissement, son parfum d'identification, sa joie du service.

Tout en vous instruisant sur les prophètes, nous avons l'autorisation de vous dire que ce groupe d'intervenants agit dans un secteur précis qui englobe les univers locaux, les systèmes solaires d'un univers. Ainsi, dans chaque univers réside donc un groupe de prophètes qui interviendront dans leur secteur d'appartenance, franchissant sur demande les frontières locales. Par conséquent, vos prophètes sont aussi ceux des secteurs solaires voisins. Ils sont toujours en mouvement ; c'est tantôt l'un, tantôt l'autre qui entre en jeu. Seul le Maître Jésus échappe à cela. Vos bouddhas sont, quant à eux, des intervenants mystiques ; ce groupe ajuste votre organe de pensée sur une octave supérieure. La musique se glisse là aussi, plus subtile certes, mais ô combien efficace. Ces grands Êtres jouent avec vos corps subtils comme ils le feraient avec une harpe ou une flûte. À propos de musique, avez-vous pensé à accorder ses instruments ? Songez d'abord que les instruments à cordes, à vent, à percussion rythment vos corps subtils avec des sensibilités particulières. Leurs portées sont donc autant de sas de pénétration ; d'ailleurs, n'est-il pas question de « clés » en solfège ? Toutes les entités réalisées ont une connaissance parfaite de l'ensemble des portes d'accès à vos corps et à vos organes. L'écriture, la peinture, la sculpture, le tissage sont d'autres entrées dans votre harmonique ou harmonie interne. Par ailleurs, l'Ombre possède le même nombre de sas de pénétration dans les mêmes domaines, naturellement.

Vos artistes étudient ces grandes vérités sans le savoir. Le danger réside seulement dans les arts dits modernes, qui ne sont pourtant pas nocifs au premier abord. Seule l'ignorance des pouvoirs contenus au sein de cette approche fait qu'aujourd'hui, en l'état de connaissance des mondes subtils, vous maniez des réservoirs d'énergie sans prudence. Les arts modernes usent des énergies primordiales sans garde-fous et sans maîtrise. Attention, il faut bien maîtriser les sciences occultes pour mettre en résonance ces forces. J'exhorte ces artistes à la recherche du savoir primordial ; ainsi, leur art deviendra la voie royale de l'esprit créatif. Pour l'heure, il n'est pas le support d'épanouissement du corps émotionnel.

Il y a les groupes qui interviennent directement en transmettant un savoir oral de la connaissance primordiale de l'Essence divine et les autres, qui s'adressent aux entités en difficulté par le biais des arts. La paix, le bien-être, les soins peuvent circuler dans cette expression picturale et manuelle. Les premiers recourent aux octaves orales de grande portée ; les seconds traitent subjectivement de la même chose. Vos artistes sont pour la plupart les vecteurs d'un savoir sans en être réellement conscients, mais ceci changera.

Avez-vous jamais pensé au fait que les mondes minéral, végétal et animal en usent également dans le but de vous guider en douceur vers votre guérison et votre demeure ancestrale ? Les chats sont des docteurs de premier ordre pour votre humanité ; leur organe vocal émet un ronronnement qui élimine toute forme de stress chez les hommes et les femmes dans leur entourage. Ils sont aussi des facilitateurs de transmutation d'énergies, canalisant les perturbations et les détournant souvent afin de vous éviter la perte de votre vie physique.

En définitive, plusieurs groupes s'activent autour de vous et vous servent de tuteurs. La Terre, en vous assurant la vie ; les minéraux comme portes énergétiques entre vous et les planètes ou systèmes solaires et comme médecins des corps quand on fait appel à eux. Quant aux végétaux, ils voient à l'équilibre métabolique de votre corps. Les animaux, autres médecins du Ciel, sont les gardiens efficaces du maintien de votre vie, les docteurs de vos corps physique, mental, émotionnel et spirituel, le Soleil adombrant de ses forces et de ses Lois votre cœur atomique. Les intervenants, prophètes, instructeurs, bouddhas, vos frères et sœurs des étoiles, coordonnent vos déplacements ainsi que votre cheminement au sein de la reconnaissance de l'Identité solaire. Sans oublier la famille des Anges et tous vos guides temporaires. Les humanités sont bien « encadrées » tout au long de ce périple loin de leur demeure initiale.

Comme ce cercle atomique (les sept Super-Univers réunis) est dirigé vers sa plénitude atomique, tous les intervenants sont en charge d'un programme spécial à cet effet. Il sera possible, dans un avenir très proche, d'accueillir des Êtres en poste dans d'autres secteurs que le vôtre. Ainsi, vos groupes d'intervenants verront leurs rangs grossir et s'enrichir des expériences réalisées sur les mondes en dehors de leur juridiction. Ces énergies neuves pourraient même dynamiser les plans en cours. Chaque juridiction favorisant des actions lui étant propres, la pénétration d'une juridiction dans la vôtre sera sans nul doute source de bénéfices. Afin de permettre le début de la fusion des sept Super-Univers, les secteurs juridictionnels du nôtre atténuent peu à peu leurs frontières. À notre connaissance, ce procédé débute également dans les six autres ! Pour l'instant, les mouvements restent quand même à l'intérieur de chaque Super-Univers. Nous sommes instruits que d'ici un siècle de votre temps, des mouvements entre nos Super-Univers pourraient avoir lieu. Alors, si cela devait être, tous les habitants des planètes accueilleraient des instructeurs afin de faciliter l'approche de chaque réalisation des qualités divines au sein de ces Super-Univers. Non seulement l'intégration de votre identité résidant dans ce Super-Univers deviendra alors une obligation, mais l'étude du cercle atomique s'imposera d'elle-même en vue de vous familiariser avec la maturité exigée. Tous les groupes en charge de l'instruction sont prêts, désormais, à répondre à cette invitation. Des prophètes et de grands visionnaires se présenteront à vous afin d'ouvrir d'autres portes de votre organe de pensée.

L'installation d'écoles sur votre sol s'avère nécessaire. Dans un premier temps très utile pour vous, Urantiens, vous percevrez alors la profondeur de votre retrait de la réalité cosmique. Vous qui pensiez être les seuls êtres vivants vous retrouverez ainsi devant cette immensité de vies et toutes les sections universelles à étudier et à comprendre ! La pluralité des formes de vie sera source de réflexion. Attendez-vous à connaître des moments déstabilisants si, dès aujourd'hui, vous n'entreprenez pas ce travail d'ouverture. À ce jour encore, vous pensez avoir du temps. Détrompez vous ! Une accélération des séquences d'actions a bien lieu. Vous pourriez être dépassés par tous les événements à venir si vous ne vous préparez pas dès maintenant. Ce n'est pas le jour où vous trouverez d'autres humanités sur votre sol qu'il sera temps de réfléchir. Dans l'immédiat, nous attendons vos réactions face à la venue du prophète ; en réalité, un directeur de conscience.

Oui, la conscience est canalisée par des spécialistes détenant les clés de ce rayon de Lumière. Ils répondent au titre de directeurs de conscience. Bientôt, dans ce domaine également, vous reconnaîtrez les familles venues vous aider à quitter un rail d'expression dans le but d'en emprunter un autre. Au cours des visites de ces Êtres, vous avez reçu l'autorisation de pénétrer des cercles de pensée. D'ailleurs, ne qualifiez-vous pas vos philosophes de *maîtres à penser* ? Demain, les cercles déjà visités formeront une seule bulle permettant la fusion des pensées explorées. La synthèse de celles-ci vous propulsera vers les cercles tenus hors de votre portée jusqu'à ce jour. Rien ne fut fait au hasard. Une progression mathématique détermine le chemin proposant les états d'être proposés. Vous voici reconnus (malgré votre parcours chaotique), acceptables et acceptés dans le cercle de réalisation. Celui-ci se révèle par plages de pénétration. Sept portes sont à pousser, puis une huitième offrira sa synthèse afin de passer à la neuvième, sas entre les deux cercles. Nous pouvons aisément comparer la neuvième porte à un lieu de reconstruction de l'Identité et à une convalescence.

Le nouveau prophète vous mènera vers la synthèse du cercle d'exploration présent, puis suivra une période d'apaisement. Bien sûr, des turbulences se manifesteront encore mais n'auront pas autant d'emprise sur vous. Afin de mieux vous aider dans la compréhension des groupes intervenant, nous pouvons résumer comme suit : chaque cercle d'exploration sera teinté par une étude précise constituée de sept portes dont il faudra faire le tour puis d'une porte de synthèse suivie d'une porte de reconstruction de l'Identité mise à la disposition des étudiants de la Lumière de Vie.

Pour diriger en souplesse ces élèves, des groupes d'intervenants et de prophètes se spécialiseront en fonction de tel ou tel type de cercle. Les grands groupes répondront au nom de Directeurs de conscience, de Maîtres du mystère, de Maîtres de sagesse, de Maîtres du rayonnement christique, de Maîtres d'information, de Maîtres solaires, de Messagers de la paix, de Familles angéliques, de Coordinateurs d'interventions (dont les Cristaux), de Maîtres magnétiques et de Coaliseurs des rayons.

Quand vous recevrez l'un deux, vous emploierez peut-être son nom de famille. Chose certaine, votre cercle de nébulosité cède et se désagrège rapidement. Ceci est dû à la parfaite synchronisation des groupes d'intervention et des prophètes. J'espère qu'à l'avenir vous rendrez à ces Êtres la grandeur qu'ils méritent. Ils ont fait preuve de patience à votre égard. Vous avez mis leur endurance à rude épreuve, car jamais une humanité fut aussi longue à traverser ce cercle d'études. Nous supposons un passage plus rapide dans le cercle suivant malgré une pénétration d'une zone d'ombre propre à chaque cercle étudié. Ainsi, vos prochains pas vous conduiront vers un autre tour complet de vies sur les planètes de ce système solaire. Par groupes, et non en masse.

Urantia Gaïa restera maintenant votre port d'attache. Au fur et à mesure, de petits collectifs d'individus partiront et passeront de planète en planète pour revenir à la fin s'installer ici. Un noyau stable restera sur place afin de poursuivre la lancée de pénétration de l'Identité solaire. Les sections étudiantes auront pour but de visiter les écoles de ce système solaire sur l'une ou l'autre de ses planètes et d'enrichir la communauté. L'avancée certaine des autres habitants de votre système permettra aux Urantiens d'effectuer une synthèse de leur progression dans le retour à la divinité.

Ainsi, vos organes de pensée, de volonté, de décision et d'expression ouvriront les limbes de votre cerveau, vous donnant ainsi accès à votre potentiel. Actuellement, moins de 7 % de ses échanges sont disponibles ; progressivement, avec votre entrée dans le nouveau cercle, vous atteindrez – du moins certains – jusqu'à 49 %. Alors, ce qui paraît être du surnaturel en ce moment, voire de la supercherie, représentera demain les actes anodins de votre vie. Vous intégrerez le savoir diffusé tout au long de ce périple vous éloignant de votre source et poserez votre lumière sur le point entre les deux plateaux de la balance cosmique. Un pied dans la densité de l'Être, l'autre dans son monde subtil. Beaucoup franchiront comme un simple jeu ces manifestations et œuvreront dans les deux mondes, apportant la qualité de l'un à l'autre. Quant aux intervenants et aux prophètes, ils passeront alors dans votre monde sans avoir recours à une incarnation. Ils abaisseront simplement leur taux vibratoire et repartiront avec autant d'aisance dans le sens inverse. Sur ce cercle d'expression, toute pénétration nécessite d'adopter un corps terrestre et de quitter la Lumière. Cette obligation n'en sera plus une sur le cercle suivant, sauf pour un choix de service si l'Être ne souhaite pas dévoiler totalement son identité. Regardez votre mode d'expression comme appartenant déjà à l'ombre de votre passé et savourez dès à présent le retour de cette synthèse d'Être.

Quoi qu'il en soit, vous tournez la lourde page de cet état de manifestation. Soyez attentifs, car les mondes minéral, végétal et animal pourraient également devenir d'excellents prophètes et intervenants, non plus dans l'ombre mais dans la pleine lumière, et gageons que le savoir transmis sera aussi intense que les informations ici données. D'ailleurs, ce qui vous paraît limpide à la lecture de ces lignes vous semblera très certainement insipide et enfantin dans les années à venir. N'oubliez jamais que les mots n'ont de portée qu'en raison des fermetures de vos centres lumineux. Une fois ces derniers ouverts, cet enseignement vous fera sourire. Peut-être même direz-vous : « Soyons indulgents, cela faisait partie de cette période ! »

Après moi viendront des instructeurs délivrant des informations ouvrant vos mondes et vos corps supérieurs. Je suis chargée de vous faire traverser cette période intermédiaire et de vous faire passer de l'état aveugle à l'état de voyant.

Ainsi, vous serez toujours sur un chemin n'ayant pas trop d'obstacles.

CONCLUSION

Trois livres ont pris naissance dans votre monde en ayant la charge de lézarder votre bulle d'isolement (voulue) et d'ignorance des mondes vivants. Je n'ai aucune prétention, je reconnais tout le bénéfice des interventions organisant ma venue et je prépare moi-même la suite du déroulement du Plan divin. Considérez-moi comme une marche, un tremplin à votre service et au service des intelligences supérieures.

J'emploie souvent le mot *supérieur* de façon à diriger votre regard vers les hauteurs de l'Esprit. J'ai essayé de vous décrire la vie juste à la périphérie de votre cercle d'évolution présent. Bien d'autres informations doivent descendre dans votre monde afin de nourrir votre soif de savoir. Nous n'avons fait qu'orienter votre curiosité de manière à vous guider sur un chemin plus près de la réalité de la pluralité de la Vie. Notre groupe répondant au nom de SORIA (dont je suis la porte-parole) a reçu une Charte de mouvement. Aussi, avec fermeté, ou douceur parfois, mais avec une volonté à toute épreuve, nous ancrerons les informations contenues dans celle-ci. Nous livrerons les volets du savoir autorisé à être divulgué selon le schéma prévu. Il est décidé que chaque volet d'information sera découpé en trois parties, en réponse à une loi encore en vigueur sur votre niveau d'expression : celle du trois. Avant la disparition de ce mouvement d'expression, le trois doit être nourri entièrement et éclairé à même toutes ses particules afin de repousser ses frontières jusqu'au quatre. Alors, quand il ne pourra plus vous contenir, il laissera le quatre vous prendre en charge. Nous sommes des guides désireux de vous faire retrouver la route entre le trois et le quatre. Doucement, nous vous rendons la connaissance des lois en vigueur dans les Univers. Rassurez-vous, je ne suis pas la seule à me présenter à vous. En réalité, tout un groupe agit de manière à permettre à l'ensemble de cette humanité de trouver sa résonance. Les affinités sont déjà inscrites et nous venons par l'ouverture que vous créez. Ainsi, tous, vous ouvrirez vos portes en fonction de vos aspirations. Le retour de la Lumière de Vie s'effectue par degrés, et chacun de ceux-ci porte une tonalité. Alors, nous, instructeurs et intervenants, entrons en poste avec l'arrivée à maturité de l'une d'elles.

Certains des intervenants usent ou useront de l'un ou l'autre des rayons d'amour, de couleur, de force et de réalisation pour donner de l'ampleur à leur travail d'ancrage de la réalité du visage divin. Les Sages du *Soleil Central* ont retenu un plan facilitant votre réinsertion au sein de l'Identité solaire. Les séquences y étant nombreuses, cela s'effectuera donc par paliers ; à chacun d'eux, un instructeur vous attendra, sa lumière vous appellera. Votre personnalité, nourrie autant physiquement par une diffusion de la connaissance que subtilement par le rayonnement des Êtres en poste à votre service, élargira son cercle de magnétisme. Ce champ fut comprimé dans les temps anciens pour votre mouvement sur ce monde isolé. Avec l'effondrement des cercles d'isolement, un travail (en voie de finition effectué par un Maître magnétique, notre ami Kryeon) de restauration de votre pouvoir magnétique a été décidé. Prochainement, vos corps attireront de nouveau l'énergie solaire au cœur de vos atomes. Quand cela se produira, si votre pensée n'est pas assez préparée à la pluralité des modes de vie, vous pourriez être choqués par tout ce qui se passera alors. Vous devrez passer d'un monde extrêmement limité à un monde dépourvu de limites. Vous devrez également reprendre possession d'un état responsable, ce qui sous-entend bien des nettoyages en perspective ! Cette notion, la responsabilité, a été tellement galvaudée qu'elle ne représente à vos yeux qu'un fatras de conceptions erronées.

J'ai essayé, à l'intérieur des trois premiers volumes, de dessiner une base solide et simple du schéma administratif divin en vigueur dans ce Super-Univers. Nous devrons y apporter des éclaircissements, certes, mais en temps voulu. Nous avons d'abord besoin d'enregistrer vos premières réactions de manière à concevoir l'élargissement des embryons contenus dans ce début d'enseignement. En réalité, je suis en relation avec vingt-cinq autres responsables de groupes et c'est vous qui allez décider de l'ordre de leurs interventions dans votre monde. Nous sommes donc très attentifs à l'émergence de vos énergies sur la conscience supérieure de l'Être. Ce retour à la fluidité d'expressions ouvre la porte à la Vie. Cela étant, vous évoluerez dans l'espace, autant avec votre corps physique qu'avec l'un ou l'autre de vos corps subtils. Nous avons tenté de vous resituer en vous montrant que vous posez à peine vos pieds sur le sol de votre Terre.

En effet, votre conscience descend tout juste dans la réalité physique de ce lieu. Jusqu'ici, seuls vos pieds foulaient cette Terre ; désormais, avec les réajustements et le réalignement de vos corps subtils sur la grille magnétique nouvellement transformée, tout votre Être intègre cette zone. Un alignement magnétique repolarise toujours les forces distribuées sur une sphère de Vie. Tous les êtres vivants évoluant au sein de celle-ci s'ajustent dès lors à la transformation par effet de résonance. Les portes intérieures d'un Être suivent le même chemin. Aussi, l'alignement des corps subtils d'une entité fluctue et les centres d'accès de ceux-ci se déplacent. Oh, rien de bien spectaculaire, mais quelques millimètres à droite, ou à gauche pour certains, et voilà une nouvelle cartographie de vos propres routes à découvrir. Cette orientation fraîchement acquise, vous partez à la découverte de nouvelles mathématiques et équations. Dans cet Univers, les chiffres sont importants ; celui-ci se prépare à modifier son chiffre de référence, mais la clé d'action n'est pas tournée, enfin pas encore.

En premier lieu, la population se prépare et s'ajuste au chiffre retenu. Après vient le tour des planètes puis des Soleils et enfin de l'éther, dernier à répondre au mouvement de l'Esprit. Dans l'histoire des Univers, ce fonctionnement n'a pas changé, il a fait ses preuves et c'est peut-être là l'unique référence stable depuis la nuit des temps.

Il est capital de comprendre aujourd'hui qu'un Super-Univers est une matrice d'expressions en évolution. Des paramètres furent glissés dans sa conception originelle ; ils délivrent les données inscrites en ces temps-là, au fur et à mesure de la pénétration de l'Esprit directeur sur les cercles d'accès. Ainsi, l'Esprit initiateur des changements passe d'un niveau de conscience à un autre par une succession de portes. Chaque niveau de conscience possédant ses propres sas de pénétration, vous pouvez concevoir un cercle répondant à un minimum de sept cercles d'études. Je vous ai dit que le sept est la clé de notre Super-Univers. Toutefois, ce chiffre changera prochainement avec la mise en service des planètes relais et descendra dans les secteurs sous sa juridiction ; le nôtre prendra possession d'un autre chiffre à amener à maturité. Votre numérologie, de conception encore limitée, ne vous livre pas la somme de ses enseignements. La numérologie comme l'astrologie doivent revêtir leurs vêtements de maîtres mais votre esprit n'a pas encore consacré ces deux sciences. Vous vous en servez dans un registre très restreint et pas dans sa forme la plus instructive. Il sera bientôt temps de vous pencher plus sérieusement sur ces sciences divines. Vous apprendrez que l'on n'obtient pas les mêmes résultats dans sa réalisation en utilisant un chiffre plutôt qu'un autre.

Tous ouvrent une plénitude attachée à chacun des nombres. Par conséquent, il y a autant de paysages que de chiffres, et certains portent en eux des forces très particulières, tels le douze et le dix-huit. Tout ce que vous avez rejeté par crainte d'obscurantisme, vous allez le redécouvrir, et là, je vais encore insister sur le rôle prédominant de l'émergence de votre science médicale occidentale, nouvelle source de la plus grande période d'obscurantisme. Les égotistes à la tête de ce département d'études supportent une charge de responsabilités les dépassant. La cristallisation en cours de cette mainmise sur le savoir et l'expression promet dans les années à venir des périodes d'introspection difficiles. Heureusement, vous avez des gardiens silencieux qui, le jour venu, pourront vous redonner cet ancien savoir ô combien efficace.

La fluidité de l'Être sera la découverte à venir. Vos temps présents participent à l'effondrement des valeurs erronées en cours sur cette planète, préparant l'arrivée d'un lendemain dénué de toute illusion. Ceci en vue de rééquilibrer les forces cosmiques.

Dans un futur lointain, une nouvelle magie s'opérera et vous propulsera vers la recherche d'un autre cercle. C'est ainsi que la Vie procède : elle se meut dans un cercle puis en sort, créant des turbulences durant ce passage. Puis une zone calme apparaît, et vient à nouveau l'envie de tourner le regard vers une hauteur encore plus grande, et une période d'introspection s'installe alors, apportant avec elle tout son lot d'informations parfois contradictoires (juste ce qu'il faut), de manière à engendrer des divisions de l'Esprit. Ces oppositions forment une matrice médiane, source de compréhensions des mondes vivant sur le cercle suivant. Certains poussent même si loin leur fonction de réflexion qu'ils réussissent à entrevoir non pas un cercle mais deux, un à la suite de l'autre. L'humanité profite chaque fois des turbulences, même si elles la conduisent dans des impasses ou des profondeurs insoupçonnées de l'Ombre. Elle s'en moque totalement, cherchant à retrouver son état de naissance primordial.

Le voyage complet est proclamé quand une étincelle de Vie a parcouru intégralement le circuit, soit un aller-retour depuis son lieu de naissance via un éloignement le plus total. Le but ultime est alors atteint le jour où l'entité solaire retrouve sa source atomique. D'ici là, elle considère ses aventures comme un service d'Amour rendu à son Père/Mère solaire.

Dans notre Cercle atomique, l'Amour appartient uniquement à notre division suprême nommée Super-Univers. Les six autres secteurs expérimentent des qualités divines différentes. La reconnaissance de la profondeur des atouts primordiaux du Grand Constructeur s'unifiera afin de permettre la gestation du second Cercle atomique, qui aura la charge d'explorer et de reconnaître d'autres attributs. La base qualitative de la personnalité du Grand Architecte servira de modèle d'expression aux humanités résidentielles des Super-Univers à venir. Des responsables seront choisis en vue d'être les gardiens de ces archétypes et d'en distribuer les rayons de connaissance au fur et à mesure de leur progression.

Notre Cercle atomique fut un vaste champ expérimental. Prochainement, il servira de réservoir de références. Le second Cercle atomique deviendra le nouveau champ expérimental ; il répondra à des stimuli n'ayant aucun rapport avec ceux de notre cercle. Nous aurons besoin d'un temps afin de déterminer nos secteurs d'actions au sein de notre zone, de manière à promulguer son identité propre. Ainsi, votre mutation participe à la mutation de ce Cercle atomique, qui débutera à la périphérie extérieure et reviendra à l'Île Centrale. Celle-ci, pourtant immuable, s'éclairera d'une reconnaissance d'elle-même. L'évolution proposée à votre humanité consiste à devenir maître de l'énergie atomique, mais pas celle à laquelle vous pensez, pâle reflet de l'objectif à atteindre. Comprenez bien que vos scientifiques ont touché au noyau dense de cette réalité. La Force solaire, elle, veut vous emmener dans ses expressions subtiles afin que vous fusionniez avec elles. Comme à votre habitude, vous cherchez à l'extérieur ce qui est contenu à l'intérieur de votre corps. Votre émancipation passe par l'identification de votre Être et de toutes ses possibilités. Au bout du périple, vous vous retrouverez avec votre potentiel. Vos atomes, ions et protons sont vos portes de libération. Personne ne vous tendra un trousseau de clés ouvrant les portes du paradis. D'ailleurs, le paradis et l'enfer c'est vous, soit dans l'expression fluide, soit dans l'expression dense de votre corps. Rien d'autre.

Vous devrez retrouver la réelle signification des mots qui vous ont menés par le bout du nez en vous faisant avancer pour mériter une éventuelle carotte. Vous avez reporté sur vos compagnons les ânes, l'idée que vous vous êtes construite à propos de vous-mêmes, à savoir que vous êtes entêtés.

L'Apocalypse, c'est la révélation ; le paradis, la paix de votre esprit installé dans son Identité solaire ; l'enfer, l'éloignement et l'oubli de cette identité ; vos prophètes, des groupes spécialisés d'intervenants sur les mondes en perdition ; la Loi de Dieu, votre expression magnifiée ; Dieu, un concept.

Dans les ouvrages à venir, je clarifierai d'autres notions. Au cours des prochaines années, vous serez dans l'obligation :

- de reconstruire tous vos concepts autant divins qu'humains,
- de redéfinir la suprématie des départements d'influence,
- de désacraliser des groupes faisant partie de votre humanité (scientifique, religieux, financier, militaire),
- d'installer des groupes de Sages (en relation avec les forces divines),
- de rétablir les relations entre les humanités des plans

subtils et les humanités intraterrestres,
- de préciser vos buts et vos objectifs de service au sein de la plurialité,
- d'évoluer en répondant à des Chartes élevées de conscience,
- de respecter la plurialité de la Vie,
- de reconnaître et d'accepter de vous glisser consciemment dans le plan de Vie.

Alors seulement, vous retrouverez votre dignité et vous vous respecterez. Votre passé entrera dans ce que vous dénommez « la nuit des temps ».

Le temps répond aussi au concept Ombre/Lumière. Avec le retour de l'usage correct du regard-sentiment-pensée, l'évolution de votre humanité fera un grand bond vers la sagesse. Toutes les qualités divines s'approchent pas à pas ou cercle par cercle. On travaille une donnée et on déséquilibre l'ensemble déjà acquis pour le transporter dans une zone plus éclairée. Ainsi, l'intégralité de nos connaissances sert puis se transforme. On n'aborde pas une qualité de l'Être puis une autre ; non, l'effort fourni dans un domaine articule la totalité des rouages intimes de votre réalité. Cela grince un peu au démarrage, cela bloque parfois, cela dérape selon les circonstances, mais cela finit toujours par retrouver l'équilibre et s'adapter à un circuit vibratoire plus élevé. Le rayonnement de l'Être intervient quand, enfin, tous ces cercles intérieurs prennent les bonnes position et rotation. Le rayonnement est l'émission de lumière obtenue par friction entre la rotation des cercles d'expression. En résumé : un être étudie d'abord les aspérités, les angles, les formes géométriques (triangle, carré) et termine ensuite par la transformation du cercle.

Les temps présents visent à emmener un grand nombre d'étincelles de Vie sur la force de réalisation du cercle. La quatrième dimension sera cette force. Pourtant, votre arrivée sur cette configuration de votre Être n'est que le début d'une grande aventure. Vous aurez seulement posé votre premier cercle et il faudra l'étudier puis l'agrandir par d'autres cercles, formant ainsi votre propre Fleur de Vie, unique dans sa réalisation. La Fleur de Vie proclame à tout l'Univers votre couronnement, mais celui-ci sera total avec l'identification de votre objectif et de votre but de service. La descente dans le monde fini vous a permis de reconnaître votre volonté de service ; cependant, votre ascension la confirme et lui donne corps. Aujourd'hui plus que jamais, il est temps de colorer votre route.

Votre égarement prolongé dans l'Ombre/Lumière souligne votre manque de concentration dans le service. Alors, votre Être se trouve dans la nécessité de comprendre la profondeur de ce dépassement de soi. Là aussi, les zones nébuleuses doivent être éclairées d'amour et de sagesse. La sagesse, voilà encore une qualité d'être gangrenée par une poignée d'hommes et de femmes ; cet état n'a rien de commun avec les vues religieuses. La sagesse ne compartimente pas les actions en actes majeurs ou mineurs. Votre regard-sentiment-pensée doit impérativement chercher la Lumière de Vie située au-delà de l'Ombre/Lumière.

Nous vous attendons et souhaitons vous intégrer au sein des Confédérés, ce groupe de Créateurs réunis et d'humanités installées dans la volonté de service qui sillonnent et interviennent physiquement dans les mondes en perdition et autour d'eux. Ils sont la Loi en mouvement. Intégrer ce groupe promet des aventures reliées à l'administration et à la juridiction solaire. Ce pas sera obligatoire, ou incontournable, votre planète étant une des sept filles solaires à siéger pour avoir force et loi sur les ouvertures du second cercle atomique. Ceci entraînera par conséquent un regard avisé sur les lois de mouvement retenues pour les Super-Univers à venir. Vous allez pénétrer le Plan divin. Voilà le fait certain qui se profile devant vous. Vous avez été des acteurs de grande qualité et avez repoussé les frontières solaires, mais pour que celles-ci deviennent des références essentielles et indiscutables, vous les insérerez dans le plan du Grand Architecte. Il devient nécessaire de trouver des applications raisonnées servant de base ou de tremplin aux humanités autorisées à vivre dans les nouvelles contrées. En un mot, vous devrez reprendre votre place dans la chaîne solaire. Ce retour procurera des joies et peut-être aussi des regrets à certains. L'extrême liberté, avec ses excès, n'aura plus cours. Restera alors, pour les amoureux de ces explorations de l'extrême, la possibilité d'une pénétration dans les nouvelles bulles de vie appelées aussi humanités. Pour les assoiffés de grande lumière, l'ascension continuera d'offrir des paysages grandioses.

Le retour de la gérance du *Soleil Central* sur votre vaisseau spatial Urantia Gaïa ne cloisonnera personne et n'interdira pas de continuer toute aventure personnelle selon ses aspirations. Peut-être même encouragera-t-il tout cela en proposant simplement d'autres terrains fertiles et propices à de tels souhaits. L'Ombre/Lumière est une matrice de jeu sortie de l'Être primordial. Alors, si telle est votre volonté, vous continuerez d'en être ses acteurs, mais ailleurs. Cette Terre fut réclamée par des Fils et Filles solaires désireux d'y prendre demeure et d'étendre grandement le rayonnement du Grand Constructeur. Le vœu de ces êtres prend vie et devient une réalité. D'ailleurs, ceux-ci poursuivent aujourd'hui ce travail.

Dans la genèse d'une terre habitée[11], les vagues d'entités s'y installant sont toutes des étincelles de Vie débutant dans la carrière des mondes finis et n'ayant donc aucune connaissance des pôles Ombre/Lumière et des rayons de couleur avec leur spécificité sur ces lieux. De ce fait, elles sont fragiles et soumises aux influences extérieures. Au départ, la

---

11. Quand elle sera déclarée prête à supporter la vie.

lumière vient nourrir une sphère, puis elle entame la longue procédure de reconnaissance de son état divin. Parfois, un long moment s'écoule avant qu'une planète reçoive l'adombrement des Fils et Filles du mouvement descendant. Tant que les deux pôles de vie des mouvements ascendant et descendant ne se croisent pas sur une planète, celle-ci reste dans ce que vous appelez la petite enfance. Savez-vous que certaines terres habitées ne sont pas encore réclamées par le mouvement descendant ? Cela étant, la diffusion de la lumière depuis le cercle extérieur placera ces lieux de vie dans une situation pas commode ; les humanités y résidant n'auront pas votre chance, le temps leur sera compté. Elles devront vivre intensément et rapidement toutes les étapes de maturation. Ces planètes sous l'influence de l'Ombre la plus totale vont s'éveiller à la Lumière en un rien de temps. Leurs habitants vivront une succession de grands événements lumineux ; ces expériences généreront un savoir non négligeable. Ceci nous conduit à cette explication : quand la lumière sera réfléchie par la périphérie extérieure de ce cercle atomique, le deuxième cercle prendra vie. Oh non, les planètes n'y seront pas encore formées, mais ce deuxième cercle s'animera et travaillera à engendrer des nébuleuses, des Soleils, soit, enfin, la matrice apte à accueillir d'autres groupes d'entités. Une période de maturation aura cours simultanément au sein de votre cercle et du second. Ainsi, quand ce dernier pourra recevoir la source de Vie dite Ombre/Lumière, le nôtre commencera l'expérience des inter-réactions du spectre des couleurs. Nous entrerons alors dans l'étude de l'arc-en-ciel puis nous pourrons peu à peu entrevoir d'autres couleurs tenues en réserve par l'Île Centrale.

Le passage des rayons de couleur dans le deuxième cercle atomique annoncera l'envoi de la matrice lumineuse Ombre/Lumière dans le troisième. Nous explorons personnellement ces couleurs inédites aujourd'hui dans notre cercle et dans les mondes finis. Nous sommes au début de l'aventure cosmique. Le théâtre de Vie a entamé la représentation. Accueillons la fin du premier acte non pas au niveau de votre système solaire mais bien de notre cercle atomique de vie. Bientôt, il vous faudra apprendre le nom des secteurs universels petits et grands. L'étape suivante nécessite maintenant d'intégrer la géographie, ou cartographie, des pays et départements du grand sidéral.

Les mondes finis quittent définitivement la zone nébuleuse de l'Esprit ; il faut s'y faire. Rien ne sera plus comme par le passé. Ce qui a pu être joué jadis ne pourra l'être demain, et il faudra attendre une période similaire dans le second cercle atomique avant d'être autorisé à participer à de telles expériences. Par contre, ce passage laisse entrevoir des possibilités internes riches d'émotions. Voici que se profilent à l'horizon des lendemains bien chargés en informations et en connaissances. Par ailleurs, une autre séquence intéressante s'ouvrira : l'identification de son mouvement d'appartenance descendant ou ascendant. Ceci figure sur votre palette d'études retenue pour former votre cours supérieur. Ainsi, l'Identité solaire fera une place à l'Identité cristalline qui, elle aussi, émergera dans les mois à venir.

Chaque fois qu'une humanité pénètre une zone céleste, elle doit en faire autant dans une zone d'intensité de la conscience du monde fini. Alors, après l'avènement du Maître Jésus vous instruisant sur l'état christique, voici que les états solaire et cristallin sont à l'étude dans vos cahiers. L'arrivée du Maître Cristal annonce cela. Pour répondre à la question « Pourquoi *Maître Cristal* ? », sachez que ce grand Être a la charge des Cristaux maîtres d'eux-mêmes. Demain sera intense, riche et puissant. Seules vos peurs vous incitent à vous rattacher à votre passé. Osez donc vous libérer et parcourir les chemins qui s'ouvrent à vous. Cela ressemble à un acte de foi, mais si c'était tout simplement un acte de confiance ?

Vous êtes prêts à vivre toutes ces expansions et à en décrypter l'enseignement. Vous êtes restés assez longtemps dans le face-à-face Ombre/Lumière pour glisser sur l'arc-en-ciel. Cherchez-le en vous. Peut-être vos chakras sont-ils des portes d'accès et le rappel vivant de ces lois ? Quoi qu'il en soit, l'heure est venue d'éliminer votre rouille et de vous dépouiller de votre armure. Les guerriers de la Lumière entrent dans une période de paix. Ainsi, les armes de combat seront-elles remisées ; il est temps de préparer un autre terrain, d'ensemencer tout en recueillant les fruits de ce long labeur passé. En effet, une nouvelle vague de défricheurs va naître ; laissez-leur les combats à venir. Vous êtes invités aux jeux subtils de l'Esprit.

Dans le développement des trois livres transmis, vous avez reçu la base d'informations nécessaire à la restitution de votre Identité. Je suis sûre que certains d'entre vous vont se lever afin d'ancrer d'autres enseignements. Vingt-cinq Instructeurs attendent. Nous sommes heureux et heureuses de nous préparer à cet adombrement multiple. Ainsi, la pluralité prend forme dans votre monde. Le Soleil aura une grande importance dans votre existence. Certes, déjà sa densité est capitale pour la vie, mais il y a également toutes ses subtilités, ses cercles d'influence. Avec votre réveil, il prend toute sa dimension, donnant lieu au couronnement de votre système solaire. Votre travail est partie intégrante de cet événement.

Vos grandes sœurs (les planètes de ce système) ont assuré la concrétisation des premières demeures de son état ; vous, vous ouvrez la voie à son couronnement. La petite sœur à naître annoncera cet avènement et les autres qui suivront vivront dans ce couronnement. Tout se crée par une chaîne. Chaque maillon sert de tremplin au suivant, jusqu'au maillon décisif. Après, la chaîne continue dans la facilité. Au sein du grand sidéral, cette loi intervient partout et en tout. Ainsi, notre cercle atomique n'étant que le premier maillon d'une grande chaîne, nous avons seulement le mérite de défricher cet état conceptuel dans les cercles atomiques.

Les Identités solaire, christique et cristalline vont émettre leur note musicale et envoyer leur couleur ; leur union dégagera un parfum unique et vous, étudiants de ces trois identités, allez ancrer ces trois réalités afin de permettre à la quatrième, l'Identité atomique, de montrer le bout de son nez. Surpris ! Peut-être, mais au fond de vous-mêmes, n'y a-t-il pas une petite voix qui vous dit : « C'est ça, on y est ! » ? L'événement, la naissance tant attendue, n'est rien d'autre que cela : l'arrivée de l'Identité atomique. La quatrième dimension sera atomique. Vous pensiez à l'Amour ? Non, l'Amour est la trame de votre origine conceptuelle. L'état christique demande de reconnaître cette origine et de clarifier ce qui EST de naissance. Cette Identité primordiale occupe la première place et prend racine dans tous les cercles. Vous êtes dans la troisième dimension et pour beaucoup d'entre vous l'état christique représente un pas décisif. Oui, bien sûr, mais pas au sens où vous le pensiez. Pour quitter cette troisième dimension, vous devez l'éclairer de l'expression christique relative à votre cercle. Alors, vous qui croyiez atteindre l'état christique en sortant de la troisième dimension ne ferez que réintégrer votre identité primordiale en l'enrichissant de la force de l'Esprit étudiée à l'intérieur de celle-ci. En pénétrant dans la quatrième dimension, vous allez vous éloigner à nouveau de l'état christique fraîchement réintégré en vue d'agrandir le cercle de compréhension de l'Amour primordial et vous intégrerez l'Identité solaire, puis cristalline et atomique. Et, quand cela sera le temps, à nouveau vous retournerez dans votre état christique. La pénétration d'un cercle d'identification des attributs et des lois scientifiques divines vous coule dans votre état premier : celui de CHRIST ou d'Amour divin. Toutefois, son exploration vous éloigne de ce concept et sa sortie vous restitue cette force d'Être achevé grâce à la conscience acquise dans le cheminement du cercle.

La quatrième dimension sera atomique, et vous découvrirez les lois atomiques de l'Amour divin, ses causes à effets, son rayon porteur de Vie. Vos pas vous guident vers la restitution de l'état christique, mais comme celui-ci se décline par degrés, vous allez revêtir la lumière du troisième rayon de l'Amour divin dit *état christique*. À la sortie de la quatrième dimension, vous revêtirez la lumière du quatrième rayon christique. Auparavant, les Identités solaire, cristalline et atomique auront cependant délivré tous leurs secrets et vous aurez absorbé la premier niveau de ce rayon de Lumière de Vie. Ainsi en sera-t-il.

Quels que soient vos pas et votre reconnaissance, vous agirez par degrés, par paliers et par cercles. Avez-vous déjà entendu parler des Identités cristalline et atomique ? Non ? Préparez-vous, car les instructeurs et les informations pointent à l'horizon. Bientôt, vous disposerez d'une telle somme de données que vous aurez l'embarras du choix. Tellement de routes seront disponibles en vue d'explorer ces sujets d'études, que vous pourriez vous y perdre… La joie, la simplicité, l'humour sont de véritables dimensions à acquérir également. Plus vous progresserez dans ces cercles, plus vous ressentirez un état bon enfant et de gaieté. Oui, nous sommes gais et vivants. Devenir responsable n'engendre pas la tristesse. La Voie lactée ne fait-elle pas référence à la douceur ! Le grand sidéral étant une vaste pièce de jeux, le sérieux côtoie le comique. À chaque dimension, des corps subtils vous attendent, et l'étude au sein de la quatrième dimension vous propose de revêtir trois corps supplémentaires. Ainsi, vous qui pénétrez votre troisième corps subtil recevrez l'influence de ces trois autres. On vous remettra les clés d'appartements nouveaux. Peut-être les habiterez-vous ou attendrez-vous pour le faire ; votre histoire d'Êtres nous contera votre choix, une notion d'ailleurs à dégauchir. Vous y avez glissé un fatras d'idées et, surtout, vous vous accrochez à ce concept comme à une bouée de sauvetage de peur de perdre une liberté, mais laquelle au juste ? L'idée que vous vous en faites, ou la peur de reconnaître que vous êtes devenus des contestataires et que vous vous agrippez à vos réactions pseudo-affectives ?

J'aimerais terminer cette première partie de mon enseignement à trois volets en vous invitant à la réflexion et à l'analyse en profondeur de vos manières mêmes d'agir. Comprenez bien que vous êtes devant la porte de sortie de la troisième dimension. Certains d'entre vous en franchiront le seuil, mais d'autres non. Pensez-vous qu'il y aura un juge quelconque pour vous interdire cet accès ? Non, bien sûr que non ! Seuls vos manières d'agir, vos lâchers-prise ou non et le manque de réintégration dans votre état christique détermineront si votre résonance acquise répondra à celle de la quatrième dimension. La qualité de votre travail de nettoyage en cette période émettra une vibration bien particulière ; ainsi, seuls votre détermination, votre volonté, vos buts et vos objectifs sont les clés de votre passage. Tous, vous êtes appelés, mais la porte est étroite… La fin des temps, c'est celle de votre temps présent, d'un cycle et la pénétration d'un nouveau cycle. Il y a des petites périodes, et des grandes comme celle d'aujourd'hui. Vous avez écrit l'histoire passée et ce présent vous offre la possibilité d'écrire celle de demain, mais où se déroulera-t-elle ? Dans la troisième dimension ou dans la quatrième ? À quel titre ? Comme redoublants ou instructeurs dans la troisième ; élèves ou intervenants de la quatrième ; résidents ici ou sur une autre planète ? Posez-vous les bonnes questions, celles qui vous pousseront à définir vos choix, vos buts et vos objectifs. Le nouveau cycle a besoin de détermination et d'esprits sortis de la tiédeur d'âme, un état intermédiaire à votre identité d'esprits. L'âme est une création devenue nécessaire en raison des grandes difficultés rencontrées et de la profondeur de l'oubli de la mémoire solaire. Oui, l'âme est une de vos inventions, tout comme le karma avec son hall et les seigneurs de la Lumière y siégeant. Progressivement, vos années à venir verront le nettoyage de vos concepts et créations ; il devient dès lors nécessaire de décider ce qu'il en adviendra. Voulez-vous y avoir encore recours ou pouvons-nous les ranger ? Pouvons-nous nettoyer la mémoire akashique de votre Terre et de ce système solaire ? Vos créations éthériques pourront-elles être détruites afin de rendre la fluidité à ce système solaire ? Voilà les questions essentielles immédiates auxquelles vous devez trouver des réponses. Vos questions matérielles ne constituent que des sources d'éloignement de la réalité essentielle. Vos poisons sont la possessivité, la recherche du pouvoir sous toutes ses formes, l'obsession du gain, la mode en fonction du paraître, le rang social, la compétitivité telle que vous la concevez, le besoin d'être le meilleur, l'acquisition de biens matériels, la nécessité de cacher la vérité et d'autres encore. Vous avez mandaté des hommes et des femmes dans l'unique but qu'ils assument la responsabilité de donner une forme concrète à vos poisons. Ils remplissent d'ailleurs parfaitement leur rôle. Changez votre vision de la Vie, vos besoins et définissez vos buts, et vous verrez naître une autre classe de politiciens, de militaires, de religieux, de financiers et de scientifiques. La délinquance rencontrée en cette période n'est rien d'autre qu'une sonnette d'alarme vous indiquant un trop grand éloignement de votre centre. Il est temps de rentrer chez vous. Toutefois, ce chez-vous n'est pas un lieu hypo-thétique ; c'est plutôt un point central à l'intérieur de vous-mêmes, là où tous vos pouvoirs sont en attente, là où vos besoins seront satisfaits, là où il n'y a plus de besoins ! Être, c'est réinvestir ce lieu, retrouver sa paix, son identité propre et sa force. Jamais vous n'avez été aussi prêts pour vous présenter devant votre porte d'accès, celle derrière laquelle tous les trésors sont cachés. Vos guides actuels et nous, les intervenants, essayerons de vous y conduire afin de vous accueillir et de participer à la fête de votre couronnement. Cessez de donner du pouvoir à vos dirigeants terrestres et écoutez un peu plus nos voix pour devenir à votre tour une voix qui guidera des étincelles de Vie en recherche de leur centre de pouvoir. Demain verra se lever une multitude d'enseignants sortis tout droit de ce coin du grand sidéral. Les élèves ne manqueront pas, tant votre expérience sera source de référence.

Le temps est venu pour les grands Maîtres instructeurs de venir chercher un groupe pour grossir leur rang. Nous sommes à la veille de découvrir de nouvelles sources d'enseignement, et cela nous ravit. La place est prête. Voici pourquoi, afin de faciliter tout cela, vous devez vivre la venue de frères des étoiles sur votre sol et, enfin, celle de vos frères installés au centre de la Terre. Pour être complets, vous ne pouvez vous présenter à votre porte sans d'abord passer par cet échange. L'Amour exige ce test afin de savoir où vous en êtes et de connaître vos points faibles. Si vous persistez à vous répéter : « Non, cela ne peut être, je refuse la pluralité de la Vie », alors vous ne trouverez pas le chemin d'accès à cette porte. Encore une fois, vous décidez seuls de ce choix et avancez à la rencontre de la Vie. Tout ce temps, nos voix ne résonnent plus afin de ne pas gâcher votre rendez-vous et l'émerveillement qui en résultera. Il y a des joies qu'il ne faut pas court-circuiter, même par amour. L'amour reste à définir et à dépoussiérer. Pour cela, votre Maître Jésus reviendra effectuer un grand nettoyage dans l'enseignement transmis il y a deux mille ans, éclaircir votre pensée et vous dégager des dogmes établis par l'homme avide de pouvoir. Ces deux mille ans, vous avez expérimenté des concepts éloignés de l'enseignement initial de ce grand Être. Au cours du prochain millénaire, tous vos groupes religieux effectueront cette lessive permettant enfin à cette humanité d'étudier la Parole transmise par les prophètes, les instructeurs et les Maîtres des mystères. Cette volonté émerge déjà en vous et obligera vos religieux en place à répondre à votre demande. Par le passé, les intervenants dirigeaient leurs actions vers les hauts dignitaires en place. Les résultats fort maigres nous incitèrent à opter pour le peuple humain, soit la base de cette humanité, afin de faire bouger l'ensemble de cette géométrie vivante et mouvante. Les premiers résultats nous donnent raison. Plus que jamais, nous continuons à offrir l'enseignement correspondant à la multitude. Ainsi, les pouvoirs ne seront pas donnés à un seul être qui vous guiderait ensuite, mais à tous ceux qui désirent se réapproprier leurs Droits divins.

Le Maître Jésus revient afin de récolter sa moisson. Il la préfère de qualité et ne recherche pas un grand nombre. La lumière de votre Être l'intéresse et ses projets seront dévoilés. Sa mission n'est pas terminée. Il y a deux mille ans, il a posé la pierre d'assise de son intervention ; aujourd'hui, sa présence l'enracinera. Attention, l'Église catholique n'est qu'une création de l'homme et n'est en rien imputable à la volonté du Maître Jésus. JAMAIS, au grand jamais, celui-ci n'est descendu sur la Terre pour créer une division et un dogme. Sa parole grandit toujours ; peut-être êtes-vous aptes aujourd'hui à en comprendre les profondeurs ? Quoi qu'il en soit, ceux et celles qui croient oser aujourd'hui se ranger sous sa bannière tout en condamnant et en rejetant les autres demeurent bien au service de l'homme et de son immense soif de pouvoir.

Jésus est venu indiquer votre *filiation divine* et rien d'autre. Chose certaine, ses paroles étaient AMOUR et ne promettaient aucune damnation éternelle ni aucun enfer ou paradis. Elles annonçaient juste le retour à la maison, votre maison.

À ce jour, nous sommes dépêchés en vue d'éclairer

toutes les ombres descendues sur vous et vous clonant ; vous êtes devenus l'ombre de vous-mêmes. Rendez grâce à saint Paul, le fomenteur de votre éloignement, et à tous ses disciples inventeurs de Satan. Mes mots vous font-ils sursauter ? Ouf ! Il était temps. Le catholicisme est une pure création de Paul[12], fondateur exclusif de cette branche religieuse dite catholique. Et pourquoi parler de catholicisme ? L'histoire de votre planète vous le révélera et les livres à venir traiteront de cette question. Mais en attendant ce traité, vos interrogations aideront à le rédiger. Un livre étant la réponse à des demandes, je suis là en réponse à vos appels. Il en est toujours ainsi et cela est bien. La force des vases communicants, vous la redécouvrirez et vous en servirez.

Cette conclusion porte l'espoir de l'effondrement des vieilles valeurs bien implantées ayant trait aux schémas de société. Raz de marée il y aura, mais espérons qu'ils déferleront à l'intérieur de vous-mêmes et que vos résistances ne nécessiteront pas des raz de marée bien physiques. Votre humanité a la possibilité de passer en douceur dans ce sas l'emmenant sur un autre cercle de compréhension et de réalisation. Serez-vous assez simples d'esprit pour ne pas créer des turbulences vous donnant la fausse illusion d'avoir grandement mérité le droit de quitter cette dimension ou d'y rester ? Il est tellement simple de mettre ses actes au diapason de cette volonté, que cela semble trop simple pour vous et pas assez valorisant ! Beaucoup, qui sont encore ancrés dans les valeurs sociales terrestres, s'enlisent dans une manière d'être trop longtemps visitée. Sincèrement, le temps est venu de

---

12. En m'exprimant ainsi, j'espère provoquer un réveil dans la conscience humaine et fissurer la base encore active employée de nos jours par les ecclésiastiques en place, afin de maintenir le joug. Paul, par lui-même, n'est plus concerné par cette création, même si, du fait que certains hommes occupant des postes clés utilisent toujours cette « vieille » création, le Maître Hilarion (Paul aujourd'hui) répondra encore de celle-ci jusqu'à épuisement totale de cette énergie.

parler avec votre cœur, de quitter tout ce qui vous alourdit et vous éloigne de vous-mêmes. Ne rejetez aucune faute sur l'un ou l'autre des participants de cette pièce de théâtre tragi-comique. Si vous ne pouvez tenir les mains de vos voisins pour effectuer le voyage suivant, souhaitez-leur la paix quant à leur choix et respectez-les. Peut-être serez-vous justement plus efficaces en intervenant sur un cercle plus éclairé. La présente période ne vous demande pas de devenir indifférents et de laisser s'embourber les autres dans leur misère intérieure. Elle vous invite simplement à grandir un peu afin de trouver l'action la plus appropriée pouvant les libérer. L'émancipation consiste en ceci : obtenir une vue plus éclairée et devenir enfin de sages intervenants.

Aucun de vos frères et sœurs ici-bas ne restera défi-nitivement accroché aux illusions terrestres. Ce marécage, mirage idéal de l'Ombre/Lumière, fournit le meilleur creuset de l'Être. Certains exigent plus de travail que d'autres, voilà tout. Respectons le cheminement de chacun et plaçons sous leurs pas à tous les éléments adéquats à chaque maturation de leur esprit. Vous apprendrez ainsi qu'il y a autant de chemins initiateurs que d'étincelles de Vie. Nous pouvons ajouter aussi qu'il y a autant d'interventions que d'êtres à la recher-che d'eux-mêmes. Là où vous êtes, vous intervenez dans la vie des autres ; ces interférences sont des frictions servant la Vie. Alors, reprenez confiance en vous et cessez de vous culpabiliser et d'avoir peur. Vous aidez déjà vos amis en incarnation et vos frères des étoiles.

Retrouvez votre pouvoir. De la sorte, vous désamorcerez l'autoritarisme en cours sur votre planète. Attention ! des formes subtiles et puissantes essaient de se mettre en place. Plus que jamais, votre responsabilité devient une nécessité.

Reprenez le pouvoir du *Oui* et du *Non*.

ANNEXE

NOTE PARTICULIÈRE

Un gros travail a été effectué autour de votre Terre et sur l'ensemble de l'humanité. Ainsi, nos espoirs résident-ils dans une nouvelle ouverture de conscience. Les événements actuels, en apparence dramatiques, sont des avertissements à vos groupes dirigeants. Les enfantillages enregistrés ne peuvent plus se perpétuer encore et encore. Les humanités de la surface de cette sphère de résidence répètent toujours les histoires du passé. Nous vous demandons de changer rapidement vos attitudes et d'avoir d'autres réactions, sinon vous vous exposez à des retombées catastrophiques. Nous avons parfois de la difficulté à vous comprendre, vos réactions fluctuant en permanence. Tantôt vous émettez des harmoniques signalant une approche du cercle supérieur de compréhension, tantôt vous retournez à vos anciens comportements à une vitesse fulgurante.

Nous constatons une absence certaine de buts et de directives entretenue avidement par les hommes et les femmes placés à la tête dirigeante de votre Terre. Une fois pour toutes, vous voici devant la nécessité de définir vos objectifs et de tracer une route où aucune des pensées d'antan ne pourra voyager et contaminer votre futur. Les routes à venir demandent de maintenir désormais avec fermeté un idéal conduisant cette humanité sur un rivage vierge de tout rail de fonctionnement.

Certes, votre passé a permis le dépassement d'un cercle. Malgré cela, nous vous invitons fermement à construire votre attitude intérieure de manière à devenir les créateurs du devenir de cette planète. Bien que les humanités à l'intérieur de cette sphère soient hautement évoluées, vous détenez le gouvernail de ce vaisseau spatial appelé Urantia Gaïa. Alors, il est tant de donner une direction stable à sa trajectoire. Dans le but de vous venir en aide, nous envoyons une grande source d'informations vers vous, autour et en dedans de votre expression.

Le *Soleil Central* souhaite une bifurcation rapide d'état d'être afin de faciliter l'ancrage des nouvelles énergies et de sa force. Dans cet esprit, tous les intervenants dans votre réalité devront formuler avec précision les informations visant à induire des changements dans votre monde.

En aucun cas, je ne veux sembler alarmiste, mais je souhaite sincèrement devenir efficace au sein de cette trajectoire inédite en vous plaçant devant toutes les éventualités susceptibles de se produire. J'essaie de vous rendre vos responsabilités et de vous en faire prendre conscience. L'heure présente, riche et intense en ouverture, garde néanmoins dans sa mémoire immédiate des transformations difficiles pour l'humanité résidente d'Urantia Gaïa.

Si nous sommes précis quant aux informations qui sont dirigées vers vous, cela fait partie de l'aide que nous vous envoyons afin de vous conduire hors de ces probabilités douloureuses pour vous. Car, inutile de le préciser, celles-ci ne nous toucheront pas au premier abord. Les cicatrices engendrées au cours de ces événements exigeront un travail à long terme afin de pouvoir en effacer toute trace. Les temps présents vous appelant dans d'autres séquences d'actions plus épanouissantes, si vous avez envie de rentrer dans ces nouveaux paramètres, c'est maintenant que vous devez glisser dans ces ouvertures. Comme ce sont des cercles de conscience inédits, il faut vous dépouiller des vêtements étroits de vos vieilles mémoires liées à vos anciens rails de comportement. Vous ne pouvez nullement pénétrer cet espace si vous traînez avec vous vos gênes actuelles.

Oui, les Êtres de Lumière en service dans l'aura de cette planète répéteront encore et encore combien ce changement est nécessaire et combien vous frôlez quotidiennement des catastrophes. Ceci, de façon à écarter vos voiles d'oubli qui, nous le pensons, deviennent des remparts sécurisants vous incitant à entretenir vos vieux comportements. Les années à venir seront lourdes d'explications et de responsabilisation dans le seul but de vous rendre les commandes de ce vaisseau spatial. L'ignorance était un rempart très efficace pour laisser libre cours à tous vos fantasmes égotistes. Ceci prend fin, de manière à laisser la place à des êtres soucieux d'ancrer la Lumière de Vie. Tous, vous êtes invités à ce partage fraternel ; à vous de choisir l'attitude qui sied. Quoi qu'il en soit, seuls un but précis et un objectif déterminé deviendront les atouts indispensables aux réalisations futures.

Encore une fois, éclaircissez votre esprit et dirigez-le avec fermeté afin de vous centrer sur les aventures de demain.

Merci.

Message reçu après les événements du 11 septembre 2001 survenus en Amérique.

MESSAGE DE NOTHA,
ÉMISSAIRE DU SOLEIL

Le moment est venu d'effectuer
les premiers contacts avec l'Esprit du Soleil.

Je suis établi sur votre Soleil, celui que vos yeux observent physiquement, et je travaille au service des archives de la Mémoire des esprits à l'œuvre dans ce secteur.

La Force solaire remplit d'autres rôles que celui qui lui est dévolu. La Chaîne solaire s'active depuis l'arrivée sur votre Terre du rayon lumineux du *Soleil Central*. Mais je n'insisterai pas davantage là-dessus, ce message ne cherchant nullement à reprendre les informations déjà transmises par SORIA.

Dans un temps proche, mon rayon lumineux se transportera jusqu'à vous et vous instruira des réalités solaires.

Nous aborderons toutes les forces du Feu, ses aspects subtils et ses aspects denses. Son intelligence répond à tous vos pas. Si vous retournez dans l'ombre de votre être, il activera sa densité et interviendra afin de contenir vos débordements intempestifs ; si vous manifestez le désir d'explorer la subtilité de votre personnalité, son aspect fluidique vous répondra. Le Feu deviendra une force consciente et un partenaire quand, enfin, vous accepterez le fait que toute cellule vivant ici-bas est dotée d'un pouvoir aussi grand que le vôtre et d'une intelligence au service de la Vie.

Le Feu est le principal régulateur d'une planète quand celle-ci n'est pas établie dans son couronnement.

Avec le rayon direct du *Soleil Central*, vos Soleils, le nôtre et celui du centre de votre Terre deviendront plus actifs sur votre cellule de Vie. Leurs pouvoirs respectifs fermeront les portes des zones sombres du troisième chakra étudié.

Dans le service administratif où vos mouvements sont enregistrés, nous préparons de nouveaux documents qui entreront en vigueur quand vous pénétrerez le cercle d'influence du quatrième chakra, période estimée à la fin de l'année 2015. Chaque élément de Vie (la Terre, l'Eau, l'Air et le Feu) reçoit en ce moment même les directives nécessaires à cette avancée. Les instructeurs solaires se préparent également à révéler des données à propos de leur existence et de leur travail, de manière à établir un partenariat. Votre présence est intimement liée à la force du Feu.

Tous vos points de repère permettant l'existence même de votre jeu de rôle actuel s'effondrent, et ceci vous conduit vers de nouveaux terrains d'exploration. Nul doute que vous y installerez des bornes délimitantes en vue de vous rassurer. La négation de la vie sur le Soleil et à l'intérieur d'une planète, et toutes les autres idées de ce type ont joué leur rôle sécurisant. Si votre humanité avait été consciente de la vie ailleurs, elle n'aurait certes pas autant approfondi l'éloignement et, par conséquent, n'aurait pu trouver des expressions d'amour propres à elle.

Toutefois, à la fin d'un cycle d'idées, le Feu entre en action, faisant en sorte de rétablir un sol neutre d'enregistrement. Nous ne pourrons pas intervenir durant ce nettoyage. Nous pourrons seulement tenter de vous préparer à écouter vos intuitions et vos élans de cœur.

Les Forces et la Vie solaires reprennent le chemin vers vous et, dans leur sillon, le Maître Feu s'active. Rien de grave n'aura lieu si vous vous centrez sur votre axe de lumière.

Bien des écoles s'ouvriront, toutes auront la charge de transmettre le plus d'informations possible.

Ancrez-vous dans votre lumière, et la Force solaire vous guidera si besoin est.

Je suis le premier à prendre contact avec vous. Ceci est le début d'une grande intervention. L'obscurantisme cède la place à une plage de lumière et de savoir non voilé.

Préparez-vous à vivre des moments d'émotions intenses.

Recevez ma Paix et celle de mes Frères et Sœurs en place sur votre Soleil. Que l'Amour soit le phare et le moteur de vos actions à venir.

NOTHA,

du service des archives de la Mémoire des esprits à l'œuvre dans la juridiction de ce Soleil.

Quelques exemples
de livres d'éveil publiés
par Ariane Éditions

Marcher entre les mondes
L'effet Isaïe
L'ancien secret de la Fleur de vie, tomes 1 et 2
Les enfants indigo
Aimer et prendre soin des enfants indigo
Le futur de l'amour
Série *Conversations avec Dieu*, tomes 1, 2 et 3
L'amitié avec Dieu
Communion avec Dieu
Conversations avec Dieu pour ados
Questions et réponses au sujet de Conversations avec Dieu
Moments de grâce
Le pouvoir du moment présent
Le futur est maintenant
Sur les ailes de la transformation
L'amour sans fin
Le retour

Série Kryeon :
Graduation des temps
Allez au-delà de l'humain
Alchimie de l'esprit humain
Partenaire avec le divin
Messages de notre famille
Franchir le seuil du millénaire